Dr. Joseph Murphy

TELE-PSI
Die Macht Ihrer Gedanken

Verlag DAS BESONDERE · D-8137 Berg am Starnberger See

TELEPSYCHICS
The Magic Power of Perfect Living
by Dr. Joseph Murphy
Original English language edition published by
Parker Publishing Company, West Nyack, N. Y. 10994
Copyright © 1973 by Parker Publishing Co., West Nyack, N. Y. 10994

Aus dem Amerikanischen übertragen von Manfred G. Schmidt
Copyright © der deutschen Ausgabe Verlag DAS BESONDERE, Berg am Starnberger
See, 1979. Alle Rechte, auch die des auszugsweisen Nachdruckes, der Übersetzung
und jeglicher Wiedergabe vorbehalten.
Printed in West-Germany
ISBN 3-8138-0002-4
Gesamtherstellung: Franz Spiegel Buch GmbH, Ulm

Inhalt

1

4

Was dieses Buch für Sie tun kann

Tele-PSI ist eine Kraft, über die jeder Mensch verfügt. Mobilisiert wird sie durch ständige Kommunikation mit den gewaltigen Kräften Ihres Geistes. Überall auf der Welt – ob in Europa, Asien, Afrika, Australien, oder in vielen Städten der USA – bin ich Menschen begegnet, die mir von diesen erstaunlichen Kräften berichteten – Kräften, die eine totale Verwandlung ihres Lebens bewirkt hatten, nachdem sie erst einmal mit ihnen in Berührung gekommen waren.

Dieses Buch ist außerordentlich praktisch und gegenwartsnah. Es wurde für Menschen geschrieben, die die gewaltige Macht des Geistes selbst erfahren wollen, um ihre Wünsche und Zielsetzungen zu verwirklichen. Sie werden sofortige Resultate erzielen, wenn Sie die Gesetze Ihres Unterbewußtseins in rechter Weise anwenden. In jedem Kapitel dieses Buches finden Sie einfache, praktische Verfahrensweisen, mit deren Hilfe Sie das Gelernte in die Praxis umsetzen können, für ein erfülltes, glückliches Leben.

Mit Tele-PSI sind Sie imstande, allen Herausforderungen, Schwierigkeiten, Prüfungen und Problemen des Alltagslebens die Stirn zu bieten und sie erfolgreich zu überwinden. Tele-PSI versorgt Sie mit speziellen Techniken, um diese außergewöhnlichen Kräfte auf der Stelle in Tätigkeit zu setzen.

Präkognition – der Blick in die Zukunft – ist eine der Fähigkeiten, deren Beherrschung Ihnen dieses Buch vermittelt. Sie werden imstande sein, zukünftige Begebenheiten vorherzusehen, und, sofern es sich dabei um negative Dinge handeln sollte, durch Anwendung metaphysischer Kräfte eine Veränderung zum Guten zu bewirken. Sie werden lernen, Ihre Intuition und andere psychische Kräfte zu entwickeln, und damit Befreiung und Seelenfrieden erlangen. Sie werden lernen, wie sogenannte Voodoo-Bannflüche neutralisiert und zurückgewiesen werden können und dabei feststellen, daß alle schwarz- und weißmagischen Praktiken ihren eigentlichen Ursprung im Aberglauben haben. Negative Suggestionen jeglicher Art, die Ihnen möglicherweise zu schaffen gemacht haben, verlieren ihre Macht.

In diesem Buch lernen Sie auch, die Kraft der außersinnlichen Wahrnehmung anzuwenden. Sie können mit den sogenannten „Toten" Verbindung aufnehmen und werden dabei aus eigener Erkenntnis wissen, ob ein Ihnen nahestehender Mensch zu Ihren gesprochen hat, oder nicht. Viele Menschen pflegen längere Gespräche mit den Stimmen körperloser Wesenheiten und erhalten außergewöhnlich intelligente Antworten. Sie werden erfahren, wie ein sensitiver Mensch automatisches Schreiben (ohne Schreibstift) praktiziert, und dabei zukünftige Begebenheiten enthüllt, mit geradezu erstaunlicher Genauigkeit.

Während ich die vielen Kapitel dieses Buches schrieb, hatte ich Menschen aller Lebensbereiche vor Augen: Verkäufer, Büroangestellte, Briefträger, Hausfrauen, Geschäftsleute, Studenten, Handwerker – alle Menschen, die ihre Träume, Aspirationen und Ambitionen im Leben erfüllt sehen wollten. Zu diesem Zweck finden Sie jedes Kapitel angefüllt mit einfachen und außerordentlich praktischen Techniken und Verfahrensweisen – die „Was' und Wie's" um die Kräfte Ihres außersinnlichen Geistes hervorzurufen, in dem Bewußtsein, daß in Ihrem Unterbewußtsein eine unendliche Intelligenz wirksam ist, die Sie mit der einzig richtigen Antwort versorgen kann.

Nachstehend einige authentische Fälle, die in diesem Buch behandelt werden – Begebenheiten, die aufzeigen, wie andere Menschen ihre telepsychischen Fähigkeiten zu ihrem Nutzen eingesetzt haben:

– Wie ein Student schwache Leistungen in brillante Erfolge verwandelte, als ihm plötzlich bewußt wurde, daß das Unendliche niemals versagen kann und er sich auf das Unendliche einstimmte.

– Wie eine junge Krankenschwester in der Nacht vor einer Flugreise von Luftpiraterie träumte. Sie annullierte den Flug. Das Flugzeug wurde entführt.

– Wie ein Verkaufsleiter ein geistiges Bild seines angestrebten Jahresumsatzes auf eine leere Bildwand projizierte mit wunderbaren Ergebnissen.

– Wie eine Frau ihre Furcht vor vier Menschen überwand, die vermeintlich für ihren Untergang beteten. Sie verband sich mit der Einen Kraft und lebt jetzt in Frieden.

– Wie eine Hawaiianerin lernte, sich über sogenannte Schwarze Magie und Voodoo-Flüche hinwegzusetzen und darüber zu lachen. Sie entdeckte ihre innere Kraft und sagte sich: „Ich bin jetzt frei."

– Wie eine Studentin sich einen Ehemann wünschte und ihren Zukünftigen im Traum sah mit einem Buch unter dem Arm. Sie begegnete ihm zwei Monate später und heiratete ihn.

– Wie ein Detektiv durch Tele-PSI größere Mengen Kokain und Heroin entdeckte. Die Zusammenhänge wurden ihm in einem Traumgeschehen offenbart. Der Wert der sichergestellten Rauschgiftmengen betrug 3 Millionen Dollar.

– Wie eine Ehefrau durch Tele-PSI das Leben ihres Mannes rettete. Ein Mann hatte drei Schüsse auf ihn abgegeben, die ihn sämtlich verfehlten, als Ergebnis ihres Schutzgebetes.

– Wie Tele-PSI das Leben eines Mannes rettete. Im Traum las er die Schlagzeilen von 92 Passagieren als Opfer einer Flugzeugkatastrophe. Er annullierte den Flug und das im Traum vorhergesehene Unglück ereignete sich tatsächlich.

– Wie durch Tele-PSI das Leben einer Mutter und ihres Sohnes vor einer

Gasvergiftung gerettet wurde. Ein Gasrohr war undicht geworden und drohte Mutter und Sohn im Schlaf zu ersticken. Ihr verstorbener Ehemann war ihr erschienen und hatte sie beschworen, das Gas abzustellen.

- Wie durch Tele-PSI ein verlorener Diamant wiedergefunden wurde. Im Traum sah sie den Ring im Zimmer ihrer Hausangestellten eingewikkelt in ein Stück Papier und in einem alten Schuh versteckt.
- Wie Tele-PSI einem Geschäftsmann zu einem unsichtbaren Partner und Führer wurde. Dieser Geschäftsmann investiert oftmals bis zu einer Million Dollar in Wertpapieren. Seine Investitionen bringen ihm jedes Mal einen hohen Profit.
- Wie eine einfache Erklärung von Tele-PSI das Leben einer potentiellen Selbstmörderin rettete.
- Durch Kenntnis von Tele-PSI konnte er sich aus einem brennenden Flugzeug retten.
- Wie ein junger Geschäftsmann Tele-PSI anwandte und ein kleines Vermögen in Goldanlagen machte. Im Traum erschien ihm ein Mann und gab ihm die Namen der entsprechenden Goldanlagen. Er folgte diesen Anweisungen und wurde finanziell erfolgreich.
- Wie Tele-PSI eine verlorene Urkunde zum Vorschein brachte. Der Vater einer jungen Sekretärin war verstorben ohne irgendwelche Papiere zu hinterlassen.
- Wie Tele-PSI einer Lehrerin im Traum verborgene Talente aufzeichnete, und damit ihren Herzenswunsch erfüllte nach größerem Selbstausdruck und Reichtum.
- Wie Tele-PSI einem Mädchen, dessen Vater verstorben war, das versteckte Familienvermögen aufzeigte. Ihr Vater erschien ihr im Traum und zeigte ihr, wo sich eine Stahlkassette mit 13 000.– Dollar befand.
- Wie Tele-PSI einen jungen Mann befähigte, Pilot eines Düsenclippers zu werden. Für 10 Vakanzen gab es 2500 Bewerber; 90 % davon verfügten über mehr Erfahrung als dieser junge Mann. Er stellte sich plastisch vor als Pilot im Cockpit zu fliegen und bekam die Position.
- Wie Tele-PSI einem Mann im Traum einige Roulettezahlen nannte. Am nächsten Tag gewann er 50 000.– Dollar.
- Wie ein junges Mädchen durch Tele-PSI das Versteck eines alten Stein-

krugs entdeckte. Ihr Vater hatte an der betreffenden Stelle nachgegraben und den Krug gefunden, angefüllt mit wertvollen Münzen aus der Zeit bis 1898.

Tele-PSI ist eine einfache, praktische, logische und wissenschaftliche Methode durch deren Anwendung Sie Ihre sehnlichsten Wünsche erfüllen können. Ich möchte hier ganz entschieden und unmißverständlich feststellen: Wenn Sie den Instruktionen folgen, die in diesem Buch gegeben werden, werden Sie die Früchte eines reichen, glücklichen, freudigen und erfolgreichen Lebens ernten. Lassen Sie Wunder geschehen, wenn Sie der Führung dieses Buches folgen und sie in Ihrem täglichen Leben anwenden.

Dr. Joseph Murphy

KAPITEL 1

Wie Tele-PSI Ihre Zauberkraft für ein vollkommenes Leben sein kann

Der Begriff Magie wird im allgemeinen definiert als die Kunst, eine gewünschte Wirkung zu erzielen durch Anwendung verschiedener Techniken. Man spricht vom Zauber der Musik, vom Zauber des Frühlings und vom Zauber der Schönheit. Er wird gleichfalls definiert als die Kunst, Illusionen hervorzurufen, durch Taschenspielertricks, Fingerfertigkeit und Täuschung. Wenn man beispielsweise ein Kaninchen aus einem Zylinderhut zaubert oder einen Menschen verschwinden läßt.

Die unsichtbare Kraft in Ihrem Innern

Für die meisten Menschen ist Magie das Erzielen von Wirkungen durch unbekannte Kräfte. Magie ist jedoch eine relative Bezeichnung. Wenn Ihnen die Verfahrensweisen bekannt sind, erscheint Ihnen das Ganze nicht im mindesten als Zauberei. In vielen entlegenen Gebieten der Welt erscheinen primitiven Menschen selbst in unseren Tagen das Flugzeug, das Radio, das Fernsehen oder Rekorder als Zauberdinge. Aber selbst bei uns würde man diese Geräte noch vor 150 oder 200 Jahren als solche bezeichnet haben.

Wir verstehen, auf welche Weise Astronauten zum Mond gelangen konnten. Deshalb erscheint uns das Ganze durchaus nicht als magisch. Alle Kräfte sind ihrer Natur nach unbekannt; alle Dinge gehen aus dem Geist hervor. Wir können den Geist nicht sehen, aber wir fühlen den Geist der Freude, den Geist des Spiels, den Geist des Musikers, den Geist des Redners, den Geist der Güte, wie Wahrheit und Schönheit sich durch unser Gemüt und unser Herz bewegen.

Kein Theologe hat jemals den Geist (Gott) gesehen, aber wir können von dieser Gegenwart und Kraft in allen Phasen unseres Lebens Gebrauch machen. Wir wissen beispielsweise auch nicht, was Elektrizität ist; wir wissen nur, was sie bewirken kann. Die Kraft an sich ist uns nach wie vor unbekannt. Eigentlich praktizieren wir alle ständig Magie. Wir wünschen einen Finger zu heben und siehe da, die unsichtbare Kraft reagiert entsprechend der Absicht unseres Bewußtseins. Dennoch wissen wir nicht mit letzter Genauigkeit auf welche Weise diese Fingerbewegung zustande kam ...

Sokrates belehrte uns, daß wir mit einer einzigen Fingerbewegung den entferntesten Stern beeinflussen können. Sie werden begreifen, daß wir alle mit der magischen Kraft in uns gewohnheitsmäßig umgehen, obgleich wir sie in unserem Alltagswesen nicht so nennen.

Das Einstimmen auf die magische Kraft

Sie können sich auf die unendliche Kraft in Ihrem Innern einstimmen und damit Ihr ganzes Leben verändern. Wo immer ich mich auch aufhalte, ob in Europa, Asien, Afrika, Australien oder in den verschiedenen Städten unseres eigenen Landes, berichten mir die Menschen von der erstaunlichen bisher ungenutzten Kraft, mit der sie in Kontakt gekommen sind und die ihr Leben völlig verändert hat. Viele von ihnen sagten, daß alte Freunde und Bekannte sie kaum wiedererkannten, so sehr hatten sie sich verändert.

Wenn Sie den in diesem Buch dargelegten Techniken und Verfahrensweisen folgen, werden Sie entdecken, daß diese innere Kraft Ihre Probleme lösen kann, Sie bereichert, Ihnen verborgene Talente aufzeigt und Sie heraushebt aus Krankheit, Mißerfolg, Mangel und jeder Art von Begrenzung. Diese Kraft kann Sie führen und neue Türen des Selbstausdrucks für Sie öffnen. Inspiration kann Ihnen zuteil werden, Führung und neue schöpferische Ideen, die Ihnen Harmonie, Glück und Seelenfrieden bringen werden.

14

Wie ein Student sich einstimmte, um seine Prüfungen zu bestehen

Vor einigen Monaten hatte ich ein Gespräch mit einem Studenten, dessen Prüfungsarbeiten ihm ziemlich schlechte Noten einbrachten. Er war einigermaßen verzweifelt, denn seine Bewertungen waren dermaßen schlecht, daß er fürchten mußte, von der Universität ausgeschlossen zu werden. Er hatte mein Buch „*Die Geheimnisse des I Ging*" gelesen und studiert. Und nachdem er eine der darin dargelegten Befragungen vorgenommen hatte, bekam er die Antwort, geh und befrage den großen Mann. Den Begriff großer Mann interpretierte er als geistiger Berater, obgleich noch eine tiefere Bedeutung dahintersteckt...

Ich fragte ihn: „Weshalb wollen Sie schlechte Noten." Unendliche Intelligenz ist in Ihrem Unterbewußtsein und Sie können davon Gebrauch machen.

Okay sagt er. Meine Eltern kritisieren mich ständig und lassen kaum eine Gelegenheit aus darauf hinzuweisen, daß meine Schwester eine wesentlich bessere Studentin ist als ich und alle ihre Prüfungen spielend schafft.

Ich wies diesen jungen Mann eindringlich darauf hin, daß er sofort damit aufhören sollte, sich selbst mit seiner Schwester zu vergleichen, weil alle Vergleiche im Grunde sinnlos sind. Denn jeder Mensch ist einzigartig in seiner Art und jeder ist mit anderen Begabungen geboren.

Wenn Sie sich mit anderen vergleichen, dann heben Sie den anderen auf ein Podest und erniedrigen sich selbst. Darüber hinaus widmen Sie den Aktivitäten und dem Erfolg ihrer Schwester zuviel Aufmerksamkeit und vernachlässigen ihre eigenen Studien und sind sich ihrer inneren Kapazitäten und Fähigkeiten nicht mehr bewußt. Wenn sie so weitermachen, dann verlieren sie jeden Ansporn und jede Initiative und schaffen sich innere Spannungen.

Die einzige Konkurrenz, die es gibt, besteht in ihrem eigenen Bewußtsein. Zwischen dem Gedanken an Fehlschlag und dem Gedanken an Erfolg. Sie sind geboren, zu gewinnen, zu triumphieren, Erfolg zu haben und alle Probleme zu überwinden. Die unendliche Kraft kann niemals fehlgehen, und sie sind eins mit ihr.

Auf meinen Rat befolgte er eine einfache und sehr praktische Technik.

Allabendlich vor dem Einschlafen machte er die folgenden Bejahungen: Meiner Schwester und allen anderen Studenten in meiner Klasse wünsche ich aufrichtig Erfolg in allen ihren Studien. Die unendliche Intelligenz führt mich in meinen Studien und enthüllt mir alles, was ich wissen muß... Ich weiß, daß mein Unterbewußtsein über vollkommenes Erinnerungsvermögen verfügt und mir die Antworten auf alle meine Prüfungsfragen gibt. Ich bestehe alle Prüfungen in göttlicher Ordnung. Ich schlafe friedlich jede Nacht und erwache freudig am Morgen...

Sein Denken und Handeln war von nun an positiv ausgerichtet, und vor einigen Wochen sagte er mir: „Ich wetteifere mit niemandem und ich komme gut zurecht. Ich weiß jetzt, daß ich die benötigten Fähigkeiten besitze."

Wie Ralph Waldo Emerson einmal sagte: „Es gibt Führung für jeden von uns, und wenn wir lauschen, werden wir das richtige Wort hören."

Wie sie Tele-PSI praktizierte

Tele bedeutet Kommunikation und Psyche bedeutet Seele oder Geist in uns. Wenn Sie beten, kommen Sie in Kontakt mit Ihrer Psyche oder Ihrem höheren Selbst, und dieses reagiert entsprechend Ihrem Glauben oder Ihrer Anerkennung.

Eine junge Krankenschwester plante kürzlich eine Flugreise; aber in der Nacht vor dem Abflug hatte sie ein außergewöhnliches Erlebnis. Sie träumte von einer Flugzeugentführung, und eine innere Stimme sprach zu ihr: „Annulliere diesen Flug". Nach dem Erwachen war sie etwas verwirrt, aber sie folgte den inneren Weisungen und annullierte den Flug. Das Flugzeug, das sie ursprünglich nehmen wollte, wurde tatsächlich entführt.

Das leitende Prinzip ihres Unterbewußtseins vermittelte ihr das Geschehnis noch bevor es stattfand, um sie zu schützen. Der Plan, dieses Flugzeug zu entführen, war dem universellen Unbewußten bereits bekannt, und als sie um Führung betete, erhielt sie die Antwort von ihrem Unterbewußtsein in einer Traumhandlung.

Dies war ihr Gebet allabendlich vor dem Einschlafen:

Göttliche Liebe geht vor mir her, wo immer ich gehe und macht meinen Weg freudig, glücklich und herrlich. Der heilige Kreis von Gottes ewiger Liebe umgibt mich, und ich bin jederzeit in Gottes Obhut. Ich lebe ein zauberhaftes Leben.

Dieses Gebet ist Tele-PSI oder tatsächliche Kommunikation mit der unendlichen Intelligenz ihres Unterbewußtseins, das alles weiß, alles sieht und auf die Art ihres Gedankenlebens reagiert. Aktion und Reaktion sind kosmisch und universell. Wenn Sie beten, halten Sie Zwiesprache mit Ihrem höheren Selbst, das einige Gott nennen. Andere verwenden die Bezeichnung wahres Selbst, lebendiger Geist, Allmächtiger, der Vater im Innern, unendliche Intelligenz, die Überseele, Brahma, Allah etc. Die Kraft in Ihrem Innern hat viele Namen. In jedem Fall ist sie zeitlos, raumlos und namenlos. Die Bibel nennt sie „Ich bin" und das bedeutet Sein, Leben, Bewußtheit, Selbstausdruck, Geist, bedingungsloses Bewußtsein.

Sie brauchen sich nur daran zu erinnern, daß Ihr Denken die unendliche Kraft antworten läßt. Sie haben es mit einer wechselseitigen Aktion und Reaktion zu tun: Wie Sie säen, werden Sie ernten, und wenn Sie rufen, erhalten Sie eine Antwort.

Thoreau sagte vor Jahren, daß wir das werden, was wir uns vorstellen. Das geistige Bild, das Sie in Ihrem Geist festhalten, hat das Bestreben, sich in Ihrem äußeren Erfahrungsbereich zu manifestieren.

Ein Verkaufsleiter, der meine Sonntagmorgenvorträge im Wilshire Ebell Theatre regelmäßig besucht, erklärte mir, wie er die Kraft seiner Vorstellung anwendet. Sein Verfahren ist außerordentlich wirksam... Es ist wie folgt:

Er entspannt sich und beruhigt sein Bewußtsein, in dem er sich den 23. Psalm vorsagt; dann blickt er auf die weiße Wand in seinem Büro. Während er seine Aufmerksamkeit auf die weiße Wand konzentriert, erscheint dort ein Bild der Verkaufszahlen, die er am Ende des Jahres verwirklicht sehen möchte. Er sieht diese Summe klar umrissen an der Wand und richtet seine ganze Aufmerksamkeit auf die Zahl. Dann verlangt er, daß diese Zahlen tief in sein Unterbewußtsein sinken. Schließlich hört er die Stimme des Präsidenten der Gesellschaft, wie sie ihm zur Erweiterung des

Unternehmens und zu seinem großartigen Erfolg gratuliert. Er erklärte mir, daß er genau wußte, wann die Zahlen sein Unterbewußtsein erreicht hatten, denn er spürte dann jedes Mal ein großes Gefühl des Friedens.

Das ist wahrhaftig Tele-PSI in Aktion: Seine geistige Vorstellung wurde seiner Psyche (Unterbewußtsein) weitergereicht und in der Dunkelkammer seines Geistes entwickelt. Es kam dann wiederum zum Vorschein, als die Freude des beantworteten Gebetes.

Der jeweils erzielte Jahresumsatz hat in den letzten vier Jahren die von dem Verkaufsleiter vorgestellten Ziffern bei weitem übertroffen. Es gilt hier die Tatsache zu berücksichtigen, das Ihr Unterbewußtsein immer das ihm Aufgeprägte vergrößert.

Geben Sie Ihrem Unterbewußtsein die richtige geistige Vorstellung

Jedes Bild, das Sie in Ihrem Geist erschaffen, besonders wenn es mit Gefühl aufgeladen ist, verwirklicht sich ... Es bewirkt eine Aktion innerlich oder äußerlich. Wenn Sie es daran hindern, sich im Äußeren auszuwirken, ist es unvermeidbar, daß es sich im Inneren auswirken wird. Das äußert sich dann in irgendeiner geistigen emotionalen oder physischen Störung ihres Körpers. Seien Sie daher vorsichtig, sich nicht irgendwelchen geistigen Vorstellungen hinzugeben, die Sie nicht verwirklicht sehen wollen.

Ich kannte einmal einen Alkoholiker, der wegen Totschlags zu Gefängnis verurteilt worden war. Er sagte mir, daß er fest entschlossen sei, nach seiner Entlassung nie wieder ein Glas anzurühren. Noch am Tag seiner Entlassung jedoch, griff er sofort wieder zur Flasche. Warum? Die Erklärung ist recht einfach. Er hatte während seiner Haftzeit ständig das geistige Bild eines Drinks vor Augen, so daß er nach seiner Entlassung ganz automatisch zu trinken begann. Er vollzog im Äußeren die Handlung, die er sich während der ganzen Zeit geistig vorgestellt hatte. Hätte er sein geistiges Bild nicht im Äußeren vollzogen, dann würde es ihm in anderer Form zu schaffen gemacht haben, wahrscheinlich als körperliche oder emotionale Störung ...

Daher muß sich jedes Bild, das Sie in Ihrem Geist festhalten, als Hand-

18

lung auswirken. Andernfalls manifestiert es sich als mentale, physische oder emotionale Disharmonie im Körper.

Wie ein Schriftsteller die magische Kraft in seinem Innern entdeckte

Ein befreundeter Schriftsteller erzählte mir von einer Meinungsverschiedenheit mit dem Produzenten eines Bühnenstückes, das nach einem Manuskript von ihm geschrieben war. Sie hatten eine sehr hitzige Debatte. Er hatte mein Buch „Die Wunder Ihres Geistes" gelesen und viele der darin vorgeschlagenen Gebetstechniken angewandt. Zu Hause angelangt, ging er zunächst in sein Arbeitszimmer, entspannte sich und dachte über die unendliche Kraft in seinem Innern nach. Sodann führte er ein imaginäres Gespräch mit dem Produzenten, so als ob er ein zukünftiges Ereignis durchleben würde. Er stellte sich den Produzenten genau vor, wie er vor ihm saß und bejahte Harmonie, Frieden und vollkommenes Verstehen zwischen ihnen. In seiner lebhaften Vorstellung führte er ein Gespräch mit dem Produzenten und machte ihm klar, daß alles, was er wollte, göttliches, rechtes Handeln war. Er stellte sich auch die Erwiderung des Produzenten vor. Zwischen uns herrscht vollkommene Übereinstimmung. Göttliches, rechtes Handeln herrscht vor.

In seinem ruhigen passiven Zustand stellte er sich ein glückliches Ende vor. Er fühlte das imaginäre Händeschütteln des Produzenten und die vollkommen harmonische Lösung. Nach einigen Tagen traf der Schriftsteller den Produzenten im Club, dem sie beide angehörten. Noch bevor er ihn grüßen konnte, rief der Produzent ihn an seinen Tisch und sagte: „Ich habe das Skript noch einmal gelesen und ich muß gestehen, sie hatten Recht. Rechtes Handeln für den einen ist rechtes Handeln für alle Beteiligten."

Das von dem Schriftsteller subjektiv als wahr Bejahte, verwirklichte sich objektiv. Versuchen Sie es. Es funktioniert! Es gibt nicht ein einziges menschliches Wesen, das nicht in der Lage wäre, Furcht, Zorn und Feindseligkeit zu überwinden, seine Konflikte zu lösen, seinen Geist zu schärfen und ein erstaunliches Leben zu leben. Das bringen wir zuwege, wenn wir unsere Haltung ändern, wie der erwähnte Schriftsteller. William James, der große amerikanische Psychologe sagte: „Menschliche Wesen können ihr Leben ändern, indem sie ihre Geisteshaltung ändern."

Tele-PSI für alle Männer und Frauen

Inspiration oder Kontakt mit der unendlichen Kraft kann Ihnen ebenso leicht zuteil werden, wie die Luft, die Sie einatmen. Sie atmen gleichmäßig und ohne Anstrengung. Ebenso lassen wir die göttliche Intelligenz oder schöpferische Essenz Gottes in unseren Geist oder Intellekt eindringen ohne Anspannung. Viele Menschen haben falsche Auffassungen, den Begriff Inspiration betreffend. Sie glauben, hierbei handle es sich um eine außerordentliche Erfahrung, die nur Mystikern oder hochgeistigen Menschen zuteil werden kann. Das ist nicht der Fall. Obgleich es eine erwiesene Tatsache ist, daß Menschen, die ein geistiges Leben führen, regelmäßig inspiriert werden oder spontane Gefühle oder Eingebungen bekommen, ist es ebenso wahr, daß der Geschäftsmann gleichfalls inspiriert werden kann, wenn er sich an die unendliche Kraft in seinem Innern wendet. Inspiration oder göttliche Führung kann uns bei der Lösung eines jeden Problems zuteil werden. In anderen Worten, die Information, die Sie suchen, die erforderlichen Kenntnisse oder alles Nötige zur Lösung geschäftlicher Schwierigkeiten, kann erreicht werden, einfach indem man Gott oder die unendliche Kraft um die Antwort bittet.

Angenommen, Sie sind ein Romanautor und haben bereits einige Bücher geschrieben. Dennoch werden Sie nicht in der Lage sein, sich an die Schreibmaschine zu setzen und gleich draufloszuschreiben. Sie können nicht anfangen. Nichts geschieht – keine Idee, keine Handlung, keine Story. Und selbst wenn sie sechs Tassen Kaffee trinken – es nützt nichts... Wenn Sie jedoch Ihren Geist zur Ruhe bringen und beanspruchen, vom Höchsten inspiriert zu sein und bejahen, daß Gottes schöpferische Ideen sich in göttlicher Ordnung in Ihrem Innern entfalten, dann werden Sie Kenntnisse, Führung und schöpferische Energie bekommen. Gedanken und Ideen werden Ihnen zufließen, frei und fröhlich.

20

Ein Ingenieur erhält bestimmte Unterlagen

Ein Ingenieur berichtete mir einmal, daß er bestimmte Daten für eine Prüfung benötigte. Er war sich bewußt, daß sein Professor ihm die Information bereits gegeben hatte, aber er hatte sie vergessen. Er bat sein Unterbewußtsein, ihn mit der nötigen Antwort zu versorgen und wandte sich dann anderen Prüfungsaufgaben zu. Und nach einiger Zeit stieg die richtige Antwort aus den Tiefen seines Geistes auf. Es war die ganze Zeit in seinem Unterbewußtsein gespeichert. Aber erst als er sich entspannte und losließ, konnte die Weisheit seines Unterbewußtseins in seinen bewußten Geist eindringen und er schaffte die Prüfung mit Leichtigkeit. Erinnern wir uns: Der ruhige Geist bekommt die Antwort.

Der Registrierkassen-Mann

Vor einigen Jahren las ich einen illustrierten Artikel über einen Mann, der durch eine Erfindung einen wesentlichen Beitrag zur Entwicklung der modernen Registrierkassen leisten konnte. Es hieß da, obgleich dieser Mann keine besondere Schulbildung genossen hatte, war er dennoch sehr intelligent und empfänglich.

Eines Tages, auf einer Ozeanreise, bat er einen Schiffsoffizier, ihm die Arbeitsweise des Logs zu erklären, das die Geschwindigkeit des Schiffes registrierte. Die Erklärung wurde gegeben – und plötzlich hatte dieser Mann die Idee für die Registrierkasse!

Dieser Mann hatte sich über ein besonderes Problem Gedanken gemacht. Oftmals werden Menschen fälschlich des Diebstahls bezichtigt, während andere tatsächlich stehlen und niemals erwischt werden; desgleichen können bei der Herausgabe von Wechselgeld unzählige Fehler gemacht werden. Er setzte die Arbeitsweise des Schiffslogs sofort in Beziehung zu der Lösung seines Problems, und durch diese Inspiration konnte er die Registrierkasse entwickeln.

Hier handelte es sich um Inspiration oder Tele-PSI. Bitten Sie Ihr Unterbewußtsein um schöpferische Ideen, und eine ähnliche Idee, die ein Vermögen wert sein kann, könnte in Ihrem Innern aufsteigen.

Sie können sich auf Ihr höheres Selbst einstimmen und Antworten erhalten, wenn Sie sich entspannen, zur Ruhe kommen und wissen, daß auf Ihren Ruf eine Antwort kommt – eine Antwort, die der Art Ihres Verlangens entspricht. Denken Sie daran, daß das Stromkabel vom Kraftwerk sich in Ihrem Zimmer oder Keller befindet. Das Hauptkabel gehört dem Elektrizitätswerk. Die Verkabelungen im Haus gehören Ihnen. Da sind Kontakte vorhanden, die Sie befähigen, das Licht einzuschalten. Auf die gleiche Weise kann Ihr Wachbewußtsein in diesem Augenblick Kontakt herstellen mit dem unendlichen Lagerhaus und der Weisheit in Ihrem Innern. Schließlich würden Sie nicht beten, wenn Sie nicht überzeugt wären, von einer Weisheit und Intelligenz in Ihrem Unterbewußtsein, die alles weiß, alles sieht und auf Ihren Ruf antwortet. Die Bibel sagt: ... *bevor Sie rufen, will ich antworten; und während Sie noch sprechen, will ich hören.* (Jes. 65, 24.)

ZUSAMMENFASSUNG

1. Tele-PSI bedeutet Kommunikation mit Ihrer Psyche oder Seele, d. h. Ihrem Unterbewußtsein, das mit aller Weisheit und aller Macht in Einklang steht. Wenn Sie vertrauensvoll beten, wird Ihr Unterbewußtsein Sie mit der Antwort versorgen.
2. Magie ist eine relative Bezeichnung. Für die meisten Menschen ist Magie das Hervorrufen von Wirkungen durch unbekannte Kräfte. Schließlich sind jedoch alle Kräfte in Ihrer Essenz unbekannt. Die Wissenschaftler wissen nicht, was Energie ist. Als Edison von einer Dame gefragt wurde, was Elektrizität sei, antwortete er: „Madame, sie ist. Gebrauchen Sie sie." Es gibt eine unsichtbare Weisheit, Kraft und Intelligenz in Ihrem Unterbewußtsein, die alles weiß und alles sieht. Sie können mit dieser Kraft in Kontakt kommen durch Ihr Wachbewußsein. Diese überragende Kraft ist zeitlos ohne Alter, namenlos und ewig.
3. Sie können Ihre inneren Kräfte anwenden, um Ihre Probleme zu lösen,

um auf allen Gebieten begünstigt zu werden, um Ihre versteckten Talente zum Vorschein zu bringen und Sie auf dem Weg zum Glück, Seelenfrieden und zur Freiheit zu bringen.

4. Hören Sie auf, sich selbst mit anderen zu vergleichen. Durch eine solche Haltung erniedrigen Sie sich selbst, während Sie andere auf ein Podest heben. Sie sind einzigartig – Sie unterscheiden sich von jedem anderen Menschen auf der Welt. Widmen Sie Ihren inneren Kräften genügend Aufmerksamkeit und Sie werden auf Ihrem Gebiet voran kommen. Wenn Sie beispielsweise eine Prüfung bestehen wollen, dann vergleichen Sie sich nicht mit anderen Studenten. Eine solche Haltung verursacht Anspannung und Besorgnis. Entspannen Sie sich, bringen Sie Ihr Gemüt zur Ruhe. Bejahen Sie morgens und abends mit Gefühl und Wissen, „unendliche Intelligenz in meinem Unterbewußtsein führt mich bei allen meinen Studien und ich werde alle Prüfungen in göttlicher Ordnung bestehen".

5. Wenn Sie beten, dann stehen Sie in Verbindung mit Ihrem höheren Selbst, von einigen Gott oder höchste Intelligenz genannt. Sie bekommen eine Antwort, die Ihrem Glauben entspricht. Manchmal erhalten Sie eine Antwort im Traum, verbunden mit einer Warnung, eine bestimmte Reise nicht zu unternehmen. Eine junge Dame, die regelmäßig um Führung, göttliche Liebe und richtiges Handeln gebetet hatte, träumte 24 Stunden vor einer geplanten Reise von einer Flugzeugentführung. Sie annullierte den Flug. Wie sich später herausstellte, wurde ihr Flugzeug tatsächlich entführt. Die Lösung ist recht einfach. Die geplante Entführung war dem kollektiven Unterbewußtsein bereits bekannt und ihr eigenes Unterbewußtsein, das mit dem kollektiven Unterbewußtsein eins ist, enthüllte ihr diesen Plan.

6. Das Gedankenbild, das Sie in Ihrem Bewußtsein festhalten, hat das Bestreben, sich in Ihrem Leben zu manifestieren. Ein Verkaufsleiter fixierte seine Aufmerksamkeit auf eine bestimmte Ziffer zum Jahresabschluß. Und durch Wiederholung und Konzentration drang dieses Gedankenbild in sein Unterbewußtsein. Das gewünschte Resultat wurde in den vergangenen vier Jahren von seinem Unterbewußtsein vervielfacht. Ihr Unterbewußtsein hat das Bestreben, alles, was Sie im Brennpunkt Ihrer Aufmerksamkeit festhalten, zu vervielfachen.

7. Ein Ex-Alkoholiker, der sich selbst trinken sieht, wird gezwungen sein zu trinken. Jedes mit Gefühl aufgeladene geistige Bild, wird sich in Ihren Erfahrungsbereich verwirklichen. Achten Sie daher auf Ihre Gedankenbilder und stellen Sie sich nur erfreuliche Dinge vor.

8. Wenn Sie Differenzen mit einem anderen Menschen haben, dann führen Sie eine imaginäre Unterhaltung mit ihm, basierend auf der goldenen Regel und dem Gesetz der Liebe. Machen Sie sich bewußt, daß es nur Harmonie, Frieden und göttliches Verstehen zwischen Ihnen gibt. Stellen Sie sich im Geiste das glückliche Ende vor. Spüren Sie, wie Sie sich in Frieden und Harmonie die Hand geben. Was Sie sich subjektiv fühlend vorstellen und als wahr erkennen, wird sich objektiv verwirklichen. Die Bibel sagt: „... *und jetzt habe ich es euch gesagt, ehe es geschieht, damit Ihr glaubt, wenn es geschehen ist.*" (Joh. 14, 29)

KAPITEL 2

Wie Tele-PSI das große Geheimnis aller Zeitalter enthüllt

Viele Menschen unserer Tage fürchten sich vor bösartigen Gedankenprojektionen, schwarzer Magie, dem bösen Blick, Voodoo etc. Es scheint eine allgemeine Furcht vorzuherrschen, daß es eine Art versteckter Kraft gibt, die andere anwenden können, um Schaden zu verursachen oder Glück zu zerstören.

Das größte Geheimnis innerhalb des Menschen

Sie werden wirklich ein voll ausgeschöpftes und glückliches Leben führen, wenn Sie zu der größten aller Wahrheiten erwachen. Sie findet ihren Ausdruck in der Bibel in Deutorenomium 6.4.: *„Höre, o Israel, der Herr, unser Gott, ist ein Herr."* Was bedeutet, höre (verstehe), o Israel, (erleuchteter, erwachter Mensch), der Herr (die göttliche Kraft oder höchste Kraft), unser Gott (unser Herrscher, die unendliche Kraft), ist ein Herr (eine Kraft – nicht zwei, nicht drei, nicht zehn, nicht tausend – nur eine).

Der Ursprung von Schwarzer und Weißer Magie liegt im Aberglauben

Als wir noch sehr jung und höchst beeindruckbar waren, haben unsere Eltern, die es nicht besser wußten, uns von einem strafenden Gott erzählt. Ebenso von einem Teufel, der uns versuchen würde; sie haben uns auch damit gedroht, daß, wenn wir sehr böse wären, wir zur Hölle gehen könnten und für immer zu leiden hätten. Kinder und kindische Gemüter denken nur in Bildern und geistigen Eindrücken und, da sie es nicht besser wissen, projektieren Sie Eindrücke von Gott und einem Teufel. Kinder stellen sich Gott in einem Himmel vor, auf einem goldenen Thron, von Engeln umgeben und den Teufel unten in der Unterwelt zwischen Flammen der Hölle. Sie sind sich nicht der Tatsache bewußt, daß wir alle uns unseren eigenen Himmel oder unsere eigene Hölle schaffen durch die Art unseres Denkens, unseres Fühlens und unseres Glaubens.

Der primitive Mensch schrieb alles Wohlbefinden den Göttern zu, und allen Schmerz, alles Leiden und alle Misere den üblen Geistern oder den Teufeln seiner eigenen Schöpfung. Der prähistorische Mensch ging davon aus, daß er seltsamen Kräften ausgesetzt sei, über die er keine Kontrolle zu haben schien. Wenn Erdbeben oder Fluten ihn heimsuchten, behaupteten die Dschungelpriester, da sie die Ursache nicht kannten, die Götter seien zornig. Sie glaubten diesen vermeintlichen Zorn der Götter durch Opfergaben besänftigen zu können. Die Sonne spendete dem Menschen Wärme, während einer ausgedehnten Trockenheit jedoch, schien die gleiche Sonne die Erde zu versengen. Feuer wärmte den Menschen, aber es verbrannte ihn auch. Der Donner erfüllte ihn mit Schrecken, Blitze lähmten ihn mit Furcht. Die Gewässer überfluteten sein Land zuweilen, sein Vieh und seine Kinder ertranken, sein Verständnis der äußeren Kräfte bestand aus einem primitiven und fundamentalen Glauben an verschiedenartige Götter.

Entsprechend derartig unreifen und unwissenden Schlußfolgerungen machte sich der primitive Mensch daran, die Intelligenz der Winde, der Sterne und der Gewässer anzuflehen, in der Hoffnung, sie würden ihm Gehör schenken und sein Gebet beantworten. Den Göttern des Windes und des Regens bot er Opfergaben an.

Der primitive Mensch machte einen Unterschied zwischen wohlwollenden und bösartigen Göttern und Geistern. Seither ist die Universalität zweier Mächte der Bestandteil des Glaubensbekenntnisses von Millionen Menschen. Der Glaube an zwei Mächte, Gut und Böse, ist ein Überbleibsel dieses uralten Aberglaubens.

Was Gut und Böse ist in Ihrem Leben, bestimmt allein Ihr Denken

Die Kräfte der Natur sind nicht böse; es hängt allein davon ab, welchen Gebrauch Sie von ihnen machen. Jede Kraft kann auf zweierlei Arten angewandt werden. Es ist der gleiche Wind, der ein Boot auf einen Felsen schmettern kann oder es sicher in den Hafen geleitet. Elektrizität kann angewandt werden, um ein Ei zu kochen oder um einen Menschen zu töten. Sie können die Atomenergie konstruktiv anwenden, um ein Schiff über den Ozean zu steuern oder um Städte und Menschen zu zerstören. Wasser kann ein Kind ertränken oder seinen Durst löschen – Feuer kann es wärmen oder verbrennen. Wir sind es, die den Kräften der Natur Richtung und Sinn geben ...

Was gut und böse ist, bestimmt der einzelne. Gut und Böse sind im Geist des Individuums; sie sind nirgendwo sonst. Denken Sie Gutes und Gutes wird folgen; denken Sie Böses und Böses folgt.

Halten Sie den größten Gedanken fest und gehen Sie vorwärts im Leben

Richter Thomas Troward, der Verfasser der Edinburgh Lectures und vieler anderer Bücher, schrieb in seinem Buch „Verborgene Kraft" im Jahre 1902:

„Wenn sich erst einmal der Gedanke festgesetzt hat, daß es eine Macht außerhalb Ihres Innern gibt, ganz gleich, wie wohlwollend diese Macht Ihrer Meinung nach sein mag, haben Sie die Saat der Furcht gesät, die früher oder später Frucht tragen muß, und die gesamte Zerstörung des Lebens, der Liebe und der Freiheit mit sich bringt ... Wir müssen ernsthaft danach streben, sowohl innerhalb unseres Selbst als auch äußerlich die eine große Grundlage zu schaffen und niemals weder jetzt noch in aller Ewigkeit auch nur in einem einzigen Fall einem Gedanken Einlaß gewähren, der dieser grundlegenden Wahrheit des Seins entgegensteht."

Troward hat damit einer wundervollen Wahrheit Ausdruck gegeben. Einer Wahrheit, die sich jeder Mensch ständig vor Augen halten sollte. Die Suggestionen anderer haben nicht die Kraft, die Dinge, die sie suggerieren zu erschaffen. Diese Kraft kann nur von Ihnen in Tätigkeit gesetzt werden, durch Ihr ureigenstes Denken. Wenn Ihre Gedanken Gottes Gedanken sind, dann ist Gottes Kraft mit Ihnen, mit Ihren Gedanken an das Gute. Es ist immer die Bewegung Ihres eigenen Denkens, welche erschafft. Sie haben die Kraft, jede negative Suggestion zurückzuweisen und sich geistig mit der Allkraft in Ihrem Innern zu verbinden.

Weshalb der sogenannte Voodoo-Fluch nichts anderes ist als eine negative Suggestion

Vor einigen Jahren besuchte ich Kapstadt, Südafrika, um einen Vortrag im dortigen Science of Mind Center zu halten. Während meines Aufenthaltes dort, besuchte ich auch einige der Goldminen in Johannesburg. Hier erzählte mir der englische Werksarzt, daß wenn ein Minenarbeiter die Bestimmungen der Gesellschaft verletzt hatte, er vom Voodoo-Medizinmann eine Nachricht erhielt: „Sie werden um 18.00 Uhr sterben". Dann setzte sich der Betreffende hin und starb. Spätere Untersuchungen ergaben in jedem einzelnen Fall, daß nicht die geringste physische Ursache für den Tod vorgelegen hatte. Der Arzt erklärte mir, daß die einzige Todesursache der betreffenden Furcht gewesen sei. Furchtgedanken von den Gesetzesübertretern selbst in Gang gesetzt.

Sie war völlig verstört, weil man gegen sie betete

Vor einigen Wochen sprach ich mit einer jungen Frau, die sich in großer Bedrängnis befand, weil einige Mitglieder ihrer früheren Kirche – von der sie sich getrennt hatte, gegen sie beteten. Sie war fest davon überzeugt, verflucht zu sein, und daß aufgrund dessen alles schiefging.

Ich konnte ihr klarmachen, daß der vermeintliche Fluch in Wirklichkeit die negative Anwendung der Gesetze ihres Unterbewußtseins war und daß diese Flüche erst durch ihre Furcht wirksam werden konnten. Die Suggestionen anderer wurde zu eigenen Gedankenimpulsen, und, da ihr Denken schöpferisch war, fügte sie selbst sich Schaden zu. Somit übertrug sie die Kraft in ihrem Innern auf die Mitglieder ihrer früheren Kirche, ungeachtet der Tatsache, daß diese über keinerlei Macht verfügten.

Ich erklärte ihr, daß alle Kraft sich in ihrem Innern befindet und sie auf der Stelle damit aufhören müsse, diese Kraft auf andere zu übertragen. Gott oder der Geist des Lebens ist Einer und unteilbar: Er bewegt sich als Einheit. Im Geist gibt es weder Teilung noch Streit – wenn sie sich auf das Unendliche einstimmt und diese Kraft mit aller Inbrunst durch sich wirken läßt, dann kann ihr nichts geschehen.

Sie begann zu bejahen: „Ich wohne unter dem Schirm (in der engl. Bibel ,an dem geheimen Ort') des Höchsten und ich ruhe im Schatten des Allmächtigen. *Ich will sprechen zum Herrn: Meine Zuflucht, meine Festung, mein Gott, auf den ich vertraue.* (Psalm 91:2)."

Ich bedeutete ihr außerdem: „Betrachten Sie diese Leute als extrem unwissend und seien Sie nachsichtig mit ihnen. Die wirkliche und elementare Macht liegt im großen Bejahenden, denn das ist konstruktiv. Die Mitglieder Ihrer früheren Kirche wenden *Suggestionen* an, die zweifellos *eine* Macht, aber nicht *die* Macht darstellen – die Eine Macht (Gott), die sich bewegt als Harmonie, Schönheit, Liebe und Frieden. Bedenken Sie: Eine Suggestion besitzt keinerlei Macht, solange Sie ihr diese Macht nicht verleihen. Verbinden Sie sich bewußt mit der unendlichen Liebe, dem unendlichen Leben und der unendlichen Kraft in Ihrem Innern und machen Sie sich ständig die uralte Wahrheit bewußt: „Gottes Liebe umgibt mich und hüllt mich ein. Ich lebe ein zauberhaftes Leben. Der Zauber Gottes durchdringt mein gesamtes Sein. Wann immer mir die bewußten Kirchenmitglieder in den Sinn kommen, werde ich sie sofort gedanklich freisetzen und Gott überantworten."

Das Praktizieren dieser einfachen Wahrheiten verschaffte ihr Frieden und sie konnte schließlich über sich selbst lachen – über die Tatsache, daß sie ihren Widersachern Macht verliehen hatte. Nach kaum einer Woche erfuhr sie, daß fünf dieser Frauen ernstlich erkrankt und eine von ihnen schließlich verstorben war. Diese junge Frau war kein geeigneter Empfänger ihrer negativen Gedankenschwingungen, daher kehrten diese boshaften Gedanken mit verdoppelter Wirkung zu ihnen zurück und brachten ihnen Verderben. Das ist die „Bumerang-Wirkung".

Vor einigen Monaten berichtete mir eine Frau in Honolulu, daß sie außerhalb ihrer Rasse und Religion geheiratet hatte, und ihr Vater – ein Kahuna (Eingeborenenpriester) mit magischen Kräften – entschlossen war, ihre Ehe durch Zauberei zu zerstören.

Hier bringt die Erklärung zumeist auch die Heilung. Diese Frau hatte an der Universität von Hawaii in Psychologie promoviert, dessen ungeachtet lebte sie in ständiger Furcht vor dem Fluch ihres Vaters. Ich konnte ihr klarmachen, daß weder Personen noch Zustände in der Lage sind, ihre Ehe zu zerstören, solange sie und ihr Mann einander in Liebe verbunden sind. Gott ist Liebe, und wenn zwei Herzen als eines schlagen, dann haben alle Exkommunikationen und Flüche dieser Welt die Wirkung eines Pappgeschosses, das auf ein britisches Schlachtschiff abgefeuert wurde.

Die Empfänglichkeit unseres Unterbewußtseins für Eindrücke jeglicher Art, gekoppelt mit dem negativen Gebrauch unserer Vorstellungskraft hat Millionen unwissender Menschen teilweise geradezu gelähmt. Diese Frau war von dem Gedanken beherrscht, daß die von ihrem Vater praktizierte Zauberei (der negative Gebrauch seiner Geisteskräfte) wirksam und erfolgreich sein würde.

Ich erzählte ihr die Geschichte von Plotinus, der vor mehr als siebzehnhundert Jahren gelebt hatte. Plotinus – einer der großen erleuchteten Männer seines Zeitalters – bekam einst Besuch von einem ägyptischen Priester. Dieser Priester belegte Plotinus mit einem Fluch, d. h. er konzentrierte sich auf einen Todeswunsch für Plotinus und richtete ihn geistig auf ihn. Plotinus kannte den Trick und war sich bewußt, daß der törichte Priester glaubte, Macht zu besitzen. Keine negative Suggestion, kein Bannfluch besitzt irgendwelche Macht – selbst wenn alle Priester der Welt sich darum bemühen würden – sofern Sie nicht töricht und unwissend genug sind, ihn zu akzeptieren.

Plotinus spürte sein Einssein mit einem Gott der Liebe. Gott ist allmächtig; einer für sich ganz allein stellt im Zustand der Bewußtseinsverschmelzung mit Gott die absolute Mehrheit dar.

... Ist Gott für uns, wer mag wider uns sein? (Römer 8:31)
... Nichts wird euch Schaden zufügen. (Lukas 10:19)
Es wird dir kein Unheil begegnen, keine Plage deiner Hütte sich nahen.
(Psalm 91:10)
Ich fürchte kein Übel, denn du bist bei mir. (Psalm 23:4)

Wie wir wissen, prallte der Fluch von Plotinus ab und fiel auf den ägyptischen Priester zurück, der ihn über Plotinus verhängen wollte. Er bekam einen Anfall und fiel Plotinus zu Füßen. Plotinus hatte Erbarmen mit dem unwissenden Priester, er nahm ihn bei der Hand und richtete ihn auf. Der Priester erkannte daraufhin die Eine Macht und wurde zu einem ergebenen Jünger von Plotinus.

Mit dieser Erklärung konnte der Hawaiianerin eine schwere seelische Belastung genommen werden. Ihrem Vater erklärte sie: „Dad, ich fürchte mich nicht länger vor dir. Du bist bedauernswert. Du glaubst, Macht zu besitzen, in Wirklichkeit gebrauchst du nur negative Suggestionen, und alles, was du anderen zudenkst, erschaffst du gleichzeitig für deinen eigenen Erfahrungsbereich. Die Macht ist in meinem Innern und ich bin mir meines Einsseins mit Gott bewußt. Seine Liebe umgibt uns und wacht über uns. Wann immer ich an dich denke, bejahe ich: „Gott ist für mich, deshalb kann niemand gegen mich sein. Ich bin frei." Sie segnete ihren Vater, ließ ihn los und gab ihn frei.

Kurz darauf teilte sie mir in einem Brief mit, daß ihr Vater seinen Haß auf sie und ihren Ehemann nicht aufgegeben habe. Vielmehr habe er ihr schriftlich angedroht, sie beide durch Zauberei und Schwarze Magie zu vernichten. Sie schenkte seinen Drohungen keine Beachtung, und nach einigen Monaten erfuhr sie, daß ihr Vater auf der Straße tot zusammengebrochen war. Sie sagte, daß ihr Vater sich durch seinen Haß umgebracht habe, und damit hatte sie recht. Haß, Eifersucht und Feindseligkeit sind die großen Zerstörer von Liebe, Frieden, Harmonie, Freude, Vitalität und gutem Willen. Alle seine negativen, zerstörerischen Gedanken schnellten wie ein Bumerang auf ihn zurück, und dieser verdoppelte Schlag war zuviel für ihn. Alles, was Sie einem anderen Menschen wünschen und zudenken, das erschaffen und manifestieren Sie zugleich in Ihrem Körper und in Ihrem Erfahrungsbereich.

Moses und die ägyptischen Priester

Im Altertum glaubten die Massen, daß ihre Priester die Macht hätten, alle zu verfluchen, die ihr Mißfallen erregten oder sie beunruhigten, und die Priester dieser Tage nutzten die Unwissenheit der Menschen weidlich aus.

Moses durchschaute die Schikanen und Ränke der ägyptischen Priester. Das verblüffte sie dermaßen, daß sie ihn fürchteten und ihm und seinem Volk gegenüber alle Einschüchterungsversuche aufgaben.

Moses lehrte die Einheit der spirituellen Macht. Die religiösen Überzeugungen der Ägypter basierten auf einem Glauben an viele Mächte. Moses wußte, daß Gott Einer ist, und diese Überzeugung und Bewußtheit zerstreute alle negativen Ideen in den Wind.

Denken Sie gradlinig

Es ist unerläßlich für Sie, das Folgende richtig zu verstehen: Harmonie, Liebe, Schönheit, Frieden, Freude und alle Segnungen des Lebens kommen von der Einen Quelle. Gott kann nichts Liebloses tun, denn Gott ist grenzenlose Liebe. Gott kann keinen Schmerz wünschen, denn Gott ist absoluter Frieden. Gott kann kein Leid und keine Trübsal wünschen, denn Gott ist absolute Freude. Gott kann keinen Tod wünschen, denn Gott ist Leben, und zwar Ihr Leben jetzt.

Alle sogenannten Bannflüche, Zaubereien, Schwarze Magie, Satanismus etc. entstammen einem geradezu beängstigend törichten Glauben an eine vermeintliche Gegenkraft. Es gibt nur eine Macht, Einen Gott – nicht zwei, drei oder tausend – nur einen. Der Glaube an eine böse Macht, die Gott herausfordert, gründet sich ausschließlich auf blühenden Aberglauben.

Wenn Menschen die Eine Kraft konstruktiv, harmonisch, friedvoll und freudig anwenden, dann nennen sie diese Macht Gott. Wenden sie die Macht jedoch unwissend, negativ und auf törichte Weise an, dann bezeichnen sie diese Kraft als Satan, Teufel, böse Geister ect.

Wenn Sie sich an den allmächtigen lebendigen Geist in Ihrem Innern wenden, Ihr Gemüt und Ihr Herz öffnen, und täglich bejahen: „Gott ist, und seine Gegenwart durchströmt mich als Harmonie, Schönheit, Liebe, Frieden, Freude und Überfluß. Gott behütet mich, und ich bin immer umgeben vom heiligen Kreis der Liebe Gottes." Ein Mensch, der dieser Einen Kraft in seinem Innern fest vertraut – loyal und treu –, ein solcher Mensch wird in der Bibel als *Israel* bezeichnet. Die Bibel sagt: *Denn kein Zauber hat Macht über Jakob, Keine Beschwörung über Israel . . .* (Numeri 23:23)

Ein Mensch, der die Überlegenheit des Geistes und die Macht seines eigenen Denkens begriffen hat, wird feststellen, daß alle seine Wege zum Wohlbefinden und Frieden führen.

ZUSAMMENFASSUNG

1. Das größte Geheimnis aller Zeiten ist, daß Gott Einer und damit unteilbar ist – die einzige Gegenwart und Macht, Ursache und Substanz. Ein erleuchteter Mensch gibt daher allein dieser höchsten Ursache (Geist) seine ganze Kraft, Treue und Loyalität, und nicht irgendwelchen erschaffenen Dingen. Kein Mensch, kein Stock, kein Stein, kein Zustand, auch nicht die Sonne, der Mond und die Sterne haben irgendwelche Macht über Sie, solange Sie ihnen diese Macht nicht zuerkennen. Macht geben Sie nur dem Schöpfer.

2. Als Kinder haben wir in Vorstellungen und geistigen Bildern gedacht; dem kindlichen Gemüt wurde Gott als ein würdiger alter Mann mit Bart, auf einem Thron sitzend präsentiert, umgeben von Harfe spielenden Engeln. Das kindliche Gemüt stellte sich einen Teufel mit Hufen, Hörnern und einem stacheligen Schwanz vor – alles Gedankenimpressionen, die auf den abergläubischen Suggestionen Erwachsener beruhten.

3. Der primitive Mensch schrieb Wohlbehagen den Göttern zu und Lei-

den irgendwelchen bösen Mächten. Er flehte die Intelligenz der Winde, der Sterne und des Wassers an, in der Hoffnung, erhört zu werden. Jeder Glaube an zwei Mächte (gut und böse) ist ein Rückfall in diesen uralten Aberglauben.

4. Die Kräfte der Natur sind nicht böse; es kommt allein auf den Gebrauch an, den wir von ihnen machen. Die Elektrizität zum Beispiel kann sowohl zum Staubsaugen, als auch zum Töten verwendet werden. Sie ist weder gut noch böse – sie ist nur wirksam. Ob etwas als gut oder böse anzusehen ist, hängt von der Motivation des Menschen ab – von seinem Gedankenleben.

5. Wenn Sie eine Kraft außerhalb Ihrer selbst wähnen – auch wenn sie Ihnen noch so wohlwollend erscheinen sollte –, dann haben Sie eine Saat ausgestreut, die früher oder später die Frucht der „Furcht" hervorbringen wird und damit die völlige Zerstörung von Leben, Liebe und Freiheit.

6. Der Voodoo-Zauberer oder Medizinmann verfügt über keinerlei Macht. Will er jedoch einen Fluch oder ein sogenanntes „Todesgebet" gegen einen einfältigen Eingeborenen schleudern, so läßt er diesen wissen, daß er von ihm verflucht ist. Der Eingeborene wiederum, von der Wirksamkeit eines solchen Fluches überzeugt, unterliegt dieser Suggestion und macht sie zu seiner eigenen Gedankenbewegung. Die gleichen Flüche zeitigen nicht die geringste Wirkung, als sie gegen Missionare ausgesandt wurden und von ihren vermeintlichen Empfängern lächerlich gemacht wurden, in dem Wissen, daß sie nicht den geringsten Schaden anrichten konnten. Die negativen Suggestionen des Medizinmannes fanden keinen Widerhall in ihrem Unterbewußtsein, denn dafür müßte ein gleichartiger Sinn oder ein entsprechendes Gefühl im Unterbewußtsein vorhanden sein. Solange das nicht der Fall ist, ist man für böse Suggestionen nicht empfänglich. Was würden Sie beispielsweise erreichen, wenn Sie einem auf Erfolg Vertrauenden Fehlschläge suggerieren wollten? Er würde Sie nur auslachen.

7. Es ist geradezu töricht, Menschen, die Ihnen einreden wollen, sie beteten gegen Sie, auch nur die geringste Macht zuzugestehen. Am besten ist es, sie auszulachen, da sie sich nur einbilden, über Macht zu

verfügen. Nur Gott besitzt Macht – die große bejahende. Er ist der all-weise Eine, der mächtige Gott, der Vater aller. Diese allmächtige Kraft bewegt sich als Harmonie. Ihr kann sich nichts entgegenstellen, nichts kann sie durchkreuzen, nichts sie beeinträchtigen. Sie ist allmächtig. Vereinen Sie sich mit ihr, denn wenn Ihre Gedanken Gottes Gedanken sind, dann ist Gottes Macht in Ihren guten Gedanken. Die negativen Gedanken anderer können Sie nicht erreichen, wenn Sie es ablehnen, ihnen in Ihrem Bewußtsein Einlaß zu gewähren. Sie werden vielmehr mit verdoppelter Kraft zu ihrem Aussender zurückkehren.

8. Wenn Eheleute oder Liebende durch Gottes Liebe vereint sind, dann kann dieses Band von niemandem zerstört werden. Gott ist Liebe. Wenn jemand die Absicht äußern sollte, eine Ehe auseinanderzubringen, dann segnen Sie ihn und gehen Sie Ihres Weges. Erkennen Sie einzig die Macht Gottes an – nicht die irgendeines Menschen.

9. Haß, Ressentiment, Eifersucht und Feindseligkeit – diese Emotionen töten Liebe, Frieden, Harmonie, Schönheit, Freude und Scharfblick oder Urteilskraft. Fortgesetztes Erzeugen negativer Gefühle ist höchst destruktiv. Es kann in tödlichen Krankheiten enden, in mentalen Verirrungen oder in Geisteskrankheit.

10. Moses lehrte das Einssein der spirituellen Kraft. Die ägyptischen Priester glaubten an viele Götter und ebenso viele böse Mächte. Moses wußte von der einen Macht und zerstreute ihre negativen Gedanken wie Spreu in den Wind.

11. Werden Sie zu einem gradlinigen Denker und geben Sie daher alle Macht, Anerkennung und Loyalität nur der Einen Höchsten Kraft: Dem Allmächtigen Lebenden Geist in Ihrem Innern. Stimmen Sie sich auf ihn ein und lassen Sie diese Gegenwart durch sich hindurchfließen als Harmonie, Gesundheit, Frieden, Freude und Liebe. Dann werden Sie feststellen, daß alle Ihre Wege von Wohlbefinden und Frieden erfüllt sein werden.

KAPITEL 3

Wie Tele-PSI Wunder für Sie bewirken kann

Ralph Waldo Emerson war es, der feststellte: „Allein das Endliche hat gefehlt und gelitten. Das Unendliche ruht in lächelnder Gelassenheit." Das Gesetz Ihres Geistes wirkt ohne Ansehen der Person. Das Gesetz bewirkt mit mathematischer Genauigkeit: Was Sie denken, das erschaffen Sie; was Sie fühlen, das ziehen Sie zu sich heran; und was Sie sich vorstellen, zu dem werden Sie. Alle Gesetze sind völlig unpersönlich, sie respektieren keinen Menschen. Daher ist diese Wahrheit auch für die Wirkungsweise Ihres Geistes zutreffend. Es ist gefährlich, mit Kräften herumzuspielen, die Sie nicht verstehen. Wenn Sie beispielsweise von den Gesetzen der Elektrizität nichts verstehen – nichts von Konduktivität oder Isolierung wissen, oder von der Tatsache, daß der elektrische Strom von einem höheren zu einem niederen Potential fließt – können Sie sich mit Leichtigkeit durch einen Stromschlag töten.

Aktion und Reaktion sind universelle Eigenheiten, die sich in der gesamten Natur zeigen. Oder anders illustriert: Jeder von Ihnen als wahr empfundene Gedanke wird Ihrem Unterbewußtsein aufgeprägt (das Gesetz) und Ihr Unterbewußtsein wiederum bringt das ihm aufgeprägte zum Ausdruck – Gutes, Schlechtes oder Indifferentes.

Wie ein Mann verlorene Liebe zurückgewann

Ein Mann hatte sich bei mir beklagt, daß er nach fünfzehnjähriger Ehe feststellen mußte, daß seine Frau ihn mit einem anderen Mann betrog. Er berichtete mir, daß er sie sechs Monate zuvor in ihrem Büro besucht

hatte, und dabei bemerkte, daß ihr Chef ein außergewöhnlich gutausse-
hender Mann war und dazu noch recht wohlhabend. Er sagte: „Ich hatte
das sichere Gefühl, daß sie mit ihm etwas hatte – das war meine ständige
Furcht, obgleich ich ihr nichts davon sagte." Offensichtlich hatte die
Eifersucht ihn in ihren Klauen, und was er am meisten gefürchtet hatte,
war über ihn gekommen.

Er besaß recht gute Kenntnisse der geistigen Gesetze, mein Buch „Die
Gesetze des Denkens und Glaubens" hatte er gelesen. Wir diskutierten
und analysierten seine Handlungsweise, und er begriff mit einem Mal,
daß es seine geistigen Vorstellungen von der Untreue seiner Frau waren,
die ihrem Unterbewußtsein aufgeprägt wurden und sich damit zu verwirklichen trachteten. Seine Frau hatte keine Ahnung von der Wirkungsweise seines Geistes. Es waren tatsächlich seine Furchtgedanken zusammen mit seiner definitiven Überzeugung, daß sie ein Verhältnis mit ihrem
gutaussehenden Chef hätte, die hier ihre Wirkung zeitigten.

Im Grunde war er ganz allein verantwortlich für alles, was hier geschehen war, weil seine Gedanken und Imaginationen derart intesiv und
kraftgeladen waren, daß sie sein eheliches Mißgeschick auf schnellstmög-
liche Weise herbeiführten. Er sah ein, daß er das Gesetz des Geistes auf
sehr negative Art angewandt und somit die entsprechenden Resultate
bewirkt hatte. Er war vernünftig genug, die Angelegenheit mit seiner
Frau zu besprechen, wobei er auf meinen Rat hin auch klar die Rolle
betonte, die der Mißbrauch seiner geistigen Vorstellungen dabei gespielt
hatte. Unter Tränen gab sie daraufhin ihre Untreue zu und brach das
Verhältnis zu ihrem Chef ab. Sie beschaffte sich eine andere Position und
der Geist der Vergebung und göttlicher Liebe vereinte sie wieder.

Mit dem folgenden wissenschaftlichen Gebetsverfahren war er imstande, alle seine Furchtgedanken wie auch seine quälenden Eifersuchtsgefühle zu vertreiben:

Meine Frau ist für meine konstruktiven Gedanken und Vorstellungen
empfänglich. Im Mittelpunkt ihres Seins herrscht Frieden. Gott führt
und leitet sie. Göttliches rechtes Handeln beherrscht sie. Zwischen uns
ist ausschließlich Harmonie, Liebe, Frieden und Verstehen. Immer
wenn ich an sie denke, werde ich sie sofort segnen und sagen: „Gott
liebt dich und sorgt für dich."

Dieses Gebet machte er sich zur Gewohnheit und befreite sich damit von Furcht- und Eifersuchtsgefühlen, den „Kindern der Furcht". Ihr Eheleben wird von Tag zu Tag glücklicher. Hiob sagte: „Was ich gefürchtet habe, ist über mich gekommen." Die Umkehrung jedoch ist ebenso wahr: „Das, was ich sehr liebe, ist in mein Leben und in meinen Erfahrungsbereich gekommen."

Die unendliche Kraft bewirkte Wunder für sie

Die Überschrift dieses Kapitels ist das Resultat einer Unterredung mit einer jungen Studentin der University of Southern California. Sie hatte mein Buch *ASW – Ihre außersinnliche Kraft* eingehend studiert und dabei von den wundervollen Erfahrungen gelesen, die einige Menschen in ihren Träumen und Nachtvisionen gehabt haben. Sie sagte mir: „Ich bin jetzt einundzwanzig Jahre alt und entschlossen zu heiraten. Vor einer Woche hatte ich ein Zwiegespräch mit meinem höheren Selbst. Dabei verfuhr ich wie folgt:
Du bist all-weise; du kennst und weißt alles. Bring einen Mann in mein Leben, mit dem ich vollkommen harmoniere und der für mich der Richtige ist. Und jetzt überlasse ich mich den Tiefen des Schlafes."
Das war ihre einfache Gebetstechnik. Schließlich sah sie im Traum einen jungen Mann, etwa in ihrem Alter – groß und gutaussehend, mit Büchern unter dem Arm. Sie wußte augenblicklich, daß er der Mann war, den sie heiraten wollte. Obgleich sie nicht die geringste Ahnung hatte, wer er war oder wo sie ihm begegnen könnte, war sie völlig beruhigt über das Ganze und verspürte auch kein Verlangen, weiterhin glückliche Zweisamkeit zu bejahen.
Etwa zwei Monate nach diesem Traum besuchte sie einen Gottesdienst und traf genau diesen jungen Mann. Er war ihr Sitznachbar und hatte ein Buch unter dem Arm – eine Bibel. Einen Monat darauf waren sie verheiratet.
Träume dieser Art, die einen künftigen Ehepartner präsentieren, sind keineswegs ungewöhnlich. Diese junge Studentin kannte die Gesetze ihres Geistes. Sie war sich auch bewußt, daß es der letzte wache Gedanke

ist, der sich ihrem Unterbewußtsein einprägt, und daß letzteres alles zu seiner Verwirklichung erforderliche veranlaßt. Zuweilen neigt es dazu, das Geschehen zu dramatisieren, wenn Wach- und Unterbewußtsein sich während des Schlafes schöpferisch zusammenfinden.

Den Seinen gibt's der Herr im Schlaf. (Psalm 127:2)

Er glaubte, daß die Karten gegen ihn und seinen Erfolg seien

Auf einer meiner letzten Reisen nach Irland besuchte ich einen entfernten Cousin von mir, der in der Nähe von Killarney lebt. Beim Essen in seinem Haus erzählte er immer wieder, daß er offensichtlich vom Pech verfolgt sei und eine Kartenlegerin ihm gedeutet habe, daß „böse Mächte" sich gegen ihn verschworen hätten – eine Bemerkung, die ihm natürlich erst recht Angst einjagte. Er schien geradezu einem hypnotischen Bann zu unterliegen, einer vorgefaßten Meinung, bei der die Dinge wie ein Deck Spielkarten angeordnet sind. Dabei ist dieser Verwandte von mir ein hochgebildeter Mensch mit Universitätsstudium.

Wie er mir sagte, hatte er auf der Universität auch Emerson gelesen, aber anscheinend Emersons Definition des Begriffs „Schicksal" übersehen:

Er (*der Mensch*) hält sein Schicksal für unangemessen, weil die Kopula (*das Verbindungsglied*) verborgen ist. Jedoch die Seele (*das Unterbewußtsein*) enthält die Begebenheit, von der sie befallen wird, denn die Begebenheit ist nur die Verwirklichung seines Denkens, und das wofür wir beten, wird uns immer gewährt. Die Begebenheit ist der Abdruck deiner Form. Sie paßt dir wie deine Haut.*

Ich erklärte ihm, daß Emersons Worte ebenso wahr sind wie die Gesetze der Agrikultur, mit denen er aufgrund seines Studiums so gut vertraut war. Ich machte ihm klar, daß seine geistige Verfassung, seine theologischen Überzeugungen, emotionale Übereinstimmung sowie sein Denken und Fühlen alle Zustände, Erfahrungen und Geschehnisse in seinem Leben bestimmen. In anderen Worten: Die Ursache lag in seinem

---

* Anmerkungen in Kursivschrift vom Autor.

Gedankenleben begründet, sie war nicht äußerer Natur. Er begann die Wahrheit einzusehen, daß sein Unterbewußtsein immer bestrebt ist, sein gewohnheitsmäßiges Denken und seine Überzeugungen zu reproduzieren. Es wurde ihm klar, daß die negativen Suggestionen der Wahrsagerin – sobald er sie akzeptierte – zu seiner eigenen Gedankenbewegung würden und damit Erfahrungen bewirken, die seinem gewohnheitsmäßigen Denken entsprechen – so, wie eine Saat nur das ihr gemäße hervorbringt.

Immerhin verfügte er über die Macht, die Behauptungen der Kartenlegerin abzulehnen, in dem Wissen, daß er es ist, der seine eigene Zukunft gestaltet, eben durch sein Denken. Es ist eine uralte Wahrheit: Der Mensch ist das, was er den ganzen Tag lang denkt.

Ich wies besonders darauf hin, daß die Kartenlegerin über keinerlei Macht verfügt und daher auch keine Kontrolle über sein Leben ausübt. Sie könnte allerdings – sofern sie sehr sensitiv ist – imstande sein, Kontakt zu seinem Unterbewußtsein herzustellen, und ihm seinen gegenwärtigen Gemütszustand zu enthüllen. Ich überzeugte ihn von seiner Fähigkeit, sein Unterbewußtsein zu verändern, wenn er sein Denken spirituellen Dingen zuwendet und sich mit ewigen Wahrheiten identifiziert.

Was ich gefürchtet habe, ist über mich gekommen. (Hiob 3:25)

Tatsächlich waren alle Rückschläge, Enttäuschungen und Mißerfolge von ihm selbst verursacht. Meinen Anleitungen gemäß überprüfte er seine Geisteshaltung. Ich schrieb ein Gebet für ihn auf, das er morgens und abends anwenden sollte, mit der ausdrücklichen Maßgabe, das Bejahte nicht etwa kurz darauf wieder zu verneinen:

Heute ist der Tag Gottes. Ich entscheide mich für Glück, Erfolg, Wohlstand und Seelenfrieden. Ich werde den ganzen Tag lang Göttlich geführt und alles, was ich anpacke, gelingt mir gut. Jedesmal wenn meine Aufmerksamkeit von den Gedanken an Erfolg, Frieden, Wohlstand oder meinem anderen Guten abirren sollte, bringe ich sie sofort zurück zur Kontemplation Gottes und seiner Liebe, in dem Wissen, daß er für mich sorgt.

Ich bin ein spiritueller Magnet und ziehe daher eine gute Kundschaft und Klientel zu mir heran: Menschen, die das haben wollen, was ich zu geben habe. Meinen Service verbessere ich von Tag zu Tag. In allen meinen Unternehmungen bin ich ein ganz außergewöhnlicher Erfolg.

Alle Menschen, die mein Leben berühren, segne ich mit Wohlstandsge-
danken. Diese Bejahungen sinken jetzt tief in mein Unterbewußtsein
und kommen wieder zum Vorschein als Überfluß, Sicherheit und Seelenfrieden. Es ist wundervoll!

Diese neue Einstellung, zusammen mit der ständigen Verwirklichung
der obigen Wahrheiten, hat sein ganzes Leben verändert.

Sie sagte: „Dies ist meine siebente Scheidung. Was mache ich falsch?"

Eine Frau mittleren Alters, völlig verstört und ein nervliches Wrack,
bat mich, ihre früheren Ehen zu durchleuchten, die sämtlich in die Brü-
che gegangen waren. Es war nicht schwer, hier festzustellen, daß diese
Frau im Grunde immer mit dem gleichen Mann verheiratet war, obgleich
er jedesmal einen anderen Namen hatte. Und jeder einzelne von ihnen
war schlimmer als sein Vorgänger.

Ich machte ihr klar, daß sie im Leben nicht das bekommt, was sie
haben will, sondern das, was sie kontempliert, und daß es daher unerläßlich ist, ein mentales Äquivalent (eine geistige Entsprechung) des Gewünschten im Unterbewußtsein zu etablieren, bevor es in Erscheinung
treten kann.

Ihre Schwierigkeiten beruhten auf tiefsitzenden Ressentiments ihrem
ersten Ehemann gegenüber, der sie ständig belogen hatte und schließlich
unter Mitnahme ihres ganzen Geldes und ihrer Juwelen das Weite gesucht hatte.

Da sie nicht imstande war, ihn geistig loszulassen, schwärte diese psychische Wunde – dieses quälende Übel – in ihrem Unterbewußtsein weiter. Folgerichtig zog sie damit den zweiten, den dritten und auch die
weiteren Ehemänner an. Und indem sie ihre Zorngefühle und ihre Ressentiments gegenüber jedem einzelnen dieser Männer nährte, verstärkte
sie diese negativen Emotionen in ihrem Unterbewußtsein und zog sich
die genaue Entsprechung dieses dominierenden Gemütszustandes zu.
Das Unterbewußtsein verstärkt und multipliziert jeweils das im Brennpunkt unserer Aufmerksamkeit Festgehaltene – sei es gut oder schlecht.

Ich erläuterte ihr das Gesetz und die Funktionsweise des Geistes, wobei ich ihr eindringlich klarmachte, daß dieses Gesetz absolut gerecht und eminent fair ist in seinen Manifestationen. So, wie es in der Natur des Apfelsamens liegt, einen Apfelbaum hervorzubringen, so obliegt es dem Gesetz des Geistes, unfehlbar und unvermeidlich in allen Phasen des Lebens das genaue Duplikat der inneren Natur zu reproduzieren. „Wie innen, so außen. Wie im Himmel (im Geist), so auf Erden (Körper, Umstände, Zustände, Erfahrungen und Begebenheiten)."

Durch meine Erläuterungen war sie imstande, die Unklarheiten in ihrem Gemüt zu beseitigen. Sie hatte mit einem Mal begriffen, daß es nicht möglich ist, etwas anderes hervorzubringen, als das im Denken und Fühlen verankerte. Man kann nicht von einer Sache gedanklich und gefühlsmäßig überzeugt sein, wenn man etwas anderes zu erfahren wünscht, als das Gedachte, Gefürchtete und Erwartete. Das Gesetz des Geistes ist gut – es ist sehr gut, denn alle Ihre äußeren Erfahrungen entsprechen genau Ihren inneren Einstellungen und Überzeugungen.

Sie sagte sich:

Ich sehe jetzt, daß es meine Ressentiments waren, meine Zorngefühle und meine Feindseligkeit meinen Ehemännern gegenüber, zusammen mit meiner Unfähigkeit zu vergeben, die immer wieder den gleichen Menschentyp – Männer mit gleichartigen Charaktereigenschaften – in mein Leben gebracht haben. Ich muß mich ändern. Ich weiß, daß ich meinen jetzigen Mann fälschlicherweise beschuldigt habe. Obgleich er ein Alkoholiker und ein Spieler ist, so war er doch weder untreu, noch hat er mir in irgend einer Weise nachspioniert. Alle diese Bezichtigungen sind letztlich Projektionen meiner eigenen Schuld- und Furchtgefühle und meiner Unsicherheit.

Bei der nachfolgenden Unterredung, die ich mit beiden hatte, stimmten sie überein, in der Absicht, ihre Ehe weiterzuführen. Sie war zu der Einsicht gekommen, daß sie sonst doch nur das gleiche Denkmuster von Selbstmitleid, Depressionen und unterdrücktem Zorn wiederholen würde. Er wiederum entschloß sich, Alkohol und Glücksspiel aufzugeben. Sie wollten von jetzt an jeder im anderen die Göttlichkeit sehen und anerkennen. Der Ehemann wußte jetzt, daß ein Mann, der eine Frau wirklich liebt, nichts Liebloses tut, und seine Frau erkannte, daß hinter jedem erfolgreichen Mann eine Frau steht.

Sie entschlossen sich, morgens und abends füreinander zu beten, wissend, daß es unmöglich ist, gegen einen Menschen, für den wir beten, irgendwelche feindseligen Gefühle zu hegen. Das gemeinsame Gebet, morgens und abends von beiden abwechselnd bejaht, lautete wie folgt:

Wir wissen, daß wir nicht zugleich Gedanken der Liebe und Ressentiments empfinden können, denn das Bewußtsein kann nicht zweierlei Dinge zur gleichen Zeit ausdrücken. Jedesmal, wenn wir aneinander denken, bejahen wir mit Nachdruck: „Gottes Liebe erfüllt seine/ihre Seele." Wir strahlen Liebe, Frieden, Freude und guten Willen aus. Auf allen unseren Wegen werden wir Göttlich geführt und wir erheben jeweils den Gott im anderen. Unsere Ehe ist eine spirituelle Vereinigung. Wenn wir Ressentiments und negative Gedanken gegeneinander gehegt haben, so ist das jetzt vergeben und wir sind entschlossen, das nicht mehr zu tun. Wir wissen, daß wir uns nur selbst vergeben müssen, damit uns vergeben wird, da das Leben oder Gott niemals bestraft; das tun wir vielmehr nur selbst. Nur was der Liebe, der Wahrheit und der Vollkommenheit zugehört, kann in unseren Erfahrungsbereich gelangen.

Nachdem beide sich dieses Gebet zur Gewohnheit gemacht hatten, ging eine spirituelle Transformation – eine geistige Veränderung – mit ihnen vor und sie machten die Erfahrung, daß die Liebe alles auflöst, was ihr nicht gemäß ist. Jeder von ihnen stellte fest, daß es nichts zu ändern gibt, als das eigene Selbst.

Wenn Sie die Wahrheiten Gottes kontemplieren und Liebe und Wohlwollen auf alle Wesen ausstrahlen, dann wird Ihre ganze Welt auf wundersame Weise in das genaue Abbild Ihrer Kontemplation verschmelzen und Ihre Wüste wird fruchtbar. Sie wird blühen, wie die Rose.

So wird die Unendliche Kraft Wunder für Sie bewirken.

ZUSAMMENFASSUNG

1. Das Gesetz des Geistes wirkt ohne Ansehen der Person. Es macht deutlich: Was Sie denken, erschaffen Sie; was Sie fühlen, das ziehen Sie an; und was Sie sich vorstellen, zu dem werden Sie.

2. Aktion und Reaktion sind universelle Charakteristiken, die in der gesamten Natur zu finden sind. Ihr Denken ist in Entstehung begriffene Handlung, der die entsprechende Reaktion aus Ihrem Unterbewußtsein vorausgeht, die auf der Art Ihrer Gedanken basiert.

3. Wenn ein Mann von der Untreue seiner Frau überzeugt ist und das ständig befürchtet und sich verbildlicht, dann werden solche Imaginationen von ihrem Unterbewußtsein aufgefangen und sie könnte geneigt sein, genau das zu tun, was von ihr befürchtet wird, um so mehr, wenn ihr die Gesetze des Geistes nicht vertraut sind und sie nicht durch regelmäßiges Meditieren entsprechend immunisiert ist.

4. Furcht und Eifersucht lassen sich beseitigen durch Identifizierung mit der Gottesgegenwart im Innern – in sich selbst und in der anderen Person – verbunden mit allen Segenswünschen, in der Erkenntnis, daß „das Schiff, das zu meinem Bruder heimkehrt, zu mir heimkehrt". Der Erfolg des anderen ist auch Ihr Erfolg; des anderen Glück ist ebenso Ihr Glück. Liebe ist des Gesetzes Erfüllung – des Gesetzes der Gesundheit, des Glücks und des Seelenfriedens.

5. Es ist möglich, den künftigen Ehepartner im Traum oder in Nachtvisionen wahrzunehmen. Oftmals wird Ihr Unterbewußtsein Ihnen diesen Menschen enthüllen, und wenn das geschieht, haben Sie gleichzeitig das sichere Gefühl des beantworteten Gebets. Sie werden dann nachträglich finden, daß Ihr zukünftiger Ehepartner genau der Traumvision entspricht.

6: Wenn ein Mensch der Überzeugung ist, die Karten „lägen ungünstig" oder seien gegen ihn – wenn er sich die negativen Prophezeiungen einer Kartenlegerin zu eigen macht –, dann reagiert sein Unterbewußtsein gemäß diesen Bejahungen. In Wirklichkeit ist er selbst der Verursacher seines Mißgeschicks, da es sein Bewußtseinsinhalt ist, der seine Zukunft bestimmt. Der Mensch verfügt über die Macht, negative Suggestion jeglicher Art zurückzuweisen und auf Gott als seinen stillen Partner zu blicken, der ihn auf allen seinen Wegen führt, leitet und gedeihen läßt. Glaubt er an Wohlergehen, so wird ihm Wohlergehen zuteil. Das Unterbewußtsein des Menschen reproduziert immer die gewohnheitsmäßigen Denk- und Vorstellungsmodelle, die ihm eingegeben werden.

7. Eine Frau, die sich tiefsitzenden Ressentiments, Zorngefühlen und Übelwollen gegenüber einem früheren Ehemann überläßt, kann sich durch eine solche Geisteshaltung einen emotional gestörten Mann mit ähnlichen Charakteristiken zuziehen, wie sie der vorherige Gatte aufwies. Gleiches zieht Gleiches an und „Vögel gleichen Gefieders fliegen zusammen". In einem solchen Fall ist es unbedingt erforderlich, den Ex-Mann gedanklich völlig loszulassen – ihn freizusetzen – und ihm alle Segnungen des Lebens zu wünschen. Wenn sie sich das zur Gewohnheit macht, kann sie an ihn denken und dabei ihren Seelenfrieden behalten. Wo wahre Vergebung regiert, gibt es keine Kränkung. Nach erfolgter restloser Vergebung kann sie dann von der Unendlichen Macht und Gegenwart einen Ehepartner beanspruchen, der in jeder Hinsicht mit ihr harmoniert, und das Gesetz ihres Unterbewußtseins wird entsprechend reagieren.

8. Es erfordert zwei, um eine erfolgreiche Ehe zu führen. Wenn jeder der beiden Partner sich jedoch entschlossen hat, den Gott in sich und im anderen zu erheben, wird eine solche Ehe von Jahr zu Jahr glücklicher und gesegneter sein. Durch Kontemplation der Wahrheiten Gottes, im gegenseitigen Erkennen Seiner Liebe im anderen, wird die Wüste ihres Lebens erblühen, wie die Rose.

KAPITEL 4

Wie Tele-PSI Sie befähigt, die Zukunft vorauszusehen und die Stimme der Intuition zu hören

Viele Menschen in der Finanzwelt haben die Eigenschaft, das Steigen und Fallen von Aktien vorherzusagen, bevor es sich auf der objektiven Ebene ereignet. Der Grund hierfür ist recht einfach. Sie werden immer Intuitionen oder innere Eingebungen haben, die sich auf den Gegenstand Ihrer jeweiligen Aufmerksamkeit beziehen. Ihr Unterbewußtsein reagiert immer der Natur Ihres konzentrierten Denkens gemäß.

Wie ein junger Geschäftsmann Tele-PSI praktizierte und ein kleines Vermögen gewann

Kürzlich hatte ich ein Gespräch mit einem Apotheker, der mir erzählte, daß er sich vor einigen Jahren mit dem Studium von Goldaktien in Afrika, Mexiko, Kanada und den USA befaßt hatte. Er fixierte seine Aufmerksamkeit auf etwa fünf Aktien, die zu der Zeit an der Börse ziemlich niedrig gehandelt wurden. Sein Tele-PSI-Vorgehen (Kommunikation mit der unendlichen Intelligenz seines Unterbewußtseins) war wie folgt:

Jeden Abend, bevor er sich dem tiefen Schlaf überließ, instruierte er sein tieferes Selbst ruhig und gelassen:

Enthülle mir die beste Investitionsmöglichkeit in diese Goldaktien und ich werde mir der erhaltenen Antworten klar und deutlich bewußt sein. Die Antworten gelangen in meinen wachbewußten, wägenden Verstand. Es wird mir unmöglich sein, die Antwort zu verfehlen.

Auf diese Weise verfuhr er jeden Abend, während er im übrigen den finanziellen Background und die Möglichkeiten der in Frage kommenden Goldaktien studierte. Daraufhin erschien ihm eines Nachts ein Mann im Traum und wies mit einem Zeigestock auf eine Tabelle mit den Namen der betreffenden Goldaktien. Dabei enthüllte er den gegenwärtigen Stand und zukünftige Höhen. Gleich nach dem Erwachen kaufte er die Aktien; sie erreichten später den Stand, den er im Traum gesehen hatte. Daraufhin verkaufte er sie und machte damit ein kleines Vermögen, das er, wie er sagte, mit seiner Arbeit als Apotheker nicht erzielt haben würde.

Seither hat er oftmals solche Aktien gekauft und damit erhebliche Gewinne erzielt. Die Traumerscheinung war eine Dramatisierung seines Unterbewußtseins, das ihm klar und deutlich die Antworten auf seine Fragen gab.

Wie Tele-PSI das Problem einer Sekretärin löste

Vor einigen Monaten wurde ich von einer jungen Frau konsultiert, deren Vater gestorben war. Sie war das einzige Kind, ihre Mutter hatte sie verloren, als sie noch sehr jung war. Als Achtjährige machte sie mit ihrem Vater eine Reise nach Hawaii, und dort besuchten sie alle Inseln. Er sagte ihr damals, daß er drei Grundstücke erworben hatte, die sie eines Tages erben sollte, er hatte sie nur für sie gekauft. Sie konnte jedoch weder ein Testament noch irgendwelche anderen Unterlagen finden. Außerdem wußte sie nicht, um welche der Inseln es sich handelte, da er die Angelegenheit seither nicht mehr erwähnt hatte.

Ich schlug ihr vor, sich am Abend zu entspannen und sich vorzustellen, zu dem Unendlichen Geist in ihrem Innern zu sprechen. Ein Dialog mit dieser Gegenwart – so erklärte ich ihr – ist das, was als Tele-PSI bezeichnet werden kann, die Antwort werde mit Sicherheit kommen. Die notwendigen Voraussetzungen dazu seien Aufrichtigkeit, Anerkennung und Akzeptieren der Antwort.

Diesen Anleitungen gemäß führte sie ein imaginäres Gespräch mit ihrem höheren Selbst:

Das Testament meines Vaters und die Unterlagen über die Grundstückstransaktion befinden sich irgendwo im Haus, und ich weiß, daß du, mein höheres Selbst diese Stelle kennst. Ich akzeptiere die Antwort jetzt, ich danke dir für die Antwort, und so ist es.

Danach überließ sie sich dem Schlaf, wobei sie das eine Wort „Antwort" ständig wiederholte.

Der letzte wache Gedanke, die letzte wache Vorstellung, mit der Sie sich dem Schlaf überlassen, wird Ihrem Unterbewußtsein aufgeprägt. Wenn dieser Gedanke ausreichend von Glauben und Vertrauen durchtränkt ist – entsprechend emotionalisiert (mit Gefühl aufgeladen) ist – dann wird Ihr Unterbewußtsein entscheiden, auf welche Weise die Antwort kommen wird, denn es allein weiß die Antwort.

Diese Technik wandte sie etwa zwei Wochen lang allabendlich an. Nach Ablauf dieser Zeit erschien ihr eines Nachts ihr Vater im Traum. Er lächelte und sagte:

Ich werde dein Problem entwirren. Testament und Kaufvertrag befinden sich in der Familien-Bibel, die deine Großmutter zu lesen pflegte. Schlag die Seite 150 auf, dort wirst du einen kleinen Briefumschlag finden. Ich muß jetzt gehen, aber ich sehe dich wieder. Ich bin es wirklich – dein Vater, halte mich nicht für eine Traumgestalt.

Überwältigt von diesem Erlebnis eilte sie gleich nach dem Erwachen nach unten und schlug die Bibel auf – und da waren auch schon die Papiere, die sie so verzweifelt gesucht hatte: Steuerquittungen, Verkaufsbelege und ein Testament. Dieses Traumerlebnis hatte ihr eine Menge Zeit und Kosten erspart.

Niemand vermag genau zu sagen, welche Methode Ihr Unterbewußtsein anwenden wird, um Ihr Gebet zu beantworten. Die Fähigkeit der Clairvoyance (Hellsehen) ist eine seiner Kräfte; somit war diese Sekretärin imstande, mittels Clairvoyance den Aufbewahrungsort des Testaments zu ermitteln. Ihr Unterbewußtsein verwebte das Ganze in eine Traumvorstellung mit ihrem Vater als Hauptperson, so wie ein Dramatiker einen Handlungsablauf ersinnt und seinen Charakteren die entsprechenden Worte in den Mund legt.

Wenn Sie jetzt der Ansicht sein sollten, daß es sich hier um den „Geist" des Vaters gehandelt habe, dann würden Ihnen gewiß viele zustimmen. Auch diese junge Frau war felsenfest überzeugt, daß es sich bei der Erscheinung um ihren Vater gehandelt hatte. Bedenken wir: Telepathische Kommunikation zwischen eng miteinander verbundenen Menschen findet man tagtäglich in allen Bereichen, ganz gleich, auf welcher Daseinsebene sie sich befinden: Väter, Mütter, Söhne, Töchter, Verwandte, Freunde, etc. Sie alle sind in der Tat sehr lebendig auf ihrer Ebene. Es gibt keinen Tod, wir sind allezeit von unseren Lieben umgeben – getrennt sind wir lediglich durch verschiedenartige Schwingungsfrequenzen. Wie wir alle, so verfügen auch sie über ein subjektives Bewußtsein. Darüber hinaus erlauben ihnen ihre verfeinerten Körper, Wände und verschlossene Türen zu durchdringen und die Begriffe Zeit und Raum sind für sie nicht existent.

Die Behauptung, ein Angehöriger sei außerstande, Ihnen eine telepathische Botschaft aus der nächsten Dimension zu schicken wäre gleichbedeutend mit der Unterstellung, auch das Aussenden einer telepathischen Botschaft aus einer anderen Stadt – sagen wir aus Boston – sei unmöglich. Dann könnte man auch gleich behaupten, es sei unmöglich, Sie telefonisch oder telegraphisch zu erreichen. Wir sind alle eins in dem Einen Bewußtsein, das allen Individuen zugänglich ist, und jeder Mensch ist sowohl ein Einlaß als auch ein Auslaß dieses Einen Universellen Bewußtseins.

Geist und Bewußtsein – die einzige Wirklichkeit von uns allen – sind unsterblich, denn Gott ist Leben (Geist) und das ist unser Leben jetzt. Gott ist Geist, und der Lebendige Allmächtige Geist wohnt in uns, spricht und bewegt sich in uns. Vor Tausenden von Jahren sagten die alten Hindu-Mystiker:

Du (Geist) wurdest nie geboren; du (Geist) wirst nie sterben; Wasser näßt dich nicht; und der Wind verweht dich nicht.

Eine Frage, die mir gelegentlich gestellt wird

„Können entkörperte Wesen (in der nächsten Dimension lebende Angehörige, mit vierdimensionalen Körpern ausgestattet) sich mit den Lebenden in Verbindung setzen?"

Meine Antwort darauf ist, daß es sich nach wie vor um verkörperte

50

Wesen handelt, sei es auf unserer dreidimensionalen Ebene oder auf der nachfolgenden vierdimensionalen. Prof. Dr. J. B. Rhine und viele andere Wissenschaftler haben den experimentellen Nachweis erbracht, daß – ohne den Schatten eines Zweifels – telepathische Verbindungen zwischen verkörperten Wesenheiten bestehen, d. h. also zwischen Ihnen und Ihren Freunden oder Ihren Lieben. Ihre Lieben in der nächsten Lebensdimension sind selbstverständlich ebenfalls verkörperte Wesen und so lebendig wie Sie.

Tele-PSI und außersinnliche Reisen

Viele Menschen – sei es bewußt oder unbewußt – haben sich schon einmal außerhalb ihrer natürlichen Körper befunden und dabei entdeckt, daß sie über einen anderen Körper verfügten, zuweilen als subtiler, astraler oder vierdimensionaler Körper bezeichnet. Es ist ein Körper mit einer höheren molekularen Schwingungsrate – einer Schwingung vergleichbar mit einem Ventilator, dessen Flügel von einer bestimmten Umdrehungsgeschwindigkeit an unsichtbar werden.

In akademischen und wissenschaftlichen Kreisen ist es eine bekannte Tatsache, daß der Mensch außerhalb seines Körpers wirken kann. Es ist demonstriert worden, daß der Mensch völlig unabhängig von seinem physischen Sein sehen, hören und reisen kann. Der verstorbene Dr. Hornell Hart, ein Mitarbeiter Dr. Rhines an der Duke University, hat bemerkenswerte Forschungen am „Menschen außerhalb seines Körpers" angestellt und zu weiteren Experimenten und Untersuchungen geraten.

In meinen Büchern „Die Wunder Ihres Geistes" und „ASW – Ihre außersinnliche Kraft" berichte ich von sehr interessanten und einzigartigen Erlebnissen – von Männern und Frauen des täglichen Lebens, die ihre Körper an Orte projizierten, tausende von Kilometern entfernt, und die imstande waren, über das dort Erlebte eingehend zu berichten.

Vor einigen Monaten sprach ich in der Church of Religous Science von Las Vegas, Nevada, auf Einladung von Dr. David Howe. Nach dem Vortrag suchte mich ein Mann in meinem Hotel auf, um meinen Rat für ein häusliches Problem einzuholen.

Im Verlauf des Gesprächs erzählte er mir, daß er Buchmacher sei und bei Rennwetten es mit beträchtlichen Geldsummen zu tun hätte. Er sagte, daß er sich vor großen Verlusten zu schützen pflegt, indem er sein Unterbewußtsein regelmäßig und systematisch einschaltet. Wenn er für ein Pferd oder zwei zuviel Geld einnimmt, dann versucht er, einen Teil davon bei anderen Buchmachern zu plazieren. Zu diesem Zweck studiert er die Rennberichte eingehend und konzentrierte sein Interesse auf zwei bestimmte Pferde, die er favorisierte; dann instruierte er sein Unterbewußtsein: „Ich übergebe dir jetzt das folgende Problem: Enthülle mir die Sieger des ersten und dritten Rennens (oder welche anderen Rennen er favorisierte)." Dann überließ er sich dem Schlaf mit den Worten „Sieger, Sieger, Sieger."

Unmittelbar vor dem Einschlafen ist das Wachbewußtsein schöpferisch mit dem Unterbewußtsein verbunden, wobei letzteres den letzten wachen Gedanken aufnimmt und sofort daran geht, auf seine eigene Weise zu antworten. Oftmals sieht dieser Mann den Verlauf des Rennens und die Gewinner, während er fest schläft. Bei anderen Gelegenheiten sieht er zwar das Rennen im Traum, hat jedoch den Sieger vergessen, wenn er erwacht. Eines Nachts sah er „Look-Me-Over" als Sieger des Rennens und die Quoten waren annähernd 27:1 auf Sieg. Er plazierte 4000 Dollar und gewann etwa 100 000 Dollar.

Sie werden bemerkt haben, daß sein Traum präkognitiver Art war, d. h. er sah die Rennergebnisse 24 Stunden bevor sie sich tatsächlich ereigneten, sein Traum stand in ursächlichem Zusammenhang mit seinem Job als Buchmacher. Die Funktionsweise unseres Unterbewußtseins ist völlig unpersönlich. Es vermittelt seine Intuitionen dem Bankier in Gelddingen; dem Arzt in medizinischen Angelegenheiten; dem Chemiker, chemische Formeln betreffend; dem Finanzmakler, Investitionen betreffend; und der Erfinder, der sich um eine neue Entdeckung bemüht, kann zuweilen den ganzen Entwurf im Traum vor sich sehen. Ihr Unterbewußtsein vermittelt Ihnen Eingebungen, Ideen, Antworten und definitive Intuitionseindrücke, alles gegründet auf der Natur Ihrer gezielten Aufmerksamkeit und Ihres intensiven Interesses.

Wie man sich an einen bestimmten Traum erinnern kann

Ich machte diesen Buchmacher mit einer Verfahrensweise vertraut, sich an einen bestimmten Traum wieder zu erinnern – in seinem Fall an den Traum, bei dem er den Sieger des Rennens vergessen hatte. Ich wies ihn an, des Morgens, unmittelbar nach dem Erwachen, sich zu sagen: „Ich erinnere mich". Dann würde ihm der Traum in voller Länge ins Gedächtnis gerufen. (Er hat es versucht und es funktionierte.)

Tele-PSI im Leben von Luther Burbank

Der Name Luther Burbank ist allen Amerikanern (und vielen Wahrheitssuchern in aller Welt, d. Übers.) bekannt. Seinen eigenen Worten nach gehörte es zu seinen Gepflogenheiten, seiner Schwester eine telepathische Botschaft zu übermitteln, wenn er mit ihr gemeinsam seine kränkelnde Mutter besuchen wollte. Er war bei diesen Gelegenheiten niemals auf das Telefon oder auf die Post angewiesen.

Dr. Phineas Parkhurst Quimby konnte an entfernten Orten erscheinen

Dr. Quimby, ohne Zweifel der bedeutenste Geistheiler in Amerika, ist bekannt für seine Feststellung: „Ich weiß, daß ich meine Identität kondensieren und an einem entfernten Ort erscheinen kann." Sein astraler oder vierdimensionaler Körper war für ihn ebenso real, wie sein physischer Körper, und seine Astralreisen zu 100 Meilen oder weiter entfernt lebenden Patienten begannen etwa 1845/46.

Quimby demonstrierte, daß der Mensch ein transzendentales Wesen ist, von Zeit, Raum und Materie unabhängig. Lassen Sie mich eine Begebenheit im Leben dieses außergewöhnlichen Geistheilers anführen:

Einer Patientin, die weit entfernt von seinem Wohnsitz Belfast im US-Staat Maine lebte, kündigte er brieflich seinen Besuch an einem bestimmten Tag an, wobei er keine genaue Zeit nannte. Durch ein Versehen wurde dieser Brief niemals abgeschickt. Während die Patientin nun mit einer Besucherin beim Abendessen saß, bemerkte diese plötzlich: „Da steht ein Mann hinter deinem Stuhl" und gab eine detaillierte Beschreibung von ihm. Die Dame des Hauses erklärte daraufhin: „Oh, das ist Dr. Quimby. Er behandelt mich. Dr. Quimby war geistig und bewußtseinsmäßig gegenwärtig, versehen mit einem vierdimensionalen oder subtilen Körper, der von der Besucherin wahrgenommen werden konnte.

Physisch befand sich Quimby in seinem Haus in Belfast und konzentrierte sich auf seine Patientin. Dabei kontemplierte er das göttliche Ideal – die heilende, reinigende Kraft der Unendlichen Heilungsgegenwart, die seine Patientin in diesem Moment durchströmte – und er entschloß sich im gleichen Augenblick, sich in ihre Gegenwart zu projizieren, zweifellos in der Absicht, größere Glaubensbereitschaft und Empfänglichkeit in ihrem Bewußtsein zu etablieren.

Tele-PSI verhalf einem jungen Mann zu einem Stipendium und einem neuen Auto

Robert Wright, 19 Jahre alt, assistiert mir jeden Samstagmorgen bei der Aufnahme meiner Rundfunksendung in meinem Studio zu Hause. Er ist Student und wendet seit langem die Gesetze des Geistes an. Allabendlich, bevor er sich zur Ruhe begibt, spricht er die folgende Bejahung:

Unendliche Intelligenz in meinem Unterbewußtsein führt und leitet mich bei allen meinen Universitätsstudien und enthüllt mir alle Antworten. Ich bin immer ruhig, gleichmütig und von heiterer Gelassenheit und ich bestehe alle Examen in göttlicher Ordnung. Ich weiß, daß ein Auto eine Idee im Universellen Bewußtsein ist und deshalb beanspruche ich jetzt ein neues Auto. Es kommt mir zu in Göttlicher Ordnung. Ich sage Dank für das beantwortete Gebet. Ich weiß, es liegt in der Natur meines tieferen Bewußtseins, auf mein Verlangen zu reagieren, und ich weiß auch, daß jede vertrauensvoll wiederholte Idee sich meinem Unterbewußtsein einprägt und von ihm verwirklicht wird.

Die Folgeerscheinung war recht interessant. Eine Woche vor einem außerordentlichen Examen hatte er eine Prävision. Er sah alle Fragen, die gestellt werden sollten, im Traum vor sich. Das verhalf ihm zu ausgezeichneten Bewertungen und zu einem großzügigen Stipendium, das sein weiteres Studium sicherstellt. Der Wagen, mit dem er zur Universität fuhr, bekam auf der Autobahn einen Motorschaden, doch am gleichen Tag bekam er einen brandneuen Kombiwagen geschenkt.

Als sein Wagen stehengeblieben war, hatte er kühn und unerschütterlich bejaht: „Daraus kann nur Gutes entstehen", und nur Gutes kam zu ihm. Der Schlüssel zu einem reichen und glücklichen Leben ist, „sich im Land der Lebenden der Güte Gottes zu erfreuen".

ZUSAMMENFASSUNG

1. Sie werden jederzeit Intuitionen aus Ihrem Unterbewußtsein erhalten, die Angelegenheit betreffend, der Sie Ihre Aufmerksamkeit widmen. Wenn Ihr Denken beispielsweise um Aktienspekulationen kreist, dann können Sie den inneren Drang verspüren, eine bestimmte Aktie zu erwerben, oder Sie könnten, wie es einem Mann geschah, die Bezeichnung einer Aktie zusammen mit ihrem künftigen Wert im Traum sehen. Ihr Unterbewußtsein kleidet seine Antwort oftmals in einen entsprechenden Handlungsablauf, und Sie müssen schon recht wachsam sein, um von dieser Antwort bestmöglichen Gebrauch machen zu können.

2. Wenn Sie nach verlorenen oder verlegten Gegenständen suchen, dann übergeben Sie die Angelegenheit Ihrem Unterbewußtsein, in dem Wissen, daß die höchste Intelligenz in Ihrem Unterbewußtsein die Antwort weiß und Sie Ihnen enthüllen wird. Vertrauen Sie Ihrem tieferen Bewußtsein, das alles weiß und alles sieht. Als Beispiel: Ein junges Mädchen berichtete mir, daß ihr Vater ihr im Traum erschie-

nen sei und sie aufgefordert habe, eine bestimmte Seite der Familienbibel aufzuschlagen, dort fand sie alle erforderlichen Unterlagen, um Eigentumsrechte geltend zu machen. Die vielfältigen Möglichkeiten Ihres Unterbewußtseins sind nicht zu ergründen.

3. Ihr Unterbewußtsein verfügt über die Gabe der Clairvoyance (Hellsehen), Clairaudience (Hellhören) und über andere supranormale Befähigungen. Das ist gleichbedeutend mit aller Weisheit und Macht. Ihr Unterbewußtsein beherbergt alle Kräfte des Unendlichen Seins. Es kann Weisheit von weither holen, die Gedanken anderer lesen oder den Inhalt eines verschlossenen Tresors erkennen. Übergeben Sie ihm Ihr Anliegen in Glauben und Vertrauen, erwarten Sie eine Antwort, und so sicher wie die Sonne am Morgen aufgeht, erleben Sie die Erfüllung Ihres Wunsches.

4. Sie sind Geist und Bewußtsein; Sie sind unsterblich. Gott ist Geist, und dieser Geist ist das Lebensprinzip in Ihrem Innern – die Wirklichkeit Ihres Selbst. Geist wurde nie geboren und wird niemals sterben. Ihre Reise führt Sie immer vorwärts, aufwärts, Gottwärts. Es gibt kein Ende für die Herrlichkeit des Menschen. Die Wunder und Herrlichkeiten des Unendlichen können nicht erschöpft werden – nicht in aller Ewigkeit.

5. Eng miteinander verbundene Menschen auf dieser Ebene (Dimension) können miteinander in telepathische Verbindung treten – daher wäre es töricht, zu behaupten, die gleichen Menschen seien dazu nicht mehr imstande, sobald sie in die nächste Lebensdimension hinübergewechselt sind. Schließlich befindet sich diese Dimension ebenfalls hier – sie ist überall um uns herum und durchdringt unsere Ebene. Sie verfügen über Geist und Bewußtsein, genau wie Sie auch. In dem Einen Bewußtsein gibt es keine Trennung. Ich bin fest davon überzeugt, daß es viele Gelegenheiten gibt, konkrete Botschaften von geliebten Menschen aus der nächsten Lebensdimension zu empfangen. Es gibt keinen Tod, daher ist es falsch, hier von Botschaften von den Toten zu sprechen. Jeder, der jemals gelebt hat, lebt auch jetzt noch – auch Sie werden noch nach Millionen oder Milliarden von Jahren leben und mehr und mehr den Eigenschaften, Attributen und Wunder des Unendlichen Ausdruck geben.

6. In akademischen und wissenschaftlichen Kreisen ist es eine wohlbekannte Tatsache, daß der Mensch unabhängig von seinem physischen Sein denken, sehen, fühlen, hören und reisen kann. Das, was allgemein als Astralreisen oder außersinnliche Reisen bezeichnet wird, ist von altersher bekannt. Viele Menschen hatten schon Erfahrungen außerhalb des Körpers – und das mehr oder weniger unbewußt, während andere mit Astralreisen experimentiert haben, indem sie sich darauf konzentrierten. Sie stellten sich vor, einen Freund oder kranken Angehörigen zu besuchen und fanden sich unverzüglich dort vor – in vollem Besitz ihrer Befähigungen, zu sehen, zu hören und zu fühlen. Es handelt sich hierbei keineswegs um Geistererscheinungen, sondern um die verfeinerten, subtilen Körper, die imstande sind, Türen, Wände und Mauern zu durchdringen, und für die auch die Begriffe Zeit und Raum nicht existieren. Bedenken Sie: Sie sind ein geistiges und spirituelles Wesen. Auch Sie werden eines Tages imstande sein, Ihre inneren Befähigungen und Kräfte voll einzusetzen – vollkommen unabhängig von Ihrem jetzigen dreidimensionalen Körper.

7. Ein Buchmacher, der seine Aufmerksamkeit auf die Pferde eines bestimmten Rennens konzentriert und unmittelbar vor dem Einschlafen sein Unterbewußtsein instruiert, ihm die Gewinner zu nennen, und das voller Glauben, Vertrauen, in fester Erwartung und im vollen Bewußtsein der ungeheuren Macht des Unterbewußtseins – erhält mit unfehlbarer Sicherheit die gewünschten Antworten. In England gibt es viele Leute, die schon manches Mal die Gewinner des englischen Derbys vorhergesehen und sich damit ein kleines Vermögen gemacht haben. Ein Bekannter von mir, Dr. Green, zu dessen Hobbies Pferderennen zählen, hat bislang eine Viertelmillion englische Pfund gewonnen, einzig durch Präkognition. Seit sechs Jahren hat er die Derby-Ergebnisse vorausgesehen.

8. Falls Sie der Ansicht sein sollten, niemals zu träumen, oder nicht imstande, sich an Ihre Träume zu erinnern, dann sagen Sie sich des Morgens im Moment des Erwachens ganz ruhig: „Ich erinnere mich." Dann wird der gesamte Traumablauf in Ihr Bewußtsein gelangen.

9. Luther Burbank hatte es nicht nötig, seiner Schwester zu telegraphieren oder sie anzurufen, wenn er mit ihr zusammen seine kranke Mutter besuchen wollte; statt dessen brauchte er ihr nur eine telepathische Botschaft zu senden, und sie war pünktlich zur Stelle.

10. Dr. Phineas Parkhurst Quimby sagte 1847: „Ich weiß, daß ich meine Identität kondensieren und an einem entfernten Ort erscheinen kann." Das bewies er, indem er einigen seiner Patienten in seinem Astralkörper (oder vierdimensionalen Körper) erschien und sie behandelte. Wir alle besitzen solch einen verfeinerten Körper schon jetzt, in diesem Moment. Quimby demonstrierte klar und deutlich, daß wir transzendentale Wesen sind, frei von Begrenzungen wie Zeit, Raum und Materie.

11. Ein junger Universitätsstudent bejaht regelmäßig, daß die unendliche Intelligenz seines Unterbewußtseins ihn bei allen seinen Studien führt und leitet, und ihm bei einem jeden Examen die richtigen Antworten auf die Prüfungsfragen enthüllt. Oftmals reagiert sein Unterbewußtsein kurz vor einer Prüfung und zeigt ihm die Fragen auf dem Bildschirm seines Bewußtseins. Daraufhin schlägt er die Antworten nach und prägt sie sich ein. Immer wieder muß er feststellen, daß diese Fragen haargenau mit jenen übereinstimmen, die dann – möglicherweise eine oder zwei Wochen später – im Examen gestellt werden. Dieser Vorgang wird als Präkognition bezeichnet – das Schauen eines Vorgangs, bevor er sich ereignet. Die Fragen waren dem Universellen Bewußtsein bereits bekannt. Er brauchte sich nur einzustimmen und sie empfangen. Die Weisheit des Unterbewußtseins veranlaßte den Professor, eben diese Fragen zu stellen – in der Annahme, sein wachbewußter Verstand sei es, der hier Entscheidungen traf und Fragen aussuchte. Das ist der Grund, weshalb so mancher Professor sich der Ursachen seiner Handlungen nicht bewußt ist; aus mentaler uns spiritueller Sicht scheint hier der Student oftmals klüger zu sein als der Lehrer.

KAPITEL 5

Wie Tele-PSI in Träumen und Visionen antwortet

Vor einigen Wochen wurde ich bei einer Konsultation gefragt: „Was sind Träume und was veranlaßt den Menschen überhaupt zu träumen?" Das ist eine gute Frage, und ich glaube nicht, daß ich darauf so ohne weiteres eine Antwort geben kann. Träume und Visionen waren schon von jeher Gegenstand von Erörterungen bei allen Völkern und Nationen und auch in den heiligen Schriften der Welt, denn Träume sind universeller Natur.

Träume sind Dramatisationen – Handlungsabläufe –, die aus dem Unterbewußtsein des Menschen aufsteigen. Aus diesem Grunde sind Träume sehr persönlicher Art. Alle Menschen dieser Welt und auch die Tiere träumen. Bedenken wir: Ein Drittel unseres Lebens verbringen wir im Schlaf – und während des Schlafes ist unser Traumleben recht aktiv. Viele wissenschaftliche Laboratorien haben sich der Erforschung des Schlafes und der Träume verschrieben und dabei ganz erstaunliche Resultate zutage gefördert.

Die Macht der Suggestion

Vor vielen Jahren war ich in New York Zeuge, wie ein Berliner Psychologe einige Studenten hypnotisierte. Einem von ihnen suggerierte er das Traumerlebnis einer Hochzeit mit kirchlicher Trauung und anschließenden Flitterwochen; der Traum eines anderen sollte Indien und seine heiligen Tempel zum Gegenstand haben; ein weiterer sollte sich im Traum als Millionär sehen. Die Suggestionen enthielten jeweils die Anweisung, daß jeder von ihnen sich nach dem Erwachen an den Traum erinnern könnte, jedoch nicht an die erteilte Suggestion.

Nach etwa 10 Minuten wurden die Versuchspersonen aufgeweckt, und tatsächlich erinnerten sie sich allesamt an ihren jeweiligen Traum. Jeder Traum stimmte mit der gegebenen Suggestion haargenau überein. Es könnte auch gar nicht anders sein, denn das Unterbewußtsein reagiert ausschließlich auf Suggestionen, und da es nur deduktiv reagiert, handelt es der Natur der erhaltenen Suggestion gemäß.

Zweifellos sind viele Ihrer Träume auf die Art Ihres gewohnheitsmäßigen Denkens zurückzuführen. Ihre Gedanken, Gefühle – Ihre Reaktionen auf die Ereignisse des Tages werden Ihrem Unterbewußtsein aufgeprägt. Ihr Unterbewußtsein verstärkt, aktiviert und arbeitet alles aus, was ihm eingegeben wird.

Siegmund Freud, der 1899 seine *Interpretation der Träume* herausgab, C. G. Jung und Alfred Adler haben sich in ihren wissenschaftlichen Arbeiten mit der Wirkungsweise des Unterbewußtseins und dem Traumleben ihrer Patienten befaßt. Jeder dieser Wissenschaftler kommt hierbei allerdings zu anderen Schlußfolgerungen, speziell innere Zwänge und Motivationen betreffend. Infolgedessen haben sich verschiedene Lehrzweige der Psychologie gebildet, hauptsächlich der Psychoanalyse (Freud), der analytischen Psychologie (Jung) und der Individualpsychologie (Adler). Hinsichtlich der Interpretation der Träume und der Wirkungsweise des Unterbewußtseins sind die Unterschiede in den Auffassungen dieser Gelehrten ganz beträchtlich. Ihre Erörterung kann nicht Aufgabe dieses Buches sein. Ich möchte jedoch unmißverständlich aufzeigen, daß der Schlüssel zu einer Problemlösung oftmals in der Antwort zu finden ist, die uns in einem Traumgeschehen zuteil werden kann.

Wie eine Lehrerin durch einen Traum ihre Probleme löste

Eine junge Lehrerin, die einmal in meine Sprechstunde kam, klagte, daß sie sich in ihrem Beruf geradezu beängstigend frustriert fühlte – daß sie ihn noch nie gemocht hätte, von ihren Eltern jedoch mehr oder weniger in ihn hineingezwungen worden war.

Ich riet ihr, Kontakt mit ihrem Unterbewußtsein herzustellen, dem ja alle ihre verborgenen Talente bekannt sind. Ich machte ihr bewußt, daß sie auf eine entsprechende Anfrage eine definitive Antwort erhalten würde.

Die folgende Technik wandte sie auf meinen Vorschlag hin an – unmittelbar vor dem Einschlafen bejahte sie:

Unendliche Intelligenz enthüllt mir meinen wahren Platz im Leben, der mir höchsten Selbstausdruck ermöglicht, verbunden mit Integrität und Aufrichtigkeit. Auch mein Einkommen wird meinen Leistungen angemessen sein. Ich nehme die Antwort dankbar an und ich schlafe in Frieden.

Gleich in der ersten Nacht, die dieser Meditation folgte, hatte sie einen sehr lebhaften Traum. Sie fühlte sich in ein großes Gebäude versetzt und sah dort einen Mann, der auf eine Tür zeigte und sie aufforderte, dort einzutreten. Als sie den Raum betrat, sah sie dessen Wände mit den schönsten Gemälden behängt. Sie war fasziniert, von der Schönheit dieser Gemälde völlig überwältigt und auf eine gewisse Weise erstarrt. Sie sagte sich (im Traum): „Das ist es!" Was bedeuten sollte, daß sie ihren wahren Platz im Leben gefunden hatte.

Sie rief mich an und eröffnete mir, daß sie sich von nun an der Malerei widmen und ihren Lehrerberuf an den Nagel hängen wollte. In dem Augenblick, als sie sich in die Malerei verliebte, wurde ihr verborgenes Talent offenbar, und sie ist jetzt sehr erfolgreich. Kürzlich erwarb ich eins ihrer herrlichen Gemälde für 200 Dollar. Ihre erste Vernissage für einen kleinen Freundeskreis und frühere Lehrerkollegen erbrachte 2500 Dollar an Verkäufen. Ihr liebstes Bibelzitat lautet: . . . *ich habe dir eine Tür aufgetan, die niemand schließen kann.* (Offenb. 3:8)

Für die Entfaltung Ihres Herzenswunsches gibt es kein Hindernis, solange Sie nicht selbst irgendeine Schwierigkeit, eine Verzögerung oder eine Behinderung als gegebene Tatsache im Bewußtsein akzeptieren. Der allmächtigen Kraft und Weisheit Ihres tieferen Bewußtseins kann sich nichts entgegenstellen.

Eine der Schöpfungen dieser jungen Malerin erregte das Interesse eines ihrer früheren Professoren, und er heiratete sie. Inzwischen bekleidet er eine leitende Position in Australien, und sie beide sind jetzt sehr glücklich dort. Ihr Unterbewußtsein hatte der jungen Malerin ihr Gutes auf wunderbare Weise in den Bereich der Wirklichkeit gebracht.

Wie Tele-PSI sie von einer schweren Last befreite

Eine Hörerin meiner Rundfunksendungen rief mich kürzlich an und teilte mir mit, daß ihr Vater eine Woche zuvor verstorben war. Sie erklärte mir, daß ihr Vater immer beträchtliche Geldsummen im Haus aufbewahrte, da es zu seinen Gepflogenheiten gehörte, zweimal im Monat nach Las Vegas zu fliegen, um das Wochenende am Roulettetisch zu verbringen. Dabei hatte er, wie sie mir versicherte, sehr viel Glück. Er spielte nur, wenn er das innere Gefühl hatte, mit Sicherheit zu gewinnen. Wann immer dieser innere Monitor ihn verließ, pflegte er sofort mit dem Spiel aufzuhören.

Sein Tod kam für sie völlig unerwartet; er starb während der Nacht im Schlaf. Die junge Frau hatte bislang ohne jeden Erfolg nach dem Verbleib des Geldes geforscht – sie hatte das ganze Haus auf den Kopf gestellt und nichts finden können.

Ich erklärte ihr, daß sie auf entsprechendes Verlangen von ihrem Unterbewußtsein die richtige Information erhalten würde. Ich konnte ihr die Wirkungsweise ihres Unterbewußtseins nahebringen und sie davon überzeugen, daß sie in entspannter Haltung mit dem wachen Verstand in Ruhestellung, der Weisheit ihres Unterbewußtseins die Möglichkeit gibt, in ihr Wachbewußtsein aufzusteigen und ihr die Antwort zu enthüllen:

Nachdem sie etwa 10 Minuten lang den 23. Psalm wieder und wieder gelesen hatte, schloß sie die Augen, entspannte sich, und bejahte ruhig und bestimmt, daß die Weisheit ihres Unterbewußtseins ihr den Aufbewahrungsort des besagten Geldes enthüllen werde und sie die Antwort erkennt, sobald sie in ihr Bewußtsein gelangt. Darauf schlief sie im Sessel ein. „Plötzlich", sagte sie, „kam Daddy zu mir. Er stellte sich neben den Sessel und lächelte. Er erschien mir so wirklich und natürlich – ich konnte es kaum glauben, daß er es war. Er sagte: „Elizabeth, das Geld befindet sich in einer Stahlkassette im Keller, hinter einem Werkzeugkasten. Der Schlüssel dazu liegt in der Schublade, wo ich meine Korrespondenz aufbewahrte."

Sie fuhr sofort aus dem Schlaf hoch, sah nach und fand zu ihrer freudigen Überraschung 13 000 Dollar gebündelt in 50 und 100 Dollarscheinen. Sie hatte einen zweifachen Grund zur Freude: Selbstverständlich war sie hochbeglückt über den Fund des dringend benötigten Geldes. Mehr als das jedoch, war es die Überzeugung – das sichere Gefühl, daß ihr Vater nach wie vor über sie wachte.

Die Unsterblichkeit ist eine Tatsache, die nicht widerlegt werden kann. Die Bibel sagt: *Das aber ist das ewige Leben, daß sie dich, den allein wahren Gott ... erkennen ...* (Joh. 17:3)

Wie Tele-PSI Ihnen die gesuchten Antworten erteilt

Die beste Zeit für den Kontakt mit der Weisheit Ihres Unterbewußtseins, um von ihm Ideen, Antworten und Inspiration zu erhalten, ist im allgemeinen unmittelbar vor dem Einschlafen. Sie fühlen sich dann frei und entspannt und sind bereit für Ruhe und tiefen Schlaf. Bringen Sie Ihr Gemüt zur Ruhe mit einigen Versen des 23. Psalms, die Sie im Stillen repetieren können, und lassen Sie los.

Ein Verkaufsleiter, zum Beispiel, der die Absicht hat, am nächsten Tag zu seinen Verkäufern zu sprechen, könnte sagen:

Ich weiß mit Bestimmtheit, daß die unendliche Intelligenz meines Unterbewußtseins mich bei meiner morgigen Rede führen und leiten wird. Es wird mir die richtigen Worte eingeben, damit ich alle diese Männer inspirieren, erheben und begeistern kann. Alles, was ich sage, wird genau das Richtige sein – genau das, was bei dieser Zusammenkunft gesagt werden muß – damit alle davon profitieren und gesegnet sind.

Solche Worte kann man im Stillen oder hörbar sprechen – ganz nach Wunsch. Die einzigen Erfordernisse sind Glauben und Vertrauen, damit das Unterbewußtsein entsprechend reagiert. Es versagt niemals.

Wenn Sie also wissen, daß Sie in – sagen wir – einer Woche zu einer Gruppe von Menschen sprechen werden, dann machen Sie solche Bejahungen jeden Abend. Dann werden Sie nämlich die erstaunliche Feststellung machen können, daß Ihnen – obgleich Sie Ihre Rede bereits auf das

Beste ausgearbeitet haben mögen –, während Sie sprechen, die brillante-sten Einfälle kommen werden, und diese Ideen sind dann genau das Richtige für Ihr Referat.

Soll ich diese Position akzeptieren?

Wenn Sie sich eine solche Frage stellen, dann erlauben Sie Ihrem wach-bewußten Verstand auf gar keinen Fall, Ihnen die Antwort zu diktieren. Es ist selbstverständlich völlig in Ordnung, das Für und Wider dieser Situation abzuwägen. Nachdem Sie das jedoch getan haben und sich noch immer nicht im klaren sind, ob Sie die betreffende Position akzeptieren sollten, oder nicht, dann übergeben Sie die ganze Angelegenheit Ihrem Unterbewußtsein, und verfahren Sie dabei wie folgt:

Ich weiß, mein Unterbewußtsein ist all-weise. Es ist an meinem Wohl-ergehen interessiert und es enthüllt mir die Antwort, diese Position betreffend. Ich werde der Führung, die mir zuteil wird, bedingungslos folgen.

Dann lullen Sie sich in den Schlaf mit dem einen Wort „Antwort". Tun Sie das in vollkommenem Glauben und Vertrauen, daß Sie die Antwort erhalten werden und es die richtige Antwort für Sie ist – wissend, daß Ihr Unterbewußtsein auf jede Eingabe reagiert. Die Antwort kann als Ge-dankenblitz nach dem Erwachen kommen, oder als ein lebhafter Traum, wobei Sie dann das innere Gefühl haben, daß alles ganau richtig für Sie ist.

Sie können darüber hinaus lernen, diese Technik mit gleichem Erfolg während Ihrer wachen Stunden anzuwenden. Bringen Sie Ihr Gemüt zur Ruhe, ziehen Sie sich zurück, an einen Ort, wo Sie allein und ungestört sein können, und reinigen Sie Ihr Bewußtsein mit Gedanken an die gren-zenlose Weisheit, die unendliche Macht Ihres tieferen Bewußtseins, das alles weiß und alles sieht. Denken Sie nichts anderes, als die betreffende Frage, die Sie stellen wollen. Verfahren Sie auf diese Weise für einige Minuten, ruhig, passiv und rezeptiv.

Sollte die gewünschte Antwort nicht auf der Stelle aus den Tiefen Ihres Unterbewußtseins aufsteigen, dann widmen Sie sich wieder Ihren gewohnten Aufgeben. Lassen Sie Ihr Begehren Form annehmen, in Ihrem Unterbewußtsein. Dann wird die Antwort in einem Augenblick, wenn sie von Ihnen am allerwenigsten erwartet wird, in Ihr Bewußtsein springen, wie Toast aus einem Toaster.

Der Traum hat seine eigene Interpretation

Ein Traum ist eine sehr persönliche Angelegenheit – die gleichen Symbole können für zwei verschiedene Menschen völlig andersgeartete Bedeutungen haben. In Ihren Träumen spricht Ihr Unterbewußtsein symbolhaft zu Ihnen. Ein hebräischer Mystiker im Altertum erklärte das so: In der Nacht spricht das Weib (das Unterbewußtsein) zum Mann (dem wachbewußten Verstand) und macht ihm manchmal unmißverständlich klar, daß er sie mit negativem Denken, Befürchtungen und destruktiven Emotionen angefüllt und verschmutzt hat.

Wie sie durch Tele-PSI gewarnt wurde und ihre Heiratspläne aufgab

Eine junge Frau, die verlobt war, kam kurz vor ihrer Hochzeit zu mir in die Sprechstunde. Wie sie mir sagte, fühlte sie sich irgendwie verstört und zutiefst deprimiert, ohne so recht zu wissen, weshalb. Sie hatte das Bedürfnis, die Verlobung zu lösen – es widerstrebte ihr aber, die Gefühle des jungen Mannes zu verletzen.

Die beste Zeit, eine Scheidung zu verhüten, ist vor der Heirat. Im Verlauf unseres Gesprächs berichtete sie mir, daß sie seit nunmehr zehn Nächten einen immer wiederkehrenden Traum gehabt hatte: Ein würdevoll aussehender Mann mit einem langen Bart zeigte auf einen Davidstern – das Symbol des Judentums.

Ich fragte sie, welche Bedeutung dieser Traum für sie haben könnte, denn im Talmud heißt es: „Jeder Traum hat seine eigene Interpretation." Sie erwiderte, daß sie nicht mehr in die Synagoge ginge. Sie hätte zwar die Psalmen Davids gelesen und studiert, aber ihr Verlobter sei überzeugter Atheist und mache jede Religionsausübung lächerlich.

Ich erklärte ihr, daß das Gesetz des Unterbewußtseins Selbsterhaltung ist, und daß es zweifellos bestrebt war, sie zu beschützen, wobei es sich einer symbolischen Dramatisierung des Davidsterns bediente. Ihre Intuition – so versicherte ich ihr – würde ihr die Richtigkeit der Interpretation enthüllen, denn das Symbol müßte für sie eine Bedeutung haben – es müßte sozusagen eine Glocke in ihrem Herzen anschlagen.

Sie löste die Verlobung und der wiederkehrende Traum hörte sofort auf. Sie empfand mit einem Mal ein Gefühl tiefen Friedens. Sie begann wieder, die Synagoge zu besuchen und nahm auch ihre Meditationen über die Psalmen Davids wieder auf. Sie bejahte, daß die Unendliche Intelligenz ihr einen Mann zuführen würde, der in jeder Hinsicht mit ihr harmoniert und eine tiefe Reverenz für die Gottesgegenwart in allen Wegen hegt. Bald darauf heiratete sie einen angehenden Rabbiner und ist jetzt sehr glücklich.

Sie erkannte ihren immer wiederkehrenden Traum als das, was er zweifellos war: eine unmißverständliche Warnung. Die Bibel sagt: *Und da sie im Traum die Weisung empfingen, nicht zu Herodes zurückzukehren, zogen sie auf einem anderen Weg in ihr Land zurück.* (Matth. 2:12)

Wie Tele-PSI ein quälendes Problem löste

Ein Mann aus New York kam zu mir nach Beverly Hills, um meinen Rat einzuholen. Seit sechs Jahren war er mit einer Frau verheiratet, die aus Los Angeles stammte. Sie hatte ihm gegenüber mehrmals erwähnt, daß sie früher meine Vorträge über die geistigen und spirituellen Gesetze zu besuchen pflegte. Vor etwa einem Jahr war sie jedoch spurlos aus ihrer Wohnung verschwunden, ohne eine Nachricht oder Erklärung zu hinterlassen. Er nahm an, daß sie ein Mitglied meiner Organisation sei; ich hatte jedoch keinerlei Kenntnis von ihrem Aufenthaltsort und ihr Name war auch nicht auf unserer Postversandliste verzeichnet.

Er hatte eine Summe von 60 000 Dollar, die sie ihm anvertraut hatte, unterschlagen und fühlte sich deshalb schuldig. Er hatte das dringende Bedürfnis, alles wieder gut zu machen. Inzwischen hatte er das Vermögen seiner Mutter geerbt und war daher in der Lage, seiner Frau das Geld zurückzuzahlen. Er war überzeugt, daß sie ihn wegen dieser Sache verlassen hatte. Er bemühte eine Detektei – ohne Erfolg, und auch Ihre Angehörigen konnten ihm nicht weiterhelfen.

Er sagte mir: „ Ich weiß eigentlich gar nicht, weshalb ich hierher nach Los Angeles geflogen bin, aber ich habe so ein Gefühl, daß sie die Absicht hat, sie aufzusuchen. Bitte nehmen sie 10 000 Dollar in Verwahrung, und wenn sie kommt, dann geben Sie ihr das Geld und richten ihr bitte aus, sie möge sich mit mir in Verbindung setzen. Ich liebe sie und will sie zurückhaben. Er fügte hinzu: „Vergessen Sie aber nicht, Ihr von meiner Erbschaft zu erzählen!" Ich versprach, in Verbindung mit ihm bleiben zu wollen und ihn unverzüglich zu unterrichten, wenn seine Frau sich melden sollte.

Zwei Monate vergingen und nichts geschah; dann bekam ich plötzlich einen Anruf aus San Francisco. Eine Frau informierte meine Sekretärin, daß sie mich unbedingt sprechen müßte – es sei sehr dringend. Sie würde deshalb mit der nächsten Maschine nach Beverly Hills kommen. Als sie dann am Abend kam, entfaltete sie mir ein höchst erstaunliches Drama, als Traumgeschehen dem Gemüt eingegeben.

Vor einigen Tagen, so sagte sie, sei ich ihr des Nachts im Traum erschienen und habe ihr eröffnet, daß ich eine bestimmte Geldsumme für sie in Verwahrung hätte, und daß darüber hinaus auch das restliche, von ihrem Mann veruntreute Geld auf sie warten würde, sobald sie nach New York zurückgekehrt sei. Aus diesem Anlaß sei sie hier. Der Traum sei dermaßen lebhaft und realistisch gewesen, daß man ihn schon eher als eine Vision bezeichnen könne. Der Raum sei mit Licht erfüllt gewesen und sie selbst habe ein Gefühl des Erhobenseins verspürt – ein ekstatisches Gefühl.

Sie sagte zu mir: „Sie haben aus der Bibel gelesen" – sie hatte meine Stimme gehört, mit einem Zitat aus dem Buch Hiob: *Im Traum, im Nachtgesicht, wenn auf den Menschen Tiefschlaf fällt, im Schlummer auf dem Lager, da öffnet er das Ohr des Menschen und erschreckt sie durch seine Vorwarnung . . .* (Hiob 33:15, 16)

Ich konnte mich nicht erinnern, diese Dame jemals zuvor gesehen zu haben. Allerdings hatte ich eines Abends ein Anliegen an mein Unterbewußtsein gerichtet, um ihrem verzweifelten Mann behilflich zu sein. Meine Bejahung lautete wie folgt:

„Unendliche Intelligenz weiß, wo Mrs. X sich gegenwärtig aufhält und wird veranlassen, daß sie zu mir Verbindung aufnimmt, in Göttlicher Ordnung. Es ist Gott in Aktion."

Ich übergab ihr die 10 000 Dollar und sie flog nach New York zurück, um sich mit ihrem Mann zu versöhnen. Sie hatte ihn seinerzeit verlassen, weil er sie ständig belogen und ihr ganzes Geld durchgebracht hatte. Sie hatte um Führung und Göttliches rechtes Handeln gebetet, und offensichtlich war mein Gebet die Antwort zu ihrem Problem. Ihr Unterbewußtsein ließ ihr meine Person in einer Traumhandlung erscheinen, zusammen mit der Botschaft, die ihr Gebet beantwortete.

ZUSAMMENFASSUNG

1. Träume sind Dramatisationen – Handlungsabläufe – Ihres Unterbewußtseins. Während Sie schlafen, ist Ihr Unterbewußtsein sehr wach und fortgesetzt aktiv, da es niemals schläft. Im allgemeinen spricht Ihr Unterbewußtsein zu Ihnen in symbolhafter Form. Daher kann Ihnen eine Antwort auf Ihr Problem in einer Traumhandlung zuteil werden.
2. Ihr Unterbewußtsein ist für Suggestionen empfänglich und antwortet der Art der erhaltenen Suggestion gemäß – sei sie richtig oder falsch. Wenn Sie sich beispielsweise wiederholt vor dem Einschlafen suggerieren, daß Sie von den Seen von Killarney (Irland) träumen werden, dann werden Sie diese Seen im Traum erleben können. Sie werden dann die herrliche Landschaft bewundern können, die Ihnen von Ihrem Unterbewußtsein dargebracht wird.
3. Freud, Adler und Jung sind zu voneinander abweichenden Schlußfolgerungen gelangt, soweit es die Wirkungsweise des Unterbewußtseins und die Interpretation der Träume betrifft. Das Anliegen dieses Buches ist es unter anderem aufzuzeigen, daß vielen Menschen, die um Lösung ihrer Probleme beten, ganz eindeutige und klare Antworten zuteil werden, während sie fest schlafen. In manchen Fällen geschieht das buchstäblich, in anderen symbolhaft.
4. Eine Lehrerin, die um wahren Selbstausdruck im Leben gebetet hatte,

erhielt im Traum die Anweisung, durch eine bestimmte Tür zu gehen und befand sich daraufhin in einer Galerie mit den schönsten Gemälden. Ihre Intuition sagte ihr, daß dies ihre Aufgabe im Leben sei. Sie begann zu malen und wurde sehr erfolgreich.

5. Eine junge Frau war trotz größter Bemühungen nicht imstande, das von ihrem plötzlich verstorbenen Vater versteckte Geld aufzufinden. Sie beauftragte daraufhin ihr Unterbewußtsein, ihr den Aufbewahrungsort zu enthüllen. Während sie schlief, erschien ihr darauf ihr Vater und gab ihr genaue Instruktionen über das Versteck. Die Wege, die das Unterbewußtsein einschlägt, können nicht ergründet werden. Es läßt sich niemals vorhersagen, auf welche Weise die Antwort kommen wird. Übergeben Sie daher Ihrem Unterbewußtsein vertrauensvoll Ihr Anliegen, in dem sicheren Wissen, daß es Ihnen antworten wird – und die Antwort wird aus heiterem Himmel kommen, wahrscheinlich in einem Moment, in dem Sie sie am allerwenigsten erwartet haben.

6. Die beste Zeit für Kontakte mit dem Unterbewußtsein ist unmittelbar vor dem Einschlafen, wenn Sie entspannt sind, in Frieden und bereit sind für Stille und erholsamen Schlaf. Wenn Sie die Antwort auf ein Problem suchen, dann sprechen Sie zu Ihrem Unterbewußtsein und bejahen Sie, daß dessen Weisheit und Antwort kennt, und Sie absolutes Vertrauen diesbezüglich haben; überlassen Sie sich dann dem Schlaf, mit dem einen Wort „Antwort", und Ihr Unterbewußtsein übernimmt alles weitere. Das gleiche Verfahren können Sie auch im Wachen anwenden, indem Sie Ihr Gemüt zur Ruhe bringen, und über den 23. Psalm meditieren. Denken Sie sodann an die unendliche Intelligenz und grenzenlose Weisheit in Ihrem Innern. Denken Sie an die Antwort. Tun Sie das einige Minuten lang und lassen Sie dann los. Dann wird die Antwort wahrscheinlich in einem Augenblick zu Ihnen kommen, wenn Sie gerade mit etwas anderem beschäftigt sind.

7. Sofern Sie einen Hang zur Religion haben und oftmals über spirituelle Dinge nachsinnen, kann Ihr Unterbewußtsein in seinem Bestreben, Sie zu beschützen, Ihnen ein religiöses Symbol präsentieren – ein Symbol, das für Sie eine tiefere Bedeutung hat. Ein jüdisches Mädchen, das im Begriff war, zu heiraten, hatte einen immer wiederkehrenden Traum

(jedesmal sehr wichtig), in dem ihr jede Nacht der Stern Davids gezeigt wurde. Intuitiv hatte sie sogleich die Bedeutung dieses Traumgeschehens begriffen und löste ihre Verlobung. Die nachfolgenden Geschehnisse bestätigten ihr die Richtigkeit der Antwort, die sie im Traum erhalten hatte.

8. Ein verlassener Ehemann betete um Führung und Göttliches rechtes Handeln, und auch sein Seelsorger betete, daß die unendliche Intelligenz seines Unterbewußtseins ihm ihren Aufenthaltsort enthüllen möge, damit er ihr die 10 000 Dollar aushändigen konnte, die der Mann ihm anvertraut hatte. Die Weisheit des Unterbewußtseins sandte ihr ein Abbild des Geistlichen in einem Traumgeschehen. Er zitierte die Bibel und informierte sie eingehend über das Geld und die Wiedergutmachungsabsichten ihres Mannes. Sie befolgte diese Traumhinweise, suchte den Geistlichen auf, und fand, daß ihr Traum buchstäblich den Tatsachen entsprach.

Ich, der Herr (Ihr Unterbewußtsein) offenbare mich ihm in Gesichten und rede in Träumen mit ihm. (Numeri 12:6)

KAPITEL 6

Effektive Tele-PSI-Verfahrensweisen und -Gebetstechniken – Wie sie für Sie wirken

Was ist ein Gebet? Im Lexikon finden wir die folgenden Definitionen:
1. Ein andächtiges Gesuch an oder jedwede Form einer spirituellen Kommunion mit Gott oder einem Objekt der Anbetung.
2. Eine spirituelle Kommunion mit Gott, als eine demütige Bitte, als Danksagung, als Anbetung oder als Beichte.
3. Der Akt oder die Praktik des Betens zu Gott oder einem Objekt der Anbetung.
4. Eine Formel oder Sequenz von Worten in Gebrauch oder verordnet als Gebet, wie etwa das Vaterunser.
5. Eine religiöse Observanz, entweder öffentlich oder privat, die ausschließlich oder hauptsächlich aus Beten besteht.
6. Ein Ansuchen, dringende Petition.

In diesem Buch wird Ihnen schlicht und einfach gesagt: Sie selbst beantworten Ihr Gebet. Der Grund dafür ist außerordentlich simpel: Was auch immer Ihr wachbewußter Verstand wirklich glaubt und als wahr akzeptiert, das wird von Ihrem Unterbewußtsein konsequent in die Wirklichkeit umgesetzt – als Form, Funktion, Erfahrung und Begebenheit. Ihr Unterbewußtsein akzeptiert jede Ihrer Überzeugungen kritiklos – seien sie richtig oder falsch – da es nur deduktiv folgert. Wenn Sie ihm daher eine falsche Suggestion erteilen, wird es immer die Korrektheit Ihrer Prämisse voraussetzen und das entsprechende Resultat hervorbringen.

71

Angenommen, Sie würden von einem Psychologen oder Psychiater hypnotisiert (in diesem Zustand ist Ihr wachbewußter Verstand ausgeschaltet und Ihr Unterbewußtsein fast allen Suggestionen zugänglich) und Ihnen suggeriert, Sie seien der Präsident der USA, dann würde Ihr Unterbewußtsein dies als wahr akzeptieren. Es ist nicht imstande, zu urteilen, abzuwägen oder zu differenzieren, wie Ihr wachbewußter Verstand. Folglich würden Sie sogleich das Flair von Würde und Wichtigkeit ausstrahlen, das nach Ihrer Ansicht ein legitimer Bestandteil dieser Position darstellt.*

Würde Ihnen ein Glas Wasser gereicht, mit der Bemerkung, Sie seien jetzt völlig betrunken, dann würden Sie nach bestem Können die Rolle eines Betrunkenen spielen. Angenommen, Sie sind gegen Heu allergisch und der Hypnotiseur hält Ihnen ein Glas destilliertes Wasser unter die Nase, mit der Behauptung, es handele sich um Heu, dann würden Sie auf der Stelle alle Anzeichen einer Heuschnupfenattacke aufweisen, ganz so, als hätte es sich um wirkliches Heu gehandelt.

Wenn Ihnen eingeredet würde, Sie seien ein Bettler in einem Slumviertel, dann würden Sie sofort die unterwürfige Haltung eines Bettlers einnehmen, mit einer vermeintlichen Blechtasse in der Hand.

Kurz: Ein Hypnotiseur kann Ihnen Suggestionen vielfältigster Art erteilen – er kann Ihnen einreden, ein Hund, ein Soldat oder ein Schwimmer zu sein, und Sie werden diese Rolle nach bestem Können spielen, mit erstaunlicher Echtheit, entsprechend den Kenntnissen, die Sie von dem Ihnen suggerierten haben. Ein anderer wichtiger Punkt, den wir bedenken sollten, ist die Tatsache, daß unser Unterbewußtsein von zwei Gedanken immer den dominierenden annimmt, d. h. es akzeptiert Ihre Überzeugung, ohne Rücksicht darauf, ob sie wahr oder falsch ist.

---

* Siehe „Die Macht Ihres Unterbewußtseins" von Dr. Joseph Murphy.

*Weshalb der wissenschaftliche Denker niemals einen weit entfernten Gott
anfleht oder demutsvoll bittet*

Der moderne wissenschaftliche und logische Denker sieht Gott als die
Unendliche Intelligenz innerhalb seines Unterbewußtseins. Für ihn ist es
bedeutungslos, welchen Namen die Menschen dieser Intelligenz geben –
ob sie als Unbewußtes, Subjektives Bewußtsein oder Superbewußtsein
bezeichnet wird, oder ob man sie Allah, Brahma, Jehovah, Wirklichkeit
des Geistes oder das Alles-Sehende-Auge nennt.

Alle Macht Gottes befindet sich in Ihrem Innern. Gott jedoch ist Geist
und Geist hat weder Gesicht noch Form – er ist zeitlos, raumlos und
ewig. Dieser gleiche Geist lebt in jedem Menschen. Aus diesem Grunde
sagte Paulus: ... *damit ihr die Gottesgabe aufrührt, die in euch ist.* (2.
Tim. 1:6) Uns wird auch gesagt: ... *Das Reich Gottes ist in euch.* (Lukas
17:21)

Ja, es stimmt – Gott ist in Ihrem Denken, Ihrem Fühlen, Ihrer Imagination. In anderen Worten: Der unsichtbare Teil Ihres Wesens ist Gott.
Gott ist das Lebensprinzip in Ihrem Innern: Grenzenlose Liebe, vollkommene Harmonie, unendliche Intelligenz. Sie wissen jetzt, daß Sie
durch Ihr Denken mit dieser unsichtbaren Kraft Kontakt herstellen. Befreien Sie daher den gesamten Gebetsprozeß von allem Mysteriösen, von
allem Aberglauben, Zweifel und Wunder. Die Bibel sagt: ... *das Wort
war Gott.* (Joh. 1:1)

Das Wort ist ein zum Ausdruck gebrachter Gedanke, und – wie Sie
bereits in diesem Kapitel gelesen haben – jeder Gedanke ist schöpferisch
und bestrebt, sich in Ihrem Leben zu verwirklichen, entsprechend der
Art dieses Gedankens. Daher ist es logisch, zu sagen: Jedesmal, wenn Sie
die schöpferische Kraft entdecken, haben Sie Gott entdeckt, denn es gibt
nur eine einzige schöpferische Kraft – nicht zwei, drei oder tausend – nur
eine ... *Höre, o Israel* (erleuchteter und erwachter Mensch), *der Herr*
(die höchste Macht), *unser Gott, ist ein Herr* (eine Macht, Gegenwart,
Ursache und Substanz). (Markus 12:29)

Weshalb der wissenschaftliche Denker niemals bettelt oder fleht

Von der Weisheit aller Zeitalter wird uns auf eine sehr einfache, praktische und lebensnahe Art und Weise gesagt:

... Bevor sie rufen, werde ich antworten; und während sie noch sprechen, werde ich hören. (Jes. 65:24)

Daher sieht der logische Denker, der mit den Gesetzen seines Bewußtseins vertraut ist, es als völlig absurd und töricht an, etwas zu „erflehen", das ihm bereits gewährt worden ist. In anderen Worten: Noch bevor Sie rufen (sich um die Lösung eines Problems bemühen) – gleichgültig, worum es sich handeln mag: Etwa Astrophysik, Chemie, zwischenmenschliche Beziehungen, Einsamkeit, Krankheit, Armut oder einer Verirrung im Dschungel – die Antwort auf jedes Problem unter der Sonne erwartet Sie bereits, weil allein die unendliche Intelligenz Ihres Unterbewußtseins die Antwort kennt – die Antwort auf jede Frage, gleich, welcher Art.

Das ist gesunder Menschenverstand. Die Unendliche Intelligenz in Ihrem Unterbewußtsein ist all-weise, kennt und weiß alles und hat das ganze Universum erschaffen, mit allem, was es enthält. Wenn sie aber alles erschaffen hat, einschließlich aller Menschen und Myriaden von Galaxien im Universum, wie kann irgendein Denken dann schlußfolgern, daß die Höchste Intelligenz im Unterbewußtsein eine Antwort nicht weiß? Vielmehr weiß die Weisheit Ihres Unterbewußtseins nur die Antwort, da sie kein Problem hat. Denken Sie einen Moment darüber nach: Wenn die Unendliche Intelligenz ein Problem hätte, wer sollte es dann wohl lösen?

Ich wurde von einem Schutzengel gerettet

Als ich noch ein sehr kleiner Junge war, hatte mir meine Mutter gesagt, daß ich einen besonderen Schutzengel hätte, der immer über mich wachte, und mich jedesmal retten würde, wenn ich in Schwierigkeiten sei. Wie bei allen Kindern, war auch mein Gemüt beeindruckbar und daher akzeptierte ich die Glaubensüberzeugungen meiner Eltern.

Einmal hatte ich mich zusammen mit anderen Jungen meines Alters in den Wäldern verirrt. Statt von Angstgefühlen ergriffen zu sein, sagte ich den anderen, daß mein Schutzengel uns aus dem Dickicht heraus führen würde. Einige von den Jungen fanden das lächerlich. Andere wiederum schlossen sich mir an, da meine Sicherheit sie überzeugte. Ich hatte das ganz sichere Gefühl, eine bestimmte Richtung einschlagen zu müssen. Nachdem wir eine Zeitlang gegangen waren, trafen wir einen Jäger, der uns freundlich behandelte und wir waren gerettet. Die anderen Jungen, die es abgelehnt hatten, mit uns zu kommen, sind nie gefunden worden.

Selbstverständlich gibt es keinen Schutzengel mit Flügeln, der irgend jemanden bewacht. Mein blinder Glaube an einen Schutzengel veranlaßte jedoch mein Unterbewußtsein, auf seine ureigenste Weise zu reagieren. Somit zwang es mich, in eine bestimmte Richtung zu gehen. Mein tieferes Bewußtsein hatte zugleich Kenntnis von dem Aufenthaltsort dieses Jägers und führte uns entsprechend.

Die Bibel sagt: ... *will ihn schützen, denn er kennt meinen Namen. Er ruft mich an, und ich erhöre ihn; ich bin bei ihm in der Not* ... (Psalm 91:14–15)

Der Begriff *Name* steht für die Natur dieser unendlichen Intelligenz in Ihren subjektiven Tiefen. Die Bezeichnungen *Subjektives Bewußtsein* und *Unterbewußtsein* sind gleichbedeutend. Die Natur der unendlichen Intelligenz in Ihrem Innern ist es, auf ihren Ruf zu antworten.

Wenn Sie sich ohne Kompaß in den Wäldern verirrt haben und auch nicht die leiseste Ahnung haben, wo der Nordstern ist – also überhaupt keinen Richtungssinn besitzen, dann seien Sie sich bewußt, daß die schöpferische Intelligenz in Ihrem Unterbewußtsein das ganze Universum mitsamt allem, was es enthält erschaffen hat, und ganz bestimmt keines Kompasses bedarf, um Sie dort herauszuholen. Wenn Sie allerdings die Weisheit in Ihrem Innern nicht erkennen, dann ist es so, als sei sie nicht vorhanden.

Angenommen, Sie haben einen sehr primitiven Menschen mit sich nach Hause genommen – einen Menschen, der noch niemals einen Wasserhahn oder einen elektrischen Schalter zu Gesicht bekommen hat – und Sie lassen diesen Menschen für eine Woche allein in Ihrem Haus zurück, dann würde er mit Sicherheit verdursten und zugleich im Dunkeln sitzen, obgleich Wasser und Licht während der ganzen Zeit verfügbar waren. Millionen Menschen auf der ganzen Welt verhalten sich gerade so wie dieser primitive Mann. Sie vermögen nicht zu erkennen, daß, ganz gleich, was sie suchen – ganz gleich, um welches Problem es sich handeln mag – die Antwort sie bereits erwartet. Alles, was sie zu tun haben, ist, sich mit Glauben und Vertrauen an die Weisheit ihres Subjektiven Bewußtseins zu wenden, und die Antwort wird aus den Tiefen ihres eigenen Selbst aufsteigen.

Erleben Sie den Reichtum und die lohnenden Erfahrungen des wissenschaftlichen Betens

Das Wort Gebet hat eine solche Vielzahl von Bedeutungen und eine derart lange Geschichte, daß ich mich veranlaßt sehe, in diesem Buch den Gebetsvorgang und Gebetstherapie auf das bestmöglichste vereinfacht zu erläutern.

Bei meinen Gesprächen mit Menschen in allen Teilen der Welt, muß ich immer wieder die Erfahrung machen, daß viele von ihnen von alten Auffassungen geradezu verkrustet sind, die heutzutage kein Schulkind, das einigermaßen up to date ist, mehr als wahr akzeptieren würde. Das geht dann noch einher mit alten Ritualen und Zeremonien, die wahrhaftig kein halbwegs intelligenter Mensch zu glauben vermag. Schließen Sie sich nicht aus, von den gewaltigen Vorteilen und Segnungen, die Ihnen durch richtiges Beten zuteil werden können, durch eingeimpfte Vorurteile und Klischees, die Ihnen seit Jahren anhaften.

Wie ein junger Mann Airline-Pilot wurde

Das Folgende ist dem Brief eines jungen Mannes entnommen, der mich gebeten hatte, seinen Brief in dieses Buch mit aufzunehmen, um anderen in ähnlichen Situationen zu helfen. Alle Chancen waren gegen ihn, aber das schien ihn nicht weiter zu stören, aber lassen wir ihn selbst erzählen. Dem, der Ohren hat zu hören, wird das Ganze einleuchtend sein:

Das Folgende enthält die Schilderung eines Erlebnisses, das ich hatte. Vielleicht können Sie es ganz oder teilweise verwenden, um anderen Menschen zu helfen.

Schon immer wollte ich Pilot werden. Vor Jahren bereits wandte ich die Gesetze des Geistes an, um die Zeit und Mittel für das Training zum Erwerb der Lizenzen zu haben. Gerade als ich die Lizenzen für Verkehrsmaschinen erworben hatte und mich bewerben wollte, wurde unser Land von einer Rezession heimgesucht. Die Fluggesellschaften entließen viele ihrer Piloten. Irgendwie war ich dadurch von meiner täglichen Anwendung der Wahrheitsprinzipien abgekommen. Als unsere Fluggesellschaften nämlich darangingen, ihre Piloten zurückzuholen und darüber hinaus neues Personal einzustellen, fand ich mich unberücksichtigt.

Auf zehn Vakanzen kamen 2500 Bewerber und davon besaßen gut 90 % mehr Erfahrung, als ich. Eines Sonntags sagten Sie dann in Ihrem Vortrag: „Sie müssen zu einer Entscheidung kommen, über das, was Sie glauben wollen, und es dann beanspruchen!"

Bei der Fahrt zur Arbeit, wie auch bei der Heimfahrt, stellte ich mir immer vor, eine Pilotenuniform zu tragen. Auch sah ich mich bei den Flugvorbereitungen und an weiterführenden Schulungen teilnehmen. Ich hatte das Gefühl dort ERWARTET zu werden, deshalb könnte es gar nicht zu spät für mich sein. Die Tür war nicht verschlossen für mich; man ERWARTETE von mir, daß ich durch sie hindurchging. Man wartete auf mich.

Nach drei Wochen gefühlsgeladener Imagination, wobei ich die Wirklichkeit des Ganzen mit jeder Faser meines Seins spürte, wurde ich von einem Personalchef angerufen und zu einem Interview gebeten. Der Lehrgang war voll besetzt, aber einen Tag vor Beginn schied ein Bewerber aus. Meine Papiere wurden im Eiltempo durchgesehen und einige Mitarbeiter machten Überstunden, damit ich den erforderlichen Prozeß durchlaufen konnte. Man sagte mir, ich sei die perfekte Antwort auf ihr Problem und man sei sehr dankbar dafür. Übrigens waren sechs der offenen Stellen für irgendwelche bevorzugten Söhne vorgesehen.

Dieser junge Mann mit seinen 21 Jahren hatte begriffen, daß jede Idee, die er als wahr annimmt und im Denken und Fühlen als wahr durchlebt, seinem Unterbewußtsein aufgeprägt wird und als echte Erfahrung in sein Leben gelangt. Das ist *wahres* Beten.

Erflehen Sie nichts von einem Gott irgendwo in den Wolken

Der logische Denker weiß, daß Gott oder die schöpferische Intelligenz seines Unterbewußtseins auf sein Denken reagiert, und zwar seinem Glauben und seinen persönlichen Überzeugungen gemäß. Er ist sich bewußt, daß der gesamte Kosmos in seiner Wirkungsweise bestimmten Gesetzen unterliegt, und daß – wie Emerson sagt – „nichts durch Zufall geschieht, sondern alles von hinten geschoben wird", was bedeutet, wenn Ihr Gebet beantwortet wird, dann muß das gemäß den Gesetzen Ihres eigenen Bewußtseins geschehen, ob Sie sich dessen nun bewußt sind oder nicht.

Der lebendige Geist in Ihrem Innern wird die Gesetze des Lebens nicht außer Kraft setzen, um jemanden zu bevorzugen – weder aufgrund seiner oder ihrer Mitgliedschaft bei einer bestimmten religiösen Institution noch aufgrund eines heiligen Charakters. Die Gesetze des Lebens verändern sich nicht; wir haben es auch nicht mit einem Gesetz der Launenhaftigkeit oder der Bevorzugungen zu tun, denn *Gott sieht die Person nicht an ...* (Apost. 10:34). Sie haben es hier mit einem universellen Gesetz zu tun, das Ihre Gedankenimpressionen empfängt und entsprechend tätig wird; wenn Sie Ihrem tieferen Bewußtsein negative Impressionen eingeben, dann erhalten Sie negative Resultate; versorgen Sie Ihr Unterbewußtsein dagegen mit konstruktiven Eindrücken, dann sind auch die Ergebnisse positiv.

Es gibt nur eine Macht

Die wichtigste Wahrheit, die Sie lernen können, ist die Wahrheit, daß es nur eine Macht gibt. Diese Macht ist allgegenwärtig, und weil das so ist, muß diese Macht auch in Ihrem Innern gegenwärtig sein – als Ihr Leben.

Diese Kraft wird, wenn sie konstruktiv, harmonisch und entsprechend ihrer eigenen Natur angewandt wird, Gott oder das Gute genannt. Findet sie dagegen negative und destruktive Anwendung, dann belegen die Menschen sie mit Namen wie Teufel, Satan, Böses, Hölle, Unglück etc.

Seien Sie ehrlich mit sich selbst und stellen Sie sich diese einfache Frage: „Wie gebrauche ich die Kraft in meinem Innern?" Und damit haben Sie die Antwort auf Ihr Problem. So einfach ist das.

Man kann auf vielerlei Arten beten

Wenn ich gefragt werde, auf welche Weise man am wirksamsten betet, dann antworte ich jedesmal: „Für mich ist das Gebet die Kontemplation der ewigen Wahrheiten des Unendlichen vom höchstmöglichen Standpunkt aus. Diese Wahrheiten verändern sich nie; sie waren die gleichen gestern, sie sind es heute und sie werden es in aller Ewigkeit sein."

Wie ein Seemann betete und gerettet wurde

Im letzten Jahr gab ich ein Seminar an der Küste von Alaska. Bei dieser Gelegenheit erzählte mir einer der Seeleute, daß er im letzten Krieg auf wunderbare Weise gerettet worden war. Sein Schiff war torpediert worden, wobei die gesamte Besatzung außer ihm umgekommen war. Er fand sich in einem Rettungsfloß auf hoher See, und er konnte einzig und allein an Gott denken. Er hatte keinerlei Kenntnisse von den Gesetzen des Geistes, diese äußerste Notlage jedoch veranlaßte ihn, immer wieder zu sagen: „Gott rettet mich." Schließlich wurde er bewußtlos. Als er erwachte, befand er sich an Bord eines britischen Kreuzers, dessen Kommandant, wie er sagte, einen unerklärlichen Zwang verspürte, seinen Kurs zu ändern. Der Mann auf dem Floß wurde dann von dem wachhabenden Offizier entdeckt.

Dieser Seemann hatte auf seine Weise zu einem Gott gebetet, den er „irgendwo da oben" wähnte – eine Art anthropomorphisches Wesen – welches sein flehendliches Bitten entweder erhören würde oder auch nicht. In seiner höchsten Not bewies er jedoch einen blinden Glauben und ging in seinem Gottvertrauen an die äußerste Grenze. Und zweifellos war es dieser einfache oder blinde Glaube, der sich seinem Unterbewußtsein aufprägte, das wiederum auf seinen Glauben reagierte und ihn rettete.

Aus der Sicht der mentalen und spirituellen Gesetze – resp. ihrer Wirkungsweise – betrachtet, war der Standort des nächsten Schiffes der Weisheit seines Unterbewußtseins bekannt. Dieses wiederum wirkte auf das Gemüt des Kommandanten ein, veranlaßte ihn zu dem Kurswechsel und brachte die Rettung.

Zeit und Raum existieren nicht für Ihr Unterbewußtsein; es ist koexistent mit jeglicher Weisheit, aller Macht. Tatsächlich sind alle Attribute, Fähigkeiten und Kräfte Gottes in Ihren subjektiven Tiefen (oder wie immer Sie es nennen wollen) verankert. Sie können diese Macht als Innere Weisheit bezeichnen oder Universelles Gemüt, Lebensprinzip, Sublinimales Gemüt oder Superbewußtsein. In Wirklichkeit ist sie namenlos. Sie müssen sich lediglich im klaren darüber sein, daß eine Weisheit und unendliche Intelligenz in Ihrem Innern existiert, welche die Kapazitäten Ihres Intellekts, Ihres Ego und Ihrer fünf Sinne bei weitem übertrifft und immer empfänglich ist für Ihre Anerkennung, für Ihren Glauben und für Ihre Erwartung. Dieser Seemann setzte sein ganzes Vertrauen auf Gott, er glaubte fest, auf irgendeine Art gerettet zu werden. Dieser Glaube wurde seinem Unterbewußtsein aufgeprägt, das diesen Erwartungen gemäß reagierte.

. . . Wenn du glauben kannst, alle Dinge sind möglich dem, der glaubt. (Markus 9:23)

Weshalb Bittgebete ganz allgemein falsch sind

Sie sind falsch aus diesem Grunde: *. . . Ehe sie rufen, werde ich antworten; und während sie noch reden, werde ich hören.* (Jes. 65:24) Ganz gleich, was Sie suchen – es ist bereits vorhanden, denn alle Dinge bestehen im Unendlichen. Der Ausweg, die Antwort, die heilende Gegenwart, Liebe, Frieden, Harmonie, Freude, Weisheit, Kraft und Macht – alles das und mehr existiert jetzt und wartet auf Ihre Anerkennung.

Frieden ist jetzt. Liebe ist jetzt. Freude ist jetzt. Harmonie ist jetzt. Reichtum ist jetzt. Führung ist jetzt. Rechtes Handeln ist jetzt. Die Heilende Gegenwart ist jetzt, zusammen mit der Lösung eines jeden Problems unter der Sonne. Die schöpferischen Ideen des unendlichen Gemüts in Ihrem Innern sind unzählig. Alles, was Sie tun müssen ist, behaupten, fühlen, wissen und glauben, daß die Antwort Ihnen bereits zuteil geworden ist und die Lösung kommen wird.

Alle Dinge bestehen im Unendlichen Gemüt als Ideen, Vorstellungen, Urformen oder mentalen Denkmustern in Ihrem Bewußtsein, und die erhaltenen Antworten entsprechen auf das genaueste Ihrer Identifikation mit dem Verlangten. Fordern Sie es mutig, und Sie bekommen die Antwort! Das ist wissenschaftliches Beten. Wenn Sie flehentlich bitten und betteln, dann gestehen Sie sich damit ein, daß Sie das Erwünschte noch nicht haben, und dieses Gefühl des Mangels zieht weiteren Verlust, Mangel und Begrenzung an.

Der Gott, den Sie anflehen, hat Ihnen bereits alles gegeben. Ihre Aufgabe ist es daher, über die Realität Ihrer Idee oder Ihres Wunsches zu meditieren und das Gewünschte in Besitz zu nehmen. Freuen Sie sich und sagen Sie Dank, in dem sicheren Wissen, daß Ihr Unterbewußtsein gemäß Ihrer Kontemplation der Wirklichkeit Ihres Wunsches, Planes oder Vorhabens alles Erforderliche veranlaßt. Seien Sie ein guter Empfänger! Sie müssen Ihr Gutes jetzt annehmen. Weshalb noch warten? Alles, was Sie brauchen, ist bereits da.

Alle Dinge existieren als Ideen im Unendlichen und hinter allem im Universum steckt ein mentales Muster. Auch wenn alle Maschinen auf der Welt zerstört werden sollten, könnten Ingenieure sie zu Millionen wieder vom Fließband rollen lassen, weil alles Sichtbare auf der Welt dem Geist des Menschen und damit dem Unendlichen Gemüt entstammt. Die Idee, der Wunsch, die Erfindung oder das Bühnenstück in Ihrem Bewußtsein ist so wirklich wie Ihre Hand oder Ihr Herz. Erfüllen Sie diese Wünsche mit Leben – nähren Sie sie mit Glauben und Vertrauen und sie werden in der Welt der Erscheinungen sichtbar.

Gott ist Geist, und Geist ist allgegenwärtig – in uns und in jedem Menschen.

... denn ihr seid der Tempel des lebendigen Gottes; wie Gott gesagt hat, ich will in ihnen wohnen ... (2. Kor. 6:16)

Siehe, ich stehe an der Tür und klopfe an. Wenn jemand meine Stimme hört und die Tür öffnet, werde ich zu ihm hineingehen und das Mahl mit ihm halten und er mit mir. (Offenb. 3:20)

Diese Zitate verdeutlichen das Intime eines Gebets. Sie halten dabei Zwiesprache mit Ihrem Höheren Selbst. Sie erbetteln also nichts von einer weit entfernten Gottheit, die entweder geneigt ist, Ihr Gebet zu erhören, oder nicht. Sie wissen vielmehr, daß Ihr Gebet bereits beantwortet ist – das jedoch müssen Sie anerkennen und bedingungslos akzeptieren. Dann wird die Antwort kommen.

Die Höchste Intelligenz oder das Lebensprinzip in Ihrem Unterbewußtsein klopft immer an die Tür Ihres Herzens. Sollten Sie beispielsweise krank werden, dann wird das Lebensprinzip Sie drängen, gesund zu werden. Immer spricht es zu Ihnen: „Komm höher; ich brauche dich." Öffnen Sie die Tür zu Ihrem Herzen und bejahen Sie mutig:

Ich weiß und ich glaube, daß die Unendliche Heilungsgegenwart, die mich geschaffen hat, mich auch heilen kann. Daher beanspruche ich Heilsein, Vitalität und Vollkommenheit, und zwar jetzt. Die Unendliche Intelligenz in meinem Unterbewußtsein klopft an die Tür meines Herzens. Sie erinnert mich daran, daß Antwort und Ausweg in meinem Innern sind. Mein Gemüt ist für die Unendliche Weisheit offen und empfänglich. Ich sage Dank für die Lösung, die jetzt in meinen wachbewußten Verstand gelangt, klar und deutlich.

Gott ist Universelle Weisheit und Macht – allen Menschen zugänglich, ohne Rücksicht auf Rasse oder Hautfarbe. Gott antwortet dem Atheisten oder Agnostiker ebenso wie dem Frommen oder dem Heiligen; die einzige Voraussetzung dazu ist Glauben.

... Wenn du glauben kannst, alle Dinge sind möglich dem, der glaubt. (Markus 9:23)

Ist Gott eine Person oder ein Prinzip?

Die Vorstellung von Gott als einem anthropomorphischen Wesen oder einer Art glorifiziertem Mann, dem jedoch alle Launen, Besonderheiten und Exzentrizitäten eines Menschen anhaften, ist neurotischer Infantilismus und geradezu absurd. Gott ist nämlich für Sie sehr persönlich: Jetzt, in diesem Augenblick, können Sie Liebe, Frieden, Harmonie, Freude, Schönheit, Weisheit, Kraft und Führung kontemplieren, und damit beginnen Sie, diese Qualitäten auch schon zum Ausdruck zu bringen, weil Sie unweigerlich zu dem werden, was Sie kontemplieren. Sie haben dann die Eigenschaften Gottes personalisiert und individualisiert. Gott ist grenzenlose Liebe, vollkommene Harmonie, vollkommene Freude, grenzenlose Weisheit, höchste Intelligenz und unendliches Leben, allgegenwärtig und allmächtig. Gleichzeitig ist Gott Gesetz, denn dies ist ein Universum von Gesetz und Ordnung.

Alle Elemente der Persönlichkeit sind innerhalb des unendlichen Seins in Ihrem Innern vorhanden, und durch Kontemplation der Eigenschaften Gottes in Ihrem Innern werden Sie herrliche und wunderbare Gott-gleiche Persönlichkeitsmerkmale entwickeln. Gleichzeitig wenden Sie das Gesetz Gottes oder Ihres Unterbewußtseins an, denn alles, was Sie beanspruchen, als wahr annehmen oder worüber Sie meditieren, wird Ihrem Unterbewußtsein aufgeprägt, und Ihr Unterbewußtsein bringt das ihm Aufgeprägte zur Manifestation. Ohne Anwendung des Gesetzes könnten Sie keine positiven Persönlichkeitsmerkmale entwickeln, denn es ist Gesetz, daß Ihr Denken und Fühlen Ihr Schicksal formt und Sie das sind, was Sie kontemplieren.

Gott ist alles, was ist – in allem, über allem und alles in allem. Hören Sie deshalb auf, sich etwas vorzumachen. Erkennen Sie, daß Gott sowohl unendliche Persönlichkeit als auch Gesetz ist. Das sind die zwei Säulen von denen in der Bibel die Rede ist.

Und er richtete die Säulen auf... die, welche er zur Rechten setzte, hieß er Jachin (das eine Gesetz), *und die, welche er zur Linken setzte, hieß er Boas* (unendliche Persönlichkeit). (1. Kön. 7:21)

Viele erklären mir dem Sinn nach: „Ich kann nicht zu einem Prinzip beten." Anscheinend wünschen diese Leute sich einen alten Mann im

Himmel, der sie tröstet, ihnen vergibt und für sie sorgt, wie ein menschlicher Vater. Eine solche Haltung ist extrem primitiv und recht kindisch. Bedenken Sie, daß die Natur der unendlichen Intelligenz in Ihrem Innern Responsivität ist – Widerhall, Reaktion; wenn Sie sich vertrauensvoll an sie wenden, wird sie zur Verkörperung Ihres Ideals.

Es ist unmöglich für Sie, eine magnetische und spirituelle Persönlichkeit zu entwickeln, ohne das Gesetz Ihres Gemüts anzuwenden. Für alles, was Sie sein, tun oder haben wollen, müssen Sie sich das mentale Äquivalent (die geistige Entsprechung, das geistige Abbild, den geistigen Gegenwert) schaffen. Ein emotionales Erhobensein oder fromme Sentimentalität einer entfernten Gottheit gegenüber mit der gleichzeitigen Hoffnung, transformiert zu werden, kann nur zu Neurosen und Verwirrung führen.

. . . Liebe ist des Gesetzes Erfüllung. (Römer 13:10). Gott wird Ihnen sehr vertraut werden – sehr nahe sein –, wenn Sie darangehen, Ihre Seele regelmäßig und systematisch mit Liebe und Freude, Frieden und Harmonie zu erfüllen; und nachdem Sie sich diese Qualitäten zu eigen gemacht haben, werden Sie sie auch zum Ausdruck bringen. Gott ist Liebe. Das Beste, was Sie daher tun können, ist, schnellstens damit aufzuhören, um etwas zu bitten, betteln und zu flehen, das Ihnen bereits gewährt worden ist.

Das affirmative (bejahende) Gebet

Bei dieser Methode – von Millionen heute in Amerika angewandt – wird Gott nicht um irgend etwas angefleht oder angebettelt. Statt dessen ruft man sich die großen Wahrheiten ins Gedächtnis, die niemals versagen, wie *der Herr ist mein Hirte; mir wird nichts mangeln* (Psalm 23:1), was bedeutet, daß es dem Menschen nie an Beweisen mangeln wird, daß die Gotteskraft ihn führt und leitet, über ihn wacht, und ihn erhält und stärkt. Das Wort „Hirte" gibt seiner tiefen Überzeugung von Gottes Liebe und Führung Ausdruck, die sie zu *grünen Auen* (Überfluß) und *stillen Wassern* (dem ruhigen Gemüt) geleitet. Das ist Beten.

Das anrufende Gebet

Wenn Sie die Segnungen, den Schutz und die Führung des Unendlichen vertrauensvoll anrufen, dann wird die Antwort kommen. Augustinus fand Trost, Ruhe und Schutz, als der Feind vor den Toren der Stadt Hippo, seinem Bischofssitz, stand, in einem anrufenden Gebet, das ihm aus dem Herzen kam:

Vom Aufruhr weltlichen Denkens laß mich Zuflucht nehmen unter den Schatten deiner Flügel; laß mein Herz, dieses Meer ruheloser Wellen, Frieden finden in dir, o Gott.

Mit diesem Gebet ging er schlafen und fand Ruhe für seine Seele.

ZUSAMMENFASSUNG

1. Jeder Mensch beantwortet sein Gebet selbst, ganz gleich, ob er sich dessen bewußt ist oder nicht, denn was der Mensch mit seinem wachbewußten Verstand als wahr akzeptiert, wird seinem Unterbewußtsein aufgeprägt ohne Rücksicht darauf, ob diese Überzeugung richtig oder falsch ist. Wenn ein Student zum Beispiel der Überzeugung ist, bei seiner Prüfung durchzufallen, dann bleibt seinem Unterbewußtsein keine andere Alternative, als ihn zu diesem Fehlschlag zu zwingen, auch wenn er sich auf der objektiven Ebene noch so sehr um den Erfolg bemüht hatte.

2. Wenn Sie sich im Zustand der Hypnose befinden – ihr wachbewußter Verstand also ausgeschaltet ist, dann ist Ihr Unterbewußtsein den Suggestionen des Hypnotiseurs unterworfen, und gleichgültig, wie absurd oder widersinnig die erteilte Suggestion auch sein mag, Sie werden entsprechend reagieren. Ihr Unterbewußtsein ist ein eingleisiges Bewußtsein, das weder argumentiert, noch abwägt, untersucht oder differenziert, wie Ihr wachbewußter Verstand. Ihr Unterbewußtsein folgert nur deduktiv; in anderen Worten: Wenn ihm von Ihrem wachbewußten Verstand eine falsche Prämisse eingegeben wird, dann wird es dennoch mit erstaunlichem Scharfsinn entspre-

chend der Natur dieser Suggestion reagieren. Füttern Sie deshalb Ihr Unterbewußtsein nur mit Gedanken, die wahr, liebevoll, erhaben und Gottgleich sind.

3. Gott ist der Schöpfer oder die Unendliche Intelligenz in Ihrem Unterbewußtsein und reagiert Ihrem Glauben entsprechend, denn die Natur der Unendlichen Intelligenz ist Responsivität, d. h. sie nimmt an und reagiert. Jeder als wahr empfundene und mit Gefühl aufgeladene (emotionalisierte) Gedanke wird Ihrem Unterbewußtsein aufgeprägt, und das, was „aufgedrückt" wurde, wird schließlich „ausgedrückt" – es kommt in Ihrem äußeren Erfahrungsbereich zum Ausdruck, gleichgültig, ob es sich hierbei um Gutes oder weniger Gutes handelt. Somit beantwortet jeder Mensch sein Gebet selbst. Glaubt er, nicht geheilt werden zu können, oder es gäbe keinen Ausweg aus seinem Dilemma, dann reagiert sein Unterbewußtsein genau seinen Erwartungen gemäß, und er erhält eine negative Antwort auf sein Gebet. In Wirklichkeit wird jedes Gebet beantwortet. So etwas, wie ein nicht beantwortetes Gebet, gibt es nicht.

Und alles, was ihr im Gebet gläubig erbittet, werdet ihr empfangen. (Matth. 21:22)

4. Die Antwort auf jede Frage befindet sich in Ihrem Innern – sie ist schon dort, bevor Sie fragen. Sie müssen lediglich erkennen, daß – was auch immer Ihr Verlangen sein mag – die Lösung bereits vorhanden ist, in der unendlichen Gegenwart und Macht Ihres Unterbewußtseins. Wenn Sie daher die Lösung beanspruchen, erwarten Sie eine Antwort. Dann geschieht Ihnen nach Ihrem Glauben. Die unendliche Gegenwart und Macht in Ihrem tieferen Bewußtsein, die das Universum und alle darin enthaltenen Dinge geschaffen hat, weiß alles, sieht alles und besitzt das Know-how der Erfüllung. Bitten und Betteln ist Mangeldenken – das Eingeständnis, das Erwünschte nicht zu haben. Damit verharren Sie im Denken an Mangel und Begrenzung und werden so mit unfehlbarer Sicherheit weitere Verluste und Miseren anziehen, denn alles, worauf Sie Ihre Aufmerksamkeit richten, wird von Ihrem Gemüt verstärkt. Die Idee, der Wunsch, die geistige Vorstellung, die Erfindung, das Bühnenstück, das Buch oder was sonst, ist für Ihr Gemüt eine Realität – ebenso wirklich, wie Ihre

Hand oder Ihr Herz. Laden Sie Ihren Wunsch auf mit Glauben und Erwartung.

5. Wenn Sie an einen Schutzengel glauben, dann wird Ihr Unterbewußtsein als innere Stimme oder Impuls reagieren – etwa mit dem sicheren Gefühl, eine bestimmte Richtung einschlagen zu müssen, oder einer Art überwältigendem Verlangen, etwas Bestimmtes zu tun oder zu unterlassen. Das wird auch „das stille innere Wissen der Seele" genannt. Der Engel steht für die Idee, die aus den Tiefen Ihres Unterbewußten aufsteigt und Ihre Probleme löst. Ob der Gegenstand Ihres Glaubens nun richtig oder falsch ist – Ihr Unterbewußtsein wird immer auf die Überzeugungen Ihres wachbewußten Verstandes reagieren.

6. Die Weisheit, Macht oder Intelligenz Ihres Unterbewußtseins nicht anzuerkennen, wäre gleichbedeutend mit seinem Nichtvorhandensein. Paulus sagt: ... *damit ihr die Gottesgabe aufrührt, die in euch ist.* (2. Tim. 1:6)

7. Ein junger Mann hatte sich um die Position eines Piloten bei einer großen Fluggesellschaft beworben, und das gegen die Konkurrenz von 2500 weitaus erfahreneren Bewerbern. Er jedoch, sah sich bereits als Pilot in Uniform im Cockpit als Kopilot einer Verkehrsmaschine. Da er in dieser lebhaften geistigen Vorstellung beharrte, wurde dieses Mentalbild von seinem Unterbewußtsein aufgenommen und akzeptiert. Obgleich er „nach menschlichem Ermessen" nicht die geringste Chance zu haben schien, wurde er als einer der besten Kandidaten für die zehn in Frage kommenden Positionen ausgewählt. Dieser junge Mann war mit der Wirkungsweise seines Unterbewußtseins vertraut.

8. Gott sieht die Person nicht an, und die Gesetze des Geistes und des Universums sind konstant und unveränderlich. Es ist töricht, kindisch und absurd, sich einzubilden, durch Anflehen und Anbetteln eines Gottes, irgendwo im Himmel, die Gesetze des Geistes und des Universums außer Kraft setzen zu können. Sie lassen sich nicht nach Belieben ausschalten, auch nicht Ihretwegen. Ich möchte es hier nochmals eindringlich klarmachen: Sie selbst beantworten Ihr Gebet. Ihr Unterbewußtsein empfängt Ihre Gedankenimpressionen und reagiert mit absoluter Genauigkeit diesen Impressionen gemäß.

9. Es gibt nur eine einzige Macht im Universum – nicht zwei, drei oder hundert –, nur eine. Diese Macht wird – wenn konstruktiv angewandt – vom Menschen Gott genannt; bei negativer, unwissender oder destruktiver Anwendung jedoch als Teufel, Böses, Hölle etc. bezeichnet.

10. Menschen beten auf vielerlei Arten. Für mich ist ein Gebet die Kontemplation der Wahrheiten Gottes vom höchsten Standpunkt aus. Wenn Sie Ihr Gemüt mit den unveränderlichen Wahrheiten Gottes anfüllen, dann werden damit alle negativen Denkmuster in Ihrem Unterbewußtsein neutralisiert und ausgelöscht. Was Sie kontemplieren, zu dem werden Sie. Alles, was Sie bewußt beanspruchen und im Denken und Fühlen als wahr annehmen, wird von Ihrem Unterbewußtsein sofort angenommen und wiedergegeben – auf den Bildschirm des Raumes projiziert. Das ist wahres Beten.

11. Vielen Menschen sind die Gesetze des Geistes und des wissenschaftlichen Gebets völlig unbekannt. Sie haben recht seltsame, groteske und geradezu kindische Gottesvorstellungen. Ihnen ist beigebracht worden, einen weit entfernten Gott, irgendwo im Himmel, anzuflehen, der ihnen das Erflehte gewähren wird oder auch nicht. Dessen ungeachtet haben solche Menschen mit der kindlichen Vorstellung, von einem Gott „da oben" gerettet zu werden, bemerkenswerte Erfolge bei ihren Gebeten aufzuweisen. Sie wurden in der Tat gerettet. Die Erklärung dafür ist recht einfach: Wir erzielen die gleichen Resultate, ungeachtet der Tatsache, daß wir möglicherweise von falschen Voraussetzungen ausgehen, denn das Unterbewußtsein setzt sich nicht mit religiösen Überzeugungen auseinander, sondern folgert nur deduktiv.

12. Um es nochmals mit Nachdruck zu betonen: Wer eine entfernte Gottheit anbettelt und anfleht, macht sich damit eindrucksvoll bewußt, das Erflehte nicht zu haben. Er demonstriert damit Mangelbewußtsein, und diese Geisteshaltung zieht nur noch mehr Mangel und Begrenzung an. Er erhält also genau das Gegenteil des Erwünschten. Die Bibel sagt: ... *Alles, um was ihr betet und bittet, glaubt nur, daß ihr es empfangen habt, und es wird euch zuteil werden.* (Markus 11:24) Das Bewußtsein, das Erbetene bereits zu *haben*, ist der ent-

scheidende Faktor. Sie wissen, daß der Eichbaum sich in der Eichel befindet. Damit aber eine Eiche daraus werden kann, muß die Eichel erst einmal eingepflanzt werden. Jede Saat muß erst einmal in den Boden gesenkt werden, bevor sie ein Gewächs hervorbringen kann. Ihr Wunsch – Ihr Begehren ist die Saat, und diese Saat muß ausgesät werden; ganz gleich, wie Ihr Problem geartet sein mag – ganz gleich, wie groß die Schwierigkeit sein mag –, die Antwort, die Lösung ist im Wunsch enthalten. Ihr Begehren (die Saat) hat seine eigenen mathematischen und mechanischen Gesetze, um sich auszudrücken. Ihr Wunsch ist genauso wirklich wie Ihre Hand oder Ihr Herz, ebenso wie der Gedanke an das Radio z. B. eine Realität in Ihrem Bewußtsein darstellt. Machen Sie sich bewußt, daß die unendliche Intelligenz in Ihrem Unterbewußtsein Ihren Wunsch erfüllen kann, denn sie ist die einzige schöpferische Kraft. Vergegenwärtigen Sie sich den Wunsch als bereits erfüllt – nähren Sie diesen Gedanken mit Glauben und Vertrauen, dann wird er wie die gewässerte und gedüngte Saat, die aus der Erde hervorkommt, als Ihr beantwortetes Gebet erscheinen. Deshalb müssen Sie unbedingt überzeugt sein, das Gewünschte bereits zu besitzen – in Ihrem Gemüt ist es bereits eine Realität.

13. Sie sind der Tempel des lebendigen Gottes. Gott ist der lebendige allmächtige Geist in Ihrem Innern. Wo Sie auch gehen und stehen – diese schöpferische Kraft ist immer mit Ihnen. Die einzige körperlose Kraft, deren Sie sich bewußt sind, sind Ihre Gedanken. Ihr Denken ist schöpferisch, und Sie wissen jetzt, was Sie sich mit Ihrem Denken erschaffen. Das Lebensprinzip in Ihrem Innern klopft immer wieder an die Tür Ihrer Herzens und fordert Sie auf: „Erhebe dich, transzendiere, wachse, mach Fortschritte, gehe vorwärts, öffne die Tür deines Herzens." Es weist Sie an, sich über die Eine große Wahrheit klar zu werden: In Ihrem Innern befindet sich die Kraft, die alle Tränen trocknen kann – sie kann jeden kranken Körper heilen, verborgene Talente enthüllen und Sie auf den Weg zum Glück, zur Freiheit und zum Seelenfrieden führen.

14. Gott (Geist) besitzt alle Elemente der Persönlichkeit, wie Urteilsvermögen, Willenskraft, Liebe, Frieden, Harmonie, Freude, Schönheit, Macht, Kraft, Weisheit und Intelligenz. Zugleich ist Gott Gesetz. Das

Eine ist nicht denkbar ohne das Andere. Wie könnten Sie wohl zu einer hervorragenden Persönlichkeit werden, ohne sich die Eigenheiten, Fähigkeiten und Kräfte Gottes zu eigen zu machen, über sie zu meditieren und in Ihrem Unterbewußtsein zu verankern. Dem Gesetz nach werden Sie zu dem, was Sie im Denken und Fühlen als wahr beanspruchen. In anderen Worten: Sie sind das, was Sie kontemplieren und in Ihrem Unterbewußtsein verankern. Dies geschieht gemäß den Gesetzen Ihres Unterbewußtseins. Emotionales „Herzen-höher-Schlagen" und frömmelnd sentimentale Unterwürfigkeit einer entfernten Gottheit gegenüber führt dagegen zu Verwirrung, Neurosen und Ernüchterung. Gesetz und Persönlichkeit sind eins. Um durch das Individuum wirken zu können, muß die Universelle Gegenwart und Macht zum Individuum werden. Sie müssen in Ihrem Denken und Fühlen die Wahrheiten Gottes zum Ausdruck bringen, dann ist Gott Ihnen sehr nahe, sehr persönlich. Aber selbstverständlich ist Gott keine Person, wenn Sie damit eine Art glorifizierten Mann im Himmel meinen. Ein solches Konzept muß als neurotischer Infantilismus bezeichnet werden.

15. Sie können bestimmte große Wahrheiten bejahen, und durch Repetition, Vertrauen und Erwartung werden Sie das Bejahte als wahr akzeptieren. Auf diese Weise wird Ihr bejahendes Gebet wirksam. Alles, was Sie dabei tun, ist, sich selbst von der Wahrheit des Bejahten zu überzeugen. Dann werden Resultate folgen. Das anrufende Gebet von Augustinus, das erhört wurde, lautete: Laß meine Seele vom Aufruhr menschlichen Denkens Zuflucht nehmen unter den Schatten deiner Flügel; laß mein Herz, dieses Meer ruheloser Wellen, Frieden finden in dir, o Gott.

KAPITEL 7

Wie Tele-PSI angewandt wird, für das Gebet, das nie versagt

Von vielen Leuten habe ich schon wiederholt zu hören bekommen: Wir haben uns schon einiges ernsthaft und aufrichtig gewünscht, ohne es jedoch bekommen zu haben. Wir haben gebetet, uns gesehnt, gewartet und doch keine Antwort bekommen. Dann stellten sie die übliche Frage: „Warum?" Die Antwort lautet: Euch geschehe nach eurem Glauben.

Was ist Glauben?

Der Glaube, von dem in diesem Buch die Rede ist, bezieht sich nicht auf Dogmen, Lehrmeinungen, Tradition, Rituale, Zeremonien oder irgendeine besondere religiöse Überzeugung. Betrachten Sie Glauben als eine Geisteshaltung – eine bestimmte Denkweise. Glaube ist ein bewußtes Potential – das Wissen, daß jeder mit Gefühl aufgeladene und als wahr empfundene Gedanke dem Unterbewußtsein aufgeprägt wird. Wenn das tiefere Bewußtsein jedoch erfolgreich imprägniert wurde, mit Ideen, Plänen oder Vorhaben, dann wird letzteres diese Impressionen objektivieren. Ihr Unterbewußtsein ist die schöpferische Kraft in Ihrem Innern. Ihr wachbewußter Verstand wählt aus, aber er erschafft nicht. Ob Sie es glauben oder nicht: Sie sind im Grunde die Totalsumme des von Ihnen ausgewählten. Die meisten Menschen sind sich über diese Tatsache nicht im klaren, während Millionen diese Wahrheit rundherum ablehnen. Glaube ist somit eine Art des Denkens, ein Fürwahrhalten, eine geistige Annahme.

91

Ein Chemiker hat Vertrauen in die Gesetze der Chemie – für ihn sind sie verläßlich, ein Farmer hat Vertrauen in die Gesetze der Agrikultur und ein Ingenieur hat Vertrauen in die Gesetze der Mathematik. Ebenso sollte der Mensch lernen, sein Vertrauen in die Gesetze des Geistes zu setzen und mit der Arbeitsweise seines Unterbewußtseins und seines Verstandes vertraut werden, um die Wechselwirkung dieser beiden Phasen seines Gemüts zu begreifen.

Das Gebet des Glaubens – und wie es angewandt wird

Um das Gebet des Glaubens zu erklären, würde ich sagen, man kann es als eine geistige oder spirituelle Überzeugung betrachten, daß in Ihrem Unterbewußtsein eine unendliche Intelligenz am Werk ist, die Ihnen antwortet, indem sie gemäß Ihren zum Ausdruck gebrachten Überzeugungen reagiert. Die Bibel sagt: ... *Euch geschehe nach eurem Glauben* (Matth. 9:29) ... *Wenn du glauben kannst, alle Dinge sind möglich dem, der glaubt.* (Markus 9:23)

Das bedeutet, daß die Weisheit und Macht Ihres Unterbewußtseins genau im Verhältnis zu Ihrem Glauben wirksam ist. Glauben heißt, etwas als wahr akzeptieren. Wenn man das englische Wort „Believe" (Glauben) analysiert, findet man, daß es aus *Be* (Sein) und *lieve = live* (Leben) besteht. Es bedeutet demnach, lebendig zu sein – sich in einem Zustand des Seins zu befinden; in anderen Worten, den Wahrheiten des Lebens gegenüber lebendig zu sein – sie mit Leben zu erfüllen, zu beseelen, ihre Wirklichkeit zu fühlen. Tun Sie genau das, und Sie werden in kürzester Zeit die Resultate dessen erfahren, was Sie Ihrem Unterbewußtsein eingegeben haben.

Weshalb einige Gebete beantwortet werden und andere nicht

Ein Mann beklagte sich bei mir: „Die Gebete meiner Frau werden immer beantwortet und meine nicht. Warum?" Er fügte hinzu, daß er überzeugt sei, Gott würde ihm aus irgendwelchen obskuren Gründen

Gutes vorenthalten, während er seine Frau aufgrund ihres Religionsbe-
kenntnisses bevorzugte. Meine Erwiderung auf diese Hypothese war
etwa wie folgt: Gott macht keinen Unterschied der Person. Die Anwendung der Naturgesetze ist für jeden Menschen erlernbar, sofern er sich
mit dem nötigen Wissen vertraut macht.

Jeder Mensch ist imstande, die Gesetze der Elektrizität zu erlernen und
aufgrund dieser Kenntnisse ein Haus zu verkabeln und zu beleuchten;
ebenso kann er die Gesetze der Navigation lernen oder jedes andere
Gesetz, und alle diese Gesetze ihrer Natur gemäß anwenden. Ein Atheist
erhält seine Antworten aus dem Unterbewußtsein genauso wie ein Heili-
ger – die einzige Voraussetzung ist Glauben und völlige geistige Hingabe.

Ein Astronaut zum Beispiel, der die Existenz einer Göttlichen Gegenwart leugnet, ist aufgrund seiner Kenntnisse und Ausbildung imstande,
den Mars, die Venus und andere Planeten zu erreichen – vorausgesetzt, er
verfügt über genügend Glauben und Vertrauen, daß er von der schöpferischen Intelligenz seines Unterbewußtseins mit allem erforderlichen Wissen versorgt wird, denn letzteres reagiert auf die Überzeugungen des
wachbewußten Verstandes.

Die Annahme, Gott oder die Unendliche Intelligenz reagiere auf die
Gebete eines bestimmten Personenkreises nur wegen seines Religionsbe-
kenntnisses, hieße, Gott die Absonderlichkeiten, Launenhaftigkeiten und
Widersprüchlichkeiten eines Menschengemüts zuzuschreiben. Gott oder
die schöpferische Kraft existierte, noch bevor irgendein Mensch seinen
Fuß auf diese Erde gesetzt hatte und irgendeine Kirche gegründet wurde.
Es war allein der Mensch, der alle die verschiedenen religiösen Glaubens-
bekenntnisse, Formen, Rituale und Dogmen erfand. Gott ist derselbe,
gestern, heute und in alle Ewigkeit. Es ist eine Torheit, anzunehmen,
Gott würde einigen etwas vorenthalten, was er anderen gewährt. Das
würde auf Favoritismus (Bevorzugungen) hinauslaufen, und das ist un-
denkbar und völlig absurd.

... *dir geschehe, wie du geglaubt hast* ... (Matth. 8:13) Das bezieht
sich auf das Gesetz von Ursache und Wirkung – ein kosmisches und
universelles Gesetz, das wahrhaftig keinen Unterschied der Person
macht. Die Ursache ist die Überzeugung Ihres wachbewußten Verstandes, und die Wirkung ist die Antwort aus Ihrem Unterbewußtsein.

Er hatte das Bejahte unbewußt wieder verneint

Der erwähnte Mann hatte um Wohlstand gebetet und dabei bejaht: „Gott ist meine unmittelbare Versorgung und sein Überfluß zirkuliert jetzt in meinem Leben." Andererseits kreiste sein Denken, wie er mir eingestand, zumeist um Mangel und Begrenzung. Letzteres hatte sich somit in seinem Unterbewußtsein verankert. Damit wurde seine bewußte Bejahung von seiner unbewußten Überzeugung wieder verneint.

Die Gebete seiner Frau wurden beantwortet, weil sie wirklichen Glauben demonstrierte; sie war von dem, was sie bejahte auch tatsächlich überzeugt. Für sie war es einleuchtend, daß eine unpersönliche Gegenwart und Macht in ihrem Unterbewußtsein tätig ist, die auf ihr gewohnheitsmäßiges Denken reagiert und daß diese Kraft einem jeden Menschen innewohnt.

Wie er seine Überzeugung änderte

Dieser Mann lernte eine einfache Wahrheit: Ein Gedanke verwirklicht sich auf die gleiche Weise, wie der Samen zu einer Pflanze wird. Er war imstande, seinen Falschglauben an Mangel zu überwinden, durch ständige Repetition der Wahrheit. Er sah ein, daß Wohlstand eine Gedankenimpression in seinem Gemüt ist und daß alle Dinge aus dem unsichtbaren Geist des Menschen oder Gottes hervorgehen. Durch dieses neue Verständnis gewann er Glauben und Überzeugung.

Er hatte klar erkannt: Wenn eine mit verschmutztem Wasser angefüllte Flasche unter einem tropfenden Wasserhahn steht, dann wird das stetige Tropfen schließlich dazu führen, daß sich nur noch sauberes Wasser in der Flasche vorfindet. Der Schlüssel ist Repetition. Eine falsche Überzeugung – von diesem Mann auch als falsch erkannt – wurde ersetzt durch ständige Repetition des Gedankens an Wohlstand – an frei und im Überfluß zirkulierendem Reichtum.

Am Anfang war es für ihn nichts anderes, als eine rein intellektuelle Feststellung, bei der Emotion, Gefühl noch keine Rolle spielte; je mehr er jedoch wiederholte: „Geld zirkuliert immer in meinem Leben und es ist immer ein Überschuß vorhanden", und das mit dem festen Willen, es auch zu glauben, desto mehr wurde diese Bejahung zu einer Überzeugung, und schließlich kam der Augenblick, da auch der letzte Widerstand beseitigt war – so, wie der ständige Tropfen klaren Wassers am Ende den letzten Rest schmutzigen Wassers aus der Flasche fortgespült hatte.

Wenn ein Gebet kein wirkliches Gebet mehr ist

Eine Frau schrieb mir kürzlich, daß sie am 15. des kommenden Monats 6000 Dollar aufzubringen hätte, um eine fällige Zahlung auf ihre Hypothek leisten zu können, anderenfalls würde sie ihr Haus verlieren. Sie fügte hinzu, daß sie verzweifelt gebetet habe, bislang jedoch ohne den geringsten Erfolg. Alle in Frage kommenden Quellen resp. Kanäle hätten negativ reagiert.

Diese Frau war besorgt, angespannt und voller Furcht. Ich machte ihr klar, daß eine solche Geisteshaltung nur noch mehr Verluste, Mangel, Begrenzungen und Hindernisse aller Art nach sich zieht. Hiob sagte: *„Denn was ich gefürchtet habe, ist über mich gekommen."* (Hiob 3:25) Die Bibel gibt die Antwort auf Furcht und Besorgnis auf ganz einfache Art, wenn sie sagt: *„... In Stillehalten und Vertrauen besteht eure Stärke."* (Jesaja 30:15)

Ich wies sie an, die folgenden großen Wahrheiten zu kontemplieren – Wahrheiten, die ihr zwar vertraut waren, mit denen sie sich jedoch bislang nicht zu identifizieren vermochte. Nunmehr begann sie damit, sie in ihrer ganzen Bedeutung zu erfassen. Sie bejahte jetzt, wissend und fühlend:

... Aber mit Gott sind alle Dinge möglich. (Matth. 19:26)

... Ehe sie rufen, werde ich antworten; und während sie noch sprechen, werde ich hören. (Jesaja 65:24)

... Euch geschehe nach eurem Glauben. (Matth. 9:29)

... Wenn du glauben könntest, alle Dinge sind möglich dem, der glaubt. (Markus 9:23)

Er ruft mich an, und ich erhöre ihn; ich bin bei ihm in der Not, reiße ihn heraus und bringe ihn zu Ehren. (Psalm 91:15)

Ich hebe meine Augen auf zu den Bergen, von wo mir Hilfe kommt. (Psalm 121:1)

Alle Dinge sind bereit, wenn das Gemüt es ebenfalls ist (Shakespeare)
*Der Herr ist mein Licht und mein Heil; vor wem sollte ich mich fürch-
ten?* (Psalm 27:1)

Sie gab jeden Gedanken an die benötigte Summe und den Fälligkeits-
termin auf. Statt dessen wiederholte sie diese großen Wahrheiten. Sie
wußte jetzt: Wenn ihr Gemüt ruhig und friedvoll ist, dann kommt die
Lösung. Sie hielt sich auf das Unendlich eingestimmt, weil sie einsah, daß
Gott für alle ihre Nöte sorgen würde – daß er ihre unmittelbare und
dauernde Versorgung und Hilfe ist.

Eine einfache Wahrheit hob ich besonders hervor: Wenn unser Gemüt
ruhig und friedvoll ist, und „göttlichen Gleichmut" offenbart, dann
kommt die Antwort – die Lösung mit unfehlbarer Sicherheit. Göttlicher
Gleichmut bedeutet das sichere Gefühl zu haben, daß alles in Ordnung ist
– daß unser Gebet niemals versagen kann. So, wie es uns nicht in den Sinn
kommen würde, an der Tatsache zu zweifeln, daß an jedem Morgen die
Sonne aufgeht. Natürlich wissen wir nicht, auf welche Weise die Antwort
kommen wird, aber das braucht uns auch nicht zu kümmern, weil wir
wissen, daß alles, was geschieht gut und sehr gut ist.

Diese Frau nun erreichte ein Gefühl des Friedens im Gemüt durch
Kontemplation der großen Wahrheiten, die sich niemals verändern. Nach
Ablauf einer Woche traf sie beim Einkauf in einem Drugstore auf einen
alten Schulfreund, den sie seit Jahren nicht mehr gesehen hatte. Er war
Witwer und sie Witwe. Er machte ihr einen Heiratsantrag, sie nahm ihn
an und er kümmerte sich um die Hypothek. Sie hatte nichts verloren –
nicht das Geringste; sie hatte gewonnen. Ihr Unterbewußtsein hatte das
ihm aufgeprägte bei weitem vervielfältigt und verstärkt.

Furcht und Sorge ziehen Verlust an. Glauben und Vertrauen in die
geistigen Gesetze hingegen ziehen alle Segnungen in Ihr Leben. Sollten
Sie jemals eine bestimmte Geldsumme zu einem bestimmten Zeitpunkt
benötigen, dann seien Sie sich bitte im klaren darüber, daß um Geld und
Banktermin kreisende Gedanken üblicherweise Anspannung, Besorgnis
und Furcht mit sich bringen und damit nur noch mehr Ungemach verursachen. Weitere Verluste sind die unausweichliche Folge! Gehen Sie statt
dessen zurück zur Quelle aller Segnungen. Identifizieren Sie sich mit dem
Unendlichen und beanspruchen Sie Frieden, Führung, Harmonie, rechtes

Handeln und Überfluß. Halten Sie diesen Kontakt aufrecht, dann wird der Tag anbrechen und alle Schatten werden fliehen.

Sie hatte absolutes Vertrauen in das Zustandekommen des Vertrags

Eine Schauspielerin erzählte mir, daß sie einen unerschütterlichen Glauben an das Zustandekommen eines bestimmten Vertrages gehabt habe, zumal da sie fernmündlich aufgefordert worden war, zur Unterzeichnung nach New York zu kommen. Dort mußte sie jedoch feststellen, daß der Produzent, der ihr das Angebot gemacht hatte, in der Nacht zuvor gestorben war. Etwas enttäuscht und deprimiert war sie daraufhin nach Los Angeles zurückgekehrt.

Ich erklärte ihr, daß das einzige, in das sie absolutes Vertrauen setzen könne, die Tatsache sei, daß Gott immer Gott ist, und die Gesetze des Universums immer die gleichen sind – gestern, heute und in Ewigkeit. Diese Gesetze sind absolut verläßlich, denn Gott und seine Gesetze sind konstant und unveränderlich. Ich erklärte ihr weiterhin, daß schließlich nicht sie es ist, die das Universum kontrolliert. Daher habe sie auch keine Macht über das Leben anderer Menschen. Wenn also für ihren Vertragspartner der Zeitpunkt des Überwechselns in die nächste Lebensdimension gekommen war, so sei das nicht ihre Angelegenheit. Eines hingegen sei immer sicher: Gott ist Gott – allmächtig, ewig, unveränderlich und zeitlos.

Tele-PSI in Aktion

Daraufhin änderte sie ihre Geisteshaltung. Es wurde ihr klar, daß ihr Unterbewußtsein über Mittel und Wege verfügte, ihre Wünsche zu realisieren – Wege, die bei weitem über dem Fassungsvermögen ihrer fünf Sinne lagen. Sie brachte ihr Gemüt zur Ruhe und bejahte:
Ich weiß, daß die unendliche Intelligenz in meinem Unterbewußtsein über alle Möglichkeiten verfügt, mir einen Vertrag zu verschaffen – Möglichkeiten, die meinem Intellekt nicht zugänglich sind. Ich er-

kenne diese transzendentale Weisheit und akzeptiere jetzt einen Vertrag, ähnlich oder besser, als der vorher angebotene. Die Weisheit meines tieferen Bewußtseins wird nur das Beste für mich hervorbringen.

Innerhalb weniger Wochen erhielt sie daraufhin einen wesentlich besseren Vertrag, als der, den sie in New York unterzeichnen sollte. Sollte Ihnen jemals etwas Ähnliches widerfahren, dann freuen Sie sich und seien Sie dankbar, weil die unendliche Intelligenz in Ihrem Innern etwas viel Besseres für Sie bereithält und es in Ihr Leben bringen wird, auf Wegen, von denen Sie noch nichts wissen.

Tele-PSI lehrt Sie, Ihr Vertrauen richtig einzusetzen

Eine brilliante Geschäftsfrau, Aufsichtsratsvorsitzende eines großen Unternehmens, war absolut sicher, einen bestimmten Mann zu heiraten. Alles war bereits arrangiert – die Trauungszeremonie vorbereitet, die Gäste eingeladen, das Bankett bereits bezahlt; wenige Minuten vor der Trauung jedoch erlitt der Bräutigam einen Herzanfall und starb.

Sie fragte: „Warum hat Gott mir das angetan?" Selbstverständlich war Gott nicht „verantwortlich" für das Ableben dieses Mannes. Wie wir alle, so hatte auch dieser Mann während seines Lebens die Möglichkeit zu wählen und sein Leben auf seine Weise zu gestalten. Wie sich herausstellte, war er Alkoholiker gewesen (was seine Verlobte nicht gewußt hatte) und schon mehrmals wegen Herzanfällen stationär behandelt worden. Alles das hatte er ihr verschwiegen.

Ich wies sie darauf hin, daß sie es nicht ist, die über das Leben dieses Mannes zu entscheiden hat und somit auch nicht bestimmt, zu welchem Zeitpunkt er in die nächste Dimension überwechseln wird. Ich sagte ihr, sie solle froh sein, daß die Weisheit ihres Unterbewußtseins, die immer bestrebt ist, sie zu beschützen, zu heilen und zu führen, sie davor bewahrt hat, sich auf eine Heirat einzulassen, die mit Sicherheit unglücklich verlaufen wäre.

Gleichzeitig lernte sie eine einfache Wahrheit: Wir können uns keiner Sache in diesem Universum absolut sicher sein, außer der einen, daß Gott

Gott ist, und die Gesetze des Universums konstant und unveränderlich sind. Wer von uns wollte mit unfehlbarer Sicherheit behaupten, morgen in San Francisco anzukommen? Vielleicht gibt es Nebel und alle Flüge werden annulliert. Wie können wir absolut sicher sein, daß unser Pferd das Rennen gewinnt? Vielleicht bekommt es einen Herzanfall. Wer wollte wirklich sicher sein, ein bestimmtes Mädchen zu heiraten? Vielleicht läuft sie mit einam anderen Mann davon. Besitzen wir die Kontrolle über andere Menschen oder die Welt? In einer alten Hymne heißt es:

Wechsel und Verfall, wohin ich blicke.
O Du Unveränderlicher verbleibe mit mir.

Vergegenwärtigen Sie sich allezeit, daß die Weisheit Ihres Unterbewußtseins über Mittel und Wege verfügt, um eine Antwort auf Ihr Gebet hervorzubringen – Mittel und Wege, die Ihrem wachbewußten Verstand nicht bekannt sind und von diesem nicht einmal erfaßt werden können.

Diese Frau, von der die Rede war, hatte niemals auf die richtige Weise um einen Ehemann gebetet. Sie hatte diesen Mann in einer Bar kennengelernt, und die Romanze zusammen mit allen Lügen und Täuschungen nahm von dort ihren Ausgang. Bei einem solchen Gebet darf man nicht an einen bestimmten Mann denken. Man heiratet Charakter. Sie erhalten nicht das, was Sie wollen, auf der Welt, sondern das, was Sie sind, und Sie sind das, was sie kontemplieren.

Um sich also den richtigen Partner heranzuziehen, muß man zunächst die Qualitäten, die man in einem Menschen bewundert, seinem Unterbewußtsein eingeben, indem man mit Interesse über diese Charakteristiken nachsinnt. Ich wies sie an, das folgende Gebet abends und morgens anzuwenden:

Ich weiß, daß ich jetzt eins mit Gott bin. In ihm lebe ich, in ihm bewege ich mich und in ihm habe ich mein Sein. Gott ist Leben; dieses Leben ist das Leben aller Männer und Frauen. Wir alle sind Söhne und Töchter des einen Vaters.

Ich weiß und ich bin überzeugt, daß es einen Mann gibt, der darauf wartet, mich zu lieben und für mich zu sorgen. Ich weiß, daß ich zu seinem Glück und Wohlergehen beitragen kann. Er liebt meine Ideale und ich liebe seine. Weder beabsichtigt er, mich zu verändern, noch ich ihn. Es gibt nur gegenseitige Liebe, Freiheit und Achtung.

Es gibt nur ein Gemüt, in diesem Bewußtsein kenne ich ihn bereits. Ich vereinige mich jetzt mit den Vorzügen und Eigenschaften, die ich verehre und durch meinen Partner zum Ausdruck gebracht sehen möchte. Ich bin eins mit ihnen im Geist. Im göttlichen Gemüt kennen und lieben wir uns bereits. Ich sehe den Gott in ihm; er sieht den Gott in mir. Da ich ihm im Innern bereits begegnet bin, muß ich ihm auch im Äußeren begegnen, denn das ist das Gesetz des Geistes, meines Geistes.

Diese Worte gehen von mir aus und vollbringen das, wofür sie ausgesandt wurden. Ich weiß: Es ist jetzt getan, erreicht und vollendet in Gott. Danke, Vater.

Diese Worte sanken nach und nach in ihr Unterbewußtsein, und die Weisheit ihres tieferen Bewußtseins brachte ihr einen jungen Zahnarzt, der in jeder Weise mit ihr harmonierte. Sie hatte gelernt, den Gesetzen ihres Geistes zu vertrauen, – Gesetzen, die niemals versagen. Sie war sich auch des Zeitpunkts bewußt, an dem der Gebetinhalt ihr Unterbewußtsein erreicht hatte. Sie hatte nämlich plötzlich kein Bedürfnis mehr, um einen Ehemann zu beten. Sie war mit einem Mal von einer Überzeugung durchdrungen, und das wiederum verursachte die augenblickliche Antwort.

Wie man durch Tele-PSI mit allen möglichen Rückschlägen fertig wird

Nehmen wir einmal an, Sie haben eine wichtige Verabredung in Houston, Dallas oder Boston und Sie verspäten sich wegen Nebel, Krankheit oder aus irgendeinem anderen Grund. Sie könnten jetzt sagen, daß Sie für ein zufriedenstellendes Interview in göttlicher Ordnung gebetet haben. Sie waren sich bewußt, daß göttliche Ordnung vorherrschen würde – deshalb entspannen Sie sich, lassen Sie los; wenden Sie sich an die unendliche Intelligenz Ihres Unterbewußtseins und machen Sie sich klar, daß die innere Weisheit bessere Wege kennt, dieses Interview zustande zu bringen – oder diesen Vertrag, oder was auch immer. Bewahren Sie Haltung, bleiben Sie ruhig, denken Sie daran, daß göttliches rechtes Handeln vorherrscht. Machen Sie sich bewußt, daß Ihr wachbewußter Verstand nicht wissen kann, auf welche Weise sich göttliches rechtes Handeln verwirklichen wird. ... *In Stillehalten und Vertrauen besteht eure Stärke.* (Jes. 30:15)

Seien Sie sich bewußt, daß Gott immer Gott ist, und wenn Sie bejahen und glauben, daß Gott in Ihrem Leben tätig ist, dann wird alles, was geschieht, gut sein – gut und sehr gut. Das ist das Gebet, das niemals versagt.

ZUSAMMENFASSUNG

1. Glauben ist eine Art des Denkens. Es ist eine Geisteshaltung. Vertrauen in die Gesetze des Geistes haben Sie, wenn Sie wissen, daß alles, was Ihrem Unterbewußtsein aufgeprägt wird, sich als Erfahrung und Begebenheit in Ihrem Leben zeigt. Jeder emotionalisierte und als wahr empfundene Gedanke – egal, ob gut oder böse – wird von Ihrem Unterbewußtsein angenommen und verwirklicht.
2. Ein Farmer hat volles Vertrauen in die Gesetze der Landwirtschaft. Der Kapitän eines Schiffes vertraut auf die Gesetze der Navigation. Beide machen Gebrauch von Prinzipien, die schon existierten, als noch kein Mensch diese Erde bevölkerte. Ebenso können Sie mit den Gesetzen Ihres Geistes vertraut werden und Ihr gesamtes Leben verändern. Denken Sie Gutes, und Gutes wird folgen; denken Sie Verlust und Begrenzung, und Misere wird die Folge sein.
3. Uns geschieht genau nach unserem Glauben. Aus diesem Grunde sagte Dr. Quimby 1847: „Der Mensch ist zum Ausdruck gebrachte Überzeugung." Glaube ist ein Gedanke in Ihrem Gemüt. Es bedeutet, etwas als wahr zu akzeptieren. Es bedeutet, den Wahrheiten des Lebens gegenüber lebendig zu sein – sein Gemüt mit den ewigen Wahrheiten zu durchdringen und damit sein ganzes Leben zu verändern.
4. Gott macht keinen Unterschied der Person, und er bevorzugt niemanden. Die Behauptung, Gott erhöre nur die Gebete von Angehörigen eines bestimmten Glaubensbekenntnisses oder er reagiere nur auf

dogmatisch geprägtes Verhalten, ist kindisch alberne Sentimentalität. Gott ist die universelle Macht und Weisheit – allen Menschen verfügbar, gemäß ihrem Glauben und ihrer mentalen Annahmebereitschaft.

5. Viele Menschen neigen dazu, das Bejahte unbewußt wieder zu verneinen. Ein Mann kann, zum Beispiel, äußerlich bejahen, Gott sei die Quelle seiner Versorgung, und dabei unterbewußt an Mangel glauben. Diesen Mangelglauben muß er ändern und statt dessen Gottes Reichtümer und das Gesetz des Überflusses kontemplieren, dann wird sein Unterbewußtsein auf die neue wachbewußte Überzeugung reagieren.

6. Wenn Sie die Tatsache erfaßt und begriffen haben, daß Wohlstand eine gedankliche Vorstellung in Ihrem Gemüt ist und Sie die Wahrheit ständig wiederholen, daß Gottes Reichtümer in Ihrem Leben ständig zirkulieren, werden Sie damit jeden unterbewußten Armutsgedanken auslöschen und durch Wohlstandsimpressionen ersetzen, und die Resultate werden nicht auf sich warten lassen. Dieser Vorgang ist vergleichbar mit dem Einfüllen von klarem Wasser in eine Flasche, die mit verschmutztem Wasser angefüllt ist. Der Moment ist absehbar, da die Flasche nur noch klares Wasser enthalten wird.

7. Sollten Sie eine bestimmte Summe Geldes zu einem bestimmten Termin benötigen, dann vergessen Sie bitte sowohl die Summe als auch den Termin, da Gedanken, die um nicht vorhandenes Geld und Fälligkeitstermine kreisen, naturgemäß Anspannung, Besorgnis und Furcht mit sich bringen. Das wiederum bewirkt Verzögerungen, Hindernisse, Schwierigkeiten und weitere Sorgen. Kontemplieren Sie statt dessen einige der großen Wahrheiten aus den Psalmen oder anderen Teilen der Bibel, um Ihr Gemüt ruhigzustellen. Kontemplieren Sie Gott als die Quelle Ihrer unmittelbaren und immerwährenden Versorgung, die jetzt Ihren gesamten Bedarf reichlich deckt und das in alle Ewigkeit tun wird. Wenn Sie „göttlichen Gleichmut" beweisen, wird Ihr Gebet immer beantwortet werden – auf Wegen, *von denen Sie nichts wissen.*

8. Ewiger Wechsel ist die Wurzel aller Dinge. Gott hingegen verändert sich nie. Absolutes Vertrauen können Sie nur in die Tatsache setzen, daß Gott immer Gott ist, gestern, heute und in alle Ewigkeit. Wenn

Sie sagen würden, Sie hätten absolutes Vertrauen, daß Sie morgen einen Vertrag mit John Jones unterzeichnen würden, dann gibt es vielerlei Möglichkeiten, die das verhindern könnten. Vertrauen Sie der unendlichen Kraft Ihres Unterbewußtseins, Ihren Wunsch in einem solchen Fall auf andere Weise zustande zu bringen, dann wird das geschehen.

9. Geben Sie den Gedanken auf, über irgend etwas Kontrolle auszuüben. Sie kontrollieren weder die Elemente, noch bestimmen Sie die Lebensdauer oder das Schicksal anderer. Setzen Sie Ihr Vertrauen in die Gottesgegenwart in Ihrem Innern, in dem Bewußtsein, daß Gott in Ihrem Leben tätig ist, und ausschließlich göttliches rechtes Handeln vorherrscht; dann wird, was immer geschehen mag, gut sein – gut und sehr gut. Sie können absolutes Vertrauen in Gottes Güte und Liebe haben. Wenn Sie diese Wahrheit akzeptieren, werden Wunder in Ihrem Leben geschehen.

10. Wenn Sie um einen Ehepartner beten, dann dürfen Sie dabei niemals an einen bestimmten Menschen denken. In anderen Worten: Machen Sie niemals den Versuch, das Bewußtsein eines anderen Menschen zu manipulieren. Der künftige Ehepartner ist zunächst ein Gedanke im Bewußtsein, ausgestattet mit den erwünschten Eigenschaften. Man heiratet sozusagen einen Charakter. Durch intensives Nachsinnen über die Charakteristiken und Qualitäten, die Sie in Ihrem künftigen Ehepartner zu finden wünschen, werden die tieferen Ströme Ihres Bewußtseins veranlaßt, Sie beide in göttlicher Ordnung zusammenbringen.

11. Bejahen Sie, daß Gott in Ihrem Leben tätig ist, glauben Sie, daß alles Gott in Aktion ist, dann wird alles, was geschieht, gut und sehr gut sein. Ein solches Gebet versagt niemals.

KAPITEL 8

Wie man sich den mystischen Quellen von Tele-PSI nähert

Denn meine Gedanken sind nicht eure Gedanken, und eure Wege sind nicht meine Wege, spricht der Herr, (Ihr Unterbewußtsein), *sondern so hoch der Himmel über der Erde ist, soviel sind meine Wege höher als eure Wege und meine Gedanken höher als eure Gedanken.* (Jesaja 55:8-9)

Während ich dieses Kapitel schrieb, erhielt ich einen Anruf von einer Frau aus New York. Sie hatte mein Buch *ASW – Ihre außersinnliche Kraft** gelesen und die darin enthaltene Meditation zur Entwicklung der inneren Kräfte mit geradezu wunderbaren Ergebnissen angewandt. Sie erzählte mir, daß sie in der Nacht zuvor fest geschlafen habe. Plötzlich sei ihr seit langem verstorbener Mann erschienen und habe ihr bedeutet, sofort den Gashahn zu schließen, ihr Sohn sei im Begriff, zu ersticken. Sie erwachte und bemerkte in der Tat einen sehr starken Gasgeruch. Sie weckte ihren Sohn auf und öffnete alle Fenster. Ihr blitzschnelles Handeln hatte ohne Zweifel ihrer beider Leben gerettet.

Sie hatte es sich zur Gewohnheit gemacht, jeden Abend vor dem Einschlafen den 91. Psalm, den großen Psalm des Schutzes, zu lesen. Demzufolge dramatisierte ihr Unterbewußtsein ein Bild ihres verstorbenen Mannes, in der Erkenntnis, daß sie dieser Warnung die gebührende Beachtung geben, und diese innere Vision keineswegs als gewöhnlichen Traum oder Hirngespinste abtun würde. Die Wege und Möglichkeiten des Unterbewußtseins sind in der Tat jenseits unseres Fassungsvermögens.

---

* Dr. Joseph Murphy: ASW – Ihre außersinnliche Kraft. Verlag „Das Besondere", Seeshaupt.

Sie bestand darauf, daß es sich um ihren „toten" Mann gehandelt hatte, bei der Traumerscheinung, aber es gibt nichts im Universum, das wirklich stirbt. Eine Blume, die einmal blüht, blüht ewig. Wir befinden uns in ständigem Kontakt mit allen Wesen, die je gelebt haben oder jetzt leben, denn es gibt nur ein universelles Gemüt, das jedem Individuum zugänglich ist. Obgleich Sie die Antwort *durch* eine andere Person erhalten können, ist es doch die Weisheit des Unterbewußtseins, aus der die Antwort hervorgeht.

Wir alle sind eingetaucht in das eine universelle Gemüt. Ich glaube, unser großer Fehler ist es, anzunehmen, wir seien „im Körper". Ihr Körper, mit dem sich Ihr Geist bekleidet hat, ist eine Idee – Sie werden immer über einen Körper verfügen, bis in alle Ewigkeit. Sie können sich selbst nicht ohne Körper vorstellen. Es ist in der Tat unmöglich. Das gibt Ihnen einen Begriff, daß Sie auch in der nächsten Lebensdimension mit einem Körper versehen sein werden. Er wird lediglich auf einer höheren Frequenz oszillieren.

Weshalb ihr Gebet die Dinge verschlimmerte

Eine Frau, die wegen eines Rechtsstreits, mit dem sie konfrontiert war, gebetet hatte, mußte feststellen, daß sich die Angelegenheit eher zu ihrem Nachteil zu entwickeln schien. Sie hatte genau das getan, was unter allen Umständen vermieden werden muß. Sie hatte den ganzen Verdruß und alle Besorgnis zum Mittelpunkt ihrer Aufmerksamkeit gemacht, und damit nur noch mehr Widrigkeiten erfahren als vorher. Sie hatte in bester Absicht gehandelt, aber tatsächlich „um weitere Schwierigkeiten gebetet". Sie hatte Lehrgeld zahlen müssen, um zu begreifen, daß alles, auf das wir unsere Aufmerksamkeit richten, von unserem Gemüt verstärkt wird.

Nach unserem Gespräch hatte sie eine andere Einstellung, und sie bejahte das Folgende:

Ich bin nicht allein. Gott wohnt in mir, und seine Weisheit bringt eine göttliche Lösung zustande, auf Wegen, die mir nicht bekannt sind. Ich lasse jetzt los und lasse die Weisheit des Unendlichen die Lösung herbeiführen.

106

Diese bejahende Gemütshaltung hielt sie aufrecht. Jedesmal, wenn ihr irgendwelche Furchtgedanken in den Sinn kamen, bejahte sie sofort: „Es gibt eine göttliche Lösung. Es ist Gott in Aktion."

Nach einigen Tagen hatten ihre Furchtgedanken alle Wirkung verloren und sie erfuhr ein wunderbares Gefühl des Friedens. Kurz darauf erhielt sie die Nachricht, daß die Verwandte, die den Prozeß gegen sie angestrengt – es hatte sich um eine Testamentsanfechtung gehandelt – und vorsätzlich eine Falschaussage gemacht hatte, ganz plötzlich ihre Klage zurückgezogen hatte. Ein paar Tage später war sie im Schlaf in die andere Dimension hinübergewechselt.

Ihr wachbewußter Verstand ist nicht imstande, zu ergründen, auf welche Weise Ihr Gebet beantwortet wird, da die Wirkungsweise Ihres tieferen Bewußtseins die des Intellekts bei weitem übertrifft. Ihr Unterbewußtsein präsentiert die Lösung auf seine ureigenste Weise.

Die Antwort kam auf seltsame Weise

Ein mir bekannter Immobilienmakler war an einem Objekt in einem anderen Staat der USA interessiert. Die Transaktion war mit einer beträchtlichen Investition verbunden. Jeden Abend vor dem Einschlafen betete er um göttliche Führung und rechtes Handeln bei allen seinen Unternehmungen. Nach einer Geländebesichtigung hatte er in der darauffolgenden Nacht einen sehr lebhaften Traum: Es erschien das Hexagramm 33 = Rückzug aus „Die Geheimnisse des I Ging", das besagt: „Jetzt ist nicht die Zeit vorzugehen."

Er folgte dem Rat, und die nachfolgenden Ereignisse rechtfertigten seine Entscheidung. In dieses Geschäft waren Mitglieder der Unterwelt verwickelt. Der Grund, weshalb sein Unterbewußtsein ihn mit dem Hexagramm „Rückzug" konfrontierte, lag zweifellos in der Tatsache, daß er das Buch „Die Geheimnisse des I Ging" studiert hatte – ein Buch, in dem ich die biblischen und psychologischen Bedeutungen der 64 Hexagramme des I Ging, oder des Buches der Wandlungen (übersetzt von Wilhelm Baynes mit Vorwort von C. G. Jung) erläutere. Ich war bestrebt, die Bedeutung der Hexagramme in unserer modernen Alltagssprache zu er-

klären. Ganz offensichtlich hatte sich das Unterbewußtsein dieses Immo-
bilienmaklers entschlossen, ihm seine Botschaft auf eine Weise zu übermitteln, die er sofort begreifen und ernst nehmen würde.

Auf ihr Gebet erhielt sie eine seltsame Antwort

An einem Sonntag, nach meinem Vortrag im Wilshire Ebell Theatre in
Los Angeles, wo ich seit mehr als 22 Jahren gesprochen habe, kam eine
junge Dame zu mir und erzählte mir eine interessante Begebenheit. Sie
hatte Psychologie und Religionswissenschaft studiert und sagte, sie habe
um Führung gebeten, weil sie sich klar werden wollte, ob sie die geistigen
und spirituellen Gesetze lehren sollte – außerhalb irgendwelcher kirchli-
chen Institutionen. Sie berichtete mir, daß sie daraufhin einen außerordentlich interessanten Traum gehabt habe. Ich sei ihr im Traum erschienen und habe auf das Hexagramm Nummer 30 im *Geheimnis des I Ging*
gewiesen, Li/das Anhängende, Feuer genannt.

Klar und deutlich hatte sie im Traum alles gelesen, was in dem Hexagramm unter „Abbild" zu lesen war: *Und das Licht Israels wird zum
Feuer werden* . . . (Jesaja 10:17) „Feuer" steht in der Bibel und im I Ging
für „Erleuchtung" oder die höchste Intelligenz Ihres Unterbewußtseins,
die Ihnen alles Wissenswerte enthüllt und Sie befähigt, dieses Licht auch
auf andere zu richten.

Nach dem Erwachen schlug sie sofort das Hexagramm nach und stellte
fest, daß die Worte mit dem im Traum Gesehenen identisch waren. Sie
bemerkte: „Die Antwort ist richtig, deshalb werde ich genau das tun."
Sie wußte, daß sich ihr Unterbewußtsein oftmals in Symbolen artikuliert,
wobei „Wasser" ein Symbol für „Unterbewußtsein" ist und „Feuer" für
„Unendliche Intelligenz oder Passion".

Meine Erscheinung in ihrem Traum symbolisierte die Wahrheit für sie,
und sie ist jetzt mit ihrem neuen Studium sehr glücklich. Da sie mit dem I
Ging vertraut war, hatte der ganze Traum für sie eine besondere Bedeutung und war in jeder Weise zufriedenstellend.

Das Gebet ist für ihn Gewohnheit

Auf Hawaii diskutierte ich einmal das Thema Gebet mit einem chinesischen Studenten, der mir sagte, daß seine Gebetstechnik auf einer Art spiritueller Partnerschaft basiert. Er hat es sich zur Gewohnheit gemacht, regelmäßig Zwiesprache mit seinem höheren Selbst zu halten; es sind, wie er es nennt, regelrechte Kolloquien und Diskurse zwischen seinem wachbewußten Verstand und der Gottesgegenwart in seinem Innern. Er spricht sein höheres Selbst etwa so an:

Vater, Du bist all-weise. Enthülle mir die Antwort, führe mich in meinen Studien, sage mir, was ich tun muß, mache mir meine Talente bewußt und gib mir Weisheit und ein verständiges Herz.

Zu zeiten hat er daraufhin vollständige Vorausvisionen sämtlicher Fragen, die in einer bevorstehenden Prüfung auftauchen werden und nicht die geringsten Probleme mit seinen Studien. Einmal hatte er eine innere Stimme gehört, die ihn angewiesen hatte, das *I Ging, oder Buch der Wandlungen* zu studieren. Und das war ihm, wie er bekannte, eine unschätzbare Hilfe bei der Selbsterforschung.

Eine sehr reiche Frau, die auf einer der Inseln lebte, bat ihn einmal, das *I Ging* für ihn zu lesen. Sie wollte wissen: „Ist es ratsam für mich, einen chirurgischen Eingriff vornehmen zu lassen, wie mir geraten wurde?" Sie erhielt darauf Hexagramm 30, das Anhängende/Feuer. Dort hieß es: „Die Kuh versorgen bringt großes Glück."

Er erklärte ihr die Bedeutung der „Kuh" als chinesisches Symbol. Kühe sind empfindliche Geschöpfe, die liebevolle Betreuung benötigen, und es heißt da: „Großes Glück erwächst aus der Betreuung der Kuh (des Unterbewußtseins). Wie er mir sagte, war diese Frau voller Ressentiments, unterdrücktem Zorn und Feindseligkeit. Auf diesen Umstand aufmerksam geworden, stellte sie sich eine Liste aller Menschen zusammen, die sich ihren Haß zugezogen hatten oder denen sie etwas übelnahm, und sie fing damit an, Segnungen, Liebe und guten Willen auf diesen Personenkreis auszustrahlen. Auch sich selbst vergab sie den Fehler, solcherart destruktive Gedanken und Emotionen beherbergt zu haben. Sie fütterte ihr Unterbewußtsein mit lebengebenden Denkmustern (sie versorgte die Kuh) und erfuhr daraufhin eine bemerkenswerte Heilung. Dem chinesischen Studenten machte sie aus Dankbarkeit ein Geschenk von 5000 Dollar als Studienbeihilfe. Für ihn ein erneuter Beweis für seine Erkenntnis, daß die Herrlichkeit des Unendlichen in seinem Innern auf spiritueller Partnerschaft beruht.

Kein menschlicher Charakter entwickelt sich aus dem Stegreif. Durch Kontemplation der ewigen Wahrheiten hingegen werden wir zu dem, was wir kontemplieren, in Gedanken, Worten, Taten und in allen Phasen unseres Lebens.

Auch Ihr Herzenswunsch ist ein Gebet

Wenn Sie krank sind, wünschen Sie sich Gesundheit; sind Sie arm, wünschen Sie Reichtum; sind Sie hungrig, wünschen Sie sich Nahrung; sind Sie durstig, dann wünschen Sie sich Wasser, um Ihren Durst löschen zu können. Wenn Sie sich im Wald verirrt haben, dann wünschen Sie, den Weg ins Freie zu kennen. Ebenso wünschen Sie sich Selbstausdruck und Ihren wahren Platz im Leben. Ihr Wunsch ist der Antrieb des Lebens in Ihrem Innern, das Sie auf eine Lücke in Ihrem Leben hinweist, die es auszufüllen gibt. Wenn Sie ein Erfinder sein sollten, dann wünschen Sie sich Ihre Erfindung patentiert und als fertiges Produkt auf dem Markt. Sie wünschen sich, geliebt, erwünscht, gebraucht zu werden und der Menschheit nützlich zu sein.

Der Wunsch ist die Ursache aller Gefühle und Handlungen. Es ist das Lebensprinzip, das sich durch Sie auf einer höheren Ebene ausdrücken will. Der Wunsch ist das Bestreben des Lebensprinzips, sich in einer Form zu manifestieren, die bislang nur als Gedankenvorstellung in Ihrem Gemüt bestanden hatte. Der Wunsch ist die treibende Kraft hinter allen Dingen; er ist das bewegende Prinzip des Universums.

Bedenken Sie: Ihr Wunsch trägt seine Erfüllung in sich – er steht zu seiner Erfüllung in Wechselbeziehung. Wunsch und Erfüllung können in gewisser Weise in Beziehung gesetzt werden mit dem Gesetz von Ursache und Wirkung. Die Bibel sagt: *Selig sind, die hungern und dürsten nach der Gerechtigkeit; denn sie werden gesättigt werden.* (Matth. 5:6) „Gerechtigkeit" steht in der Bibel für rechtes Denken, rechtes Handeln. Selig sind, die hungern und dürsten, recht zu tun, recht zu denken, recht zu handeln, recht zu sein und recht zu leben, nach der goldenen Regel und dem Gesetz der Liebe.

Sie machte sich zur Gangway und zum Kanal Gottes

Vor einigen Monaten erhielt ich einen Brief von einer englischen Schauspielerin, die seit mehreren Monaten ohne Beschäftigung war. Es hatte den Anschein, als seien alle Türen für sie mit einem Mal verschlossen. Ich schlug ihr vor, ein richtiges Verhältnis zu der unendlichen Gegenwart in ihrem Innern herzustellen, sich von der göttlichen Gegenwart durchströmen zu lassen, und sich dadurch von der Weisheit und Macht auf allen ihren Wegen führen zu lassen.

Sie befolgte meinen Vorschlag und sprach mit ihrem höheren Selbst unter Anwendung der folgenden Bejahungen:

Ich liefere mich der unendlichen Intelligenz in meinem Innern völlig aus, und ich bin mir bewußt, daß Gott mich durchströmt, als Harmonie, wahrer Selbstausdruck, Schönheit, rechtes Handeln und göttliche Aktivität. Ich weiß, daß alles, was ich dazu tun muß, aus williger Zusammenarbeit besteht. Deshalb mache ich mich zu einem offenen Kanal und lasse sein Leben, seine Liebe, seine Harmonie und seine schöpferischen Ideen durch mich hindurchfließen.

Schon kurze Zeit nachdem sie sich diese neue Einstellung zu eigen gemacht hatte, wurden ihr zwei Filmrollen angeboten: Eine in Frankreich und eine in Italien. Zur Zeit ist sie aktiv im Londoner Fernsehen. Alle Türen öffneten sich wieder für sie. Vorher hatte sie ihr Gutes blockiert, durch Gedanken der Furcht, Sorge und exzessiver Anspannung – etwa so, als wollte man beim Rasensprengen einen Fuß auf den Gartenschlauch stellen und damit den Fluß des Wassers blockieren. Der Begriff „Gebet" schließt auch das „In-sich-Hineinlauschen" mit ein, d. h. wir müssen die Wahrheit hören und erkennen, daß Gott uns mit einem bestimmten Talent auch den Plan zu dessen perfekter Entfaltung gegeben hat. Wir müssen nur ein offenes und empfängliches Herz beweisen und uns vom göttlichen Leben durchströmen lassen in dem Bewußtsein, daß es für Gott

111

ebenso leicht ist zu Harmonie, Gesundheit, Frieden, Überfluß, wahrem Ausdruck und Liebe in unserem Erfahrungsbereich, wie zu einem Grashalm oder einer Schneeflocke zu werden.

Wie sie durch Gebet von emotionalen Krämpfen geheilt wurde

Als ich dieses Kapitel schrieb, erhielt ich einen Anruf von einer Frau, direkt aus der Praxis eines Herzspezialisten. Wie sie mir sagte, habe der Befund aufgezeigt, daß ihr Herz völlig normal arbeitete – daß ihre gelegentlichen emotionalen Krämpfe deshalb allein auf emotionale Ursachen zurückgeführt werden müßten. Unvernünftigerweise schien sie von der Idee besessen zu sein, jemand praktiziere eine Art Schwarze Magie an ihr.

Auf meinen dringenden Rat hin kam sie später in meine Sprechstunde, und ich machte ihr klar, daß sie mit einer solchen Einstellung einem anderen Menschen Macht über sich zugesteht. Die einzige Macht jedoch ist der lebendige Geist in unserem Innern. Diese Macht ist Eine und unteilbar. Und es gibt absolut nichts, das sich dieser Allgegenwart und Allmacht entgegenstellen kann. Es waren im Grunde also nur ihre eigenen Furchtgedanken, die ihr zu schaffen machten.

Ich gab ihr den Rat, ihr Gemüt von den herrlichen Wahrheiten des 27. Psalms durchdringen zu lassen, bis sie imstande sei, die falschen Ideen abzulegen. Zu meiner großen Freude hatte sie in knapp einer Woche diese Krämpfe überwunden. Sie wandte das große Gesetz der Substitution an, indem sie die großen Wahrheiten des 27. Psalms wieder und wieder repetierte, solange, bis ihr Gemüt die Wahrheit erfaßt hatte und sie damit freisetzte.

Zu diesem Vorgang, eine einfache Illustration – auf die Gefahr hin, mich zu wiederholen: Wenn Sie einer Flasche verschmutzten Wassers tropfenweise reines, klares Wasser zuführen, dann wird immer irgendwann der Moment dasein, an dem Sie über eine Flasche klaren, reinen Wassers verfügen.

ZUSAMMENFASSUNG

1. Ihr Unterbewußtsein ist immer bestrebt, Sie zu allen Zeiten zu beschützen. Dazu ist es unerläßlich für Sie, auf seine Eingebung, Warnungen und sein Drängen zu hören. Die Antwort auf ein bestimmtes Problem kann oftmals in einem lebhaften Traum zu Ihnen kommen – einem Traum, der sich für Sie als sehr bedeutsam erweisen kann. Eine Frau schilderte ein Traumerlebnis, in dem ihr verstorbener Mann sie auf einen geöffneten Gashahn hingewiesen hatte. Hierbei hatte es sich um eine Dramatisation ihres Unterbewußtseins gehandelt, als Antwort auf ihr allabendliches Schutzgebet, den 91. Psalm.

2. Wenn Sie beten, dann machen Sie nicht alle Ihre Anspannungen und Schwierigkeiten zum Mittelpunkt Ihrer Aufmerksamkeit. Denken Sie statt dessen an die Lösung als vollendetem Zustand und machen Sie sich bewußt, daß die Weisheit Ihres Unterbewußtseins Ihnen die Lösung oder Antwort bringen wird, auf Wegen, die Ihnen nicht bekannt sind. Halten Sie unbedingt eine bejahende Gemütshaltung aufrecht. Sollten Furchtgedanken auftauchen, dann ersetzen Sie diese durch Vertrauen in Gott und alle guten Dinge.

3. Eine gute Gewohnheit ist es, regelmäßig um göttliche Führung und rechtes Handeln in allen Unternehmungen zu beten. Wenn Sie die Bibel studiert haben oder die *Geheimnisse des I Ging*, dann werden Sie feststellen, daß Ihr Unterbewußtsein Ihnen oftmals mit einer Phrase, einem Bibelzitat oder einem bestimmten Hexagramm antwortet, und diese Antwort wird dann die perfekte Antwort sein.

4. Einer Studentin wurde im Traum das 30. Hexagramm aus *Geheimnisse des I Ging* gezeigt, als Antwort auf ihre Frage: „Soll ich studieren, um ein geistliches Amt zu übernehmen?" Die in Verbindung mit dem Hexagramm erteilte Instruktion lautete: *Und das Licht Israels wird zum Feuer werden . . .* (Jes. 10:17) Feuer bedeutet in der Bibel und im *I Ging* Licht und Erleuchtung und die Befähigung dieses Licht auch anderen zuteil werden zu lassen. Inzwischen studiert sie die mentalen und spirituellen Gesetze und ist sehr glücklich.

5. Ein chinesischer Student hat es sich angewöhnt, gelegentliche – wie er es nennt – Kolloquien mit seinem höheren Selbst zu halten. Dabei

verfährt er recht einfach. Er bejaht: „Vater, du bist all-weise. Enthülle mir die Antwort, führe mich in meinen Studien und sage mir, was ich tun soll." Daraufhin werden ihm oftmals die Fragen, die für das nächste Examen vorgesehen sind, im Traum gezeigt. Auch erhält er Inspriation und Einblick in die symbolische Bedeutung des *I Ging*. Dadurch wurde er in die Lage versetzt, sein Einkommen beträchtlich zu verbessern.

6. Das Gebet ist der Ausdruck eines aufrichtigen Wunsches der Seele; der Wunsch wiederum ist die Ursache allen Fühlens und Handelns. Es ist das Bestreben des Lebensprinzips, sich auf höheren Ebenen durch Sie auszudrücken. Machen Sie sich bewußt, daß das Lebensprinzip in Ihrem Innern, das Ihnen den Wunsch eingegeben hat, Ihnen auch den vollkommenen Plan für seine Manifestation enthüllen wird, in göttlicher Ordnung.

7. Wenn Sie eine Arbeit suchen, dann ergeben Sie sich der Gottesgegenwart in Ihrem Innern und entschließen Sie sich, zu einem offenen und empfänglichen Kanal zu werden, durch den das Unendliche ungehindert strömen kann.

Sagen Sie sich: „Gott durchfließt mich als Harmonie, Schönheit, Liebe, Frieden, rechtes Handeln, wahrer Selbstausdruck und Überfluß. Ich weiß, daß es für Gott ebenso leicht ist, zu all diesen Dingen in meinem Leben zu werden, wie zu einem Grashalm oder zu einer Schneeflocke." Machen Sie sich das zur Gewohnheit und alle Türen werden sich für Sie öffnen. Nehmen Sie Ihren Fuß vom Gartenschlauch, und lassen Sie das Wasser ungehindert durchfließen.

8. Wenn Sie einer Flasche verschmutzten Wassers tropfenweise reines Wasser zuführen, dann wird der Moment kommen, an dem Sie über eine Flasche reinen, klaren Wassers verfügen. Ebenso verfahren Sie bei emotionalen Krämpfen der Furcht. Flößen Sie Ihrem Gemüt dann die großen Wahrheiten des 27. Psalms ein, und die Furchtgedanken werden neutralisiert und vernichtet und Ihr Gemüt wird von einem Gefühl des Friedens durchdrungen. Das ist das große Gesetz der Substitution.

KAPITEL 9

Tele-PSI als vierdimensionale Gebetsbeantwortung

Von jeher – durch alle Zeitalter hindurch – war der Mensch von seinen Träumen fasziniert und mystifiziert. Im Altertum hielt man sie für Botschaften von den Göttern und für Reisen der Seele zu weit entfernten Ländern. Wir wissen jedoch, daß die vierte Dimension des Lebens der Ort ist, zu dem Sie jede Nacht reisen, nachdem Sie sich zur Ruhe begeben haben.

Viele Gelehrte des 19. Jahrhunderts neigten zu der Ansicht, daß es sich bei Träumen lediglich um die Erfüllung unterdrückter Wünsche handele – um Wunscherfüllung, unterdrückte Sexualität und andere Komplexe. Die Professoren C. G. Jung und Siegmund Freud glaubten, daß allen Träumen eine innere Bedeutung zugrundeliegt und sie somit wichtige Hinweise vermittelten in bezug auf innere Wünsche und Frustrationen.

In vielen Diskussionen, in Interviews und nicht zuletzt in meiner Korrespondenz habe ich jedoch immer wieder festgestellt, daß Menschen aus den verschiedensten religiösen und kulturellen Bereichen zuweilen buchstäblich träumen und in diesen Träumen auch Antwort auf ihre akutesten Probleme erhalten.

Wie sie im Traum einen verlorenen Diamanten wiederfand

Kürzlich sprach ich mit einer Frau, die mir sagte: „Sie können sich gar nicht vorstellen, was für einen Schrecken ich bekam, als ich im Sprechzimmer meines Arztes nichtsahnend meine Handschuhe abstreifte und entdeckte, daß ich meinen fünfkarätigen Diamanten verloren hatte." Nach ihren Bekundungen hatte sie hektisch und verzweifelt überall nachgesucht, auf dem Straßenpflaster entlang des ganzen Weges, den sie mit ihrem Auto gefahren war, in ihrem Haus und Garten – es war ihr erschienen, als hätte sie nach der berühmten Stecknadel im Heuhaufen gesucht.

Nach meinen Anweisungen befolgte sie eine sehr einfache und altbewährte Technik: Sie stellte sich vor, ihren Ring am Finger zu tragen. Sie fühlte seine Kompaktheit, seine Greifbarkeit, seinen Druck. Sie stellte sich vor, wie sie ihn, wie gewohnt, am Abend ablegte und in ihrer Juwelenschatulle verschloß. Alles das war eine imaginäre Handlung. Ihr letzter Gedanke vor dem Einschlafen war ihr liebstes Gebet: „Danke, Vater", was für sie gleichbedeutend war mit der Wiederbeschaffung ihres Ringes. Sie wußte, daß nichts wirklich verloren ist im unendlichen Gemüt.

In der dritten Nacht sah sie im Traum klar und deutlich ihren vermißten Ring im Zimmer ihrer Hausangestellten, in Papier eingewickelt und in einem alten Schuh versteckt. Sie erwachte daraufhin ganz plötzlich, begab sich in das Zimmer des Hausmädchens und fand den Ring genau an dem Platz, der ihr im Traum gezeigt worden war. Das Mädchen gab vor, nichts von der ganzen Sache zu wissen und behauptete, sich nicht vorstellen zu können, auf welche Weise der Ring in ihren Schuh gelangt sein konnte. Später gestand sie jedoch ein, den Ring an sich genommen zu haben, zusammen mit 50 seltenen Münzen, die einen beträchtlichen Wert hatten.

Hier haben wir wieder einmal einen Beweis für die vermehrende Macht des Unterbewußtseins. Diese Frau erhielt die ersehnte Antwort und darüber hinaus mehr, als sie verlangt hatte.

Wie ihr Leben von einem Kind verändert wurde

Eine Lehrerin – seit vielen Jahren mit einem Atheisten verheiratet und vermeintlich mit dessen Ansichten in Übereinstimmung – befand sich in einem Zustand akuter Depression. Sie hatte Zuflucht zu Beruhigungstabletten genommen, die ihr von ihrem Psychiater verschrieben worden waren. Wie sie mir erzählte, war sie in einer Klosterschule erzogen worden und war eigentlich bis zu ihrer Heirat zutiefst religiös. Ihr Mann allerdings neigte dazu, alle religiösen Überzeugungen ins Lächerliche zu ziehen. Seiner Meinung nach sind wir alle mehr oder weniger eine Ansammlung von Atomen und Molekülen und unsere Gedanken nichts anderes, als Absonderungen unserer Gehirne etc. Um des lieben Friedens willen hatte sie vorgegeben, mit seinen Ansichten übereinzustimmen, stand ihnen in Wirklichkeit jedoch im Grunde ihres Herzens ablehnend gegenüber. Jedesmal, wenn die Wirkung der Drogen nachließ, merkte sie zu ihrem Schrecken, daß sie immer mehr davon nehmen mußte. Darüber hinaus riefen sie beträchtliche Nebenwirkungen hervor. Schließlich wurde sie sich klar darüber, daß die Ursache ihrer Schwierigkeiten in ihrem Gemüt lag.

Eines Morgens hatte sie an ihrem Radio gedreht und war auf einen Vortrag von mir aufmerksam geworden über Gemüter ohne spirituelles Verständnis. Ich führte darin aus, daß dabei alle möglichen Arten von geistigem Unrat, Falschglauben usw. in das Bewußtsein eindringen und mentale und emotionale Krankheiten verursachen können. Zwei Wochen lang hörte sie jeden Morgen meinen Vorträgen zu. Danach hatte sie sieben Nächte lang jedesmal einen sehr lebhaften Traum. Ein kleiner Junge, angetan mit einem Heiligenschein, erschien ihr und winkte sie zu sich heran. Und als sie dann auf ihn zugehen und ihn umarmen wollte, lief er davon, und sie war nicht imstande, ihn einzuholen. Dieser gleiche Traum wiederholte sich in jeder Nacht. In der siebenten Nacht sagte er zu ihr: „Wenn du mich einholst, wirst du geheilt sein", und er war verschwunden.

Ich erklärte ihr, daß sich nach den Entdeckungen C. G. Jungs im kollektiven Unbewußten der Menschheit archetypische Vorstellungsbilder befinden, die allen Menschen überall auf der Welt gemeinsam sind. Jungs Forschungen brachten unter anderem die Erkenntnis mit sich, daß viele Menschen in den verschiedensten Zeitaltern und Ländern sowohl von dem „Lichtvollen Kind" als auch von Weisen, Madonnen, Muttergestalten, Kreisen, Kreuzen, Schlangen, Mandalas (Quadraten mit Kreisen), der weißen Rose und vielen anderen Symbolen geträumt haben.

Das lichtvolle Kind mit dem Heiligenschein oder Nimbus umgeben, war ein archetypisches Vorstellungsbild, das ihr bedeutete, zu Gott zurückzufinden. Die göttliche Gegenwart, die innewohnende Macht oder spirituelle Idee wird in der Bibel als Kind dargestellt. Das Bewußtsein dieser Macht in Ihrem Innern und Ihr Entschluß, Kontakt mit ihr zu suchen und sie anzuwenden, ist die Geburt des Kindes.

Die junge Frau erkannte intuitiv, daß die Erscheinung des Kindes mit dem Nimbus (Symbol für Licht oder Erleuchtung) für sie bedeutete, zur Kommunion mit ihrem Gott-Selbst in ihrem Innern zurückzufinden, und genau das tat sie auch. Als ihr das Kind wiederum erschien, war sie imstande, es zu umarmen.

Das erste Buch, das sie daraufhin studierte, war *Die Macht Ihres Unterbewußtseins*. Dieses Studium und die Anwendung der in diesem Buch dargelegten Prinzipien veränderten ihr Leben vollkommen. Sie ließ sich scheiden, da es sinnlos gewesen wäre, eine Ehe fortsetzen zu wollen, die in Wirklichkeit keine Ehe mehr war, sondern nur eine Täuschung, eine Farce und eine Maskerade.

Wie sie ihre Einsamkeit überwand

Eine zutiefst verzweifelte Witwe, nach eigenen Angaben fast wahnsinnig vor Einsamkeit, weil ihr Mann und ihre zwei Kinder bei einem Unfall ums Leben gekommen waren, fand die Antwort auf ihr Problem, als sie dreimal täglich über die Wahrheiten des 23. Psalms meditierte.

Eines Nachts hörte sie eine innere Stimme; sie konnte sich jedoch nicht mehr entsinnen, ob sie geschlafen hatte oder wach gewesen war. Mit Bestimmtheit hörte sie eine Stimme, die zu ihr sagte: „Fülle den Bedarf im Leben anderer." Als sie aufstand, war sie voller Pep und Unternehmungslust – jedes Gefühl der Trübsal und Mutlosigkeit war verschwunden. Sie sagte sich: „Ich bin gelernte Krankenschwester, und genau das ist es, was ich tun werde."

Schon am nächsten Tag besuchte sie das Kriegsveteranen-Hospital und machte sich bei vielen der dortigen Patienten nützlich. Für einige von ihnen schrieb sie Briefe, anderen spendete sie Trost, und wieder anderen las sie die Psalmen vor. Diesen Dienst am Nächsten setzte sie etwa eine Woche lang fort und dabei füllte sich ihr Gemüt mit immer mehr Liebe und Erbarmen. Die Patienten hießen sie begeistert willkommen. Inzwischen hat sie ihre Pflegetätigkeit wieder als Beruf aufgenommen und verabreicht allen, die sie betreut, Transfusionen des Glaubens und Vertrauens. Sie füllt in der Tat einen Bedarf aus, im wahrsten Sinne des Wortes. Die Stimme, die sie gehört hatte, war die Stimme der Intuition: Die Eingebungen aus dem Unterbewußtsein manifestieren sich oftmals in Form einer Stimme, die niemand sonst zu hören vermag, als das Individuum, zu dem sie spricht.

Bereits vor Tausenden von Jahren lehrten die Upanischaden (eine Sammlung mystischer philosophischer Abhandlungen), daß „der Mensch in seinem Traum zum Schöpfer wird". Robert Louis Stevenson, der sich viel mit der dualen Natur des Menschen beschäftigte, die ihn verwirrte, erhielt im Traum von seinem Unterbewußtsein einen vollständigen Handlungsablauf – die Story, aus der sein berühmter Roman *Dr. Jekyll und Mr. Hyde* wurde.

Auf ähnliche Weise hatte seinerzeit Elias Howe große Schwierigkeiten, die Nähmaschine soweit zu vervollkommnen, daß sie zu einem wirklich brauchbaren Gerät werden konnte. Nachdem er über die vollkommene Lösung des Problems meditiert hatte, kam ihm die Antwort seines Unterbewußtseins im Traum. Es wurde ihm genau die richtige Stelle gezeigt, wo diese Öse hingehörte.

Sein unsichtbarer Partner

Ein alter Freund von mir ist als Geschäftsmann außergewöhnlich erfolgreich. Aktienkäufe im Wert von 500 000 Dollar und mehr sind bei ihm keine Seltenheit. Dieser Freund sagte einmal zu mir: „Weißt du, Murphy, 500 000 Dollar sind bei mir sozusagen nur wenige Tropfen in den Eimer dessen, was ich sonst für gewöhnlich zu investieren pflege." Wie er weiter ausführte, sei es ein unsichtbarer Führer, der in seinem Leben die Hauptrolle spielt. Er könne sich hundertprozentig auf seine innere Stimme verlassen, die ihm für bestimmte Investitionen grünes Licht gibt, während sie zu anderen Vorhaben definitiv „nein" sagt. Von frühester Jugend an war sein ständiges Gebet: „*Ich fürchte kein Unglück, denn du bist bei mir...* (Psalm 23:4). Gott ist mein unsichtbarer Partner und Führer. Deshalb höre ich zu jeder Zeit die innere Stimme, die mir klar und deutlich sagt: ‚Ja, ja und nein, nein.‘ "

Offensichtlich hat er sein Unterbewußtsein soweit erzogen und konditioniert, daß er dessen Eingebungen, Antriebe und Warnungen als innere Stimme wahrnimmt – eine Stimme, die niemand außer ihm selbst zu hören vermag. Das ist Clairaudience oder Hellhörigkeit – ein klares Wahrnehmen der Warnungen seines tieferen Bewußtseins.

Wie ein Alkoholiker sich von seiner Sucht befreite und inneren Frieden fand

Vor einigen Monaten hatte ich ein Gespräch mit einem Alkoholiker, dessen Frau und Söhne an Krebs gestorben waren. Er war verständlicherweise zutiefst deprimiert und melancholisch. Ich erklärte ihm, daß sein aufrichtiger Wunsch, den Alkohol aufzugeben, bereits den ersten Schritt auf die Heilung zu darstellte, was ihm auch einleuchtete. Der nächste Schritt bestand darin, ihn zu der Erkenntnis zu bringen, daß es eine subjektive Kraft in seinem Innern gibt, die jegliches Verlangen nach Alkohol beseitigen und ihn veranlassen würde, seine Befreiung von dieser Gewohnheit zu beanspruchen.

Ich empfahl ihm eine einfache Technik, die er mehrmals am Tage anwenden sollte. Sie bestand darin, daß er sich lebhaft vorstellte, wie ich ihm gratulierte. Er sah, hörte und empfand, wie ich ihn beglückwünschte, daß er nüchtern war und blieb und vollkommenen Seelenfrieden erlangt hatte. Für einen Zeitraum von etwa zwei Wochen wandte er diese Technik dreimal täglich fünf Minuten lang an. Dann, plötzlich, erschienen ihm eines Nachts seine Frau und seine beiden Söhne im Traum und sagten zu ihm: „Dad, wir wollen, daß du lebst. Wir lieben dich. Wir sind in unserem neuen Leben sehr glücklich. Bitte betraure uns nicht."

Dieser Traum hatte eine gewaltige Wirkung auf ihn und er erfuhr eine unmittelbare Heilung. Er sagte zu mir: „Ich bin befreit. Ich bin von Seelenfrieden und einem Gefühl innerer Freude durchdrungen, wie ich es niemals zuvor gekannt habe, und ich bin dafür von Herzen dankbar."

120

Die Bibel sagt: *Befreunde dich doch mit ihm und halte Frieden...*
(Hiob 22:21). Dieser Mann hatte sich befreundet – befreundet mit der
Kraft seiner Gedanken und Imaginationen, und sein Unterbewußtsein
reagierte auf eine Weise, die ihm sofortige Befreiung brachte – Befreiung
und Gemütsfrieden.

Wie er aus dem Dschungel von Vietnam herausfand

Kürzlich sprach ich mit einem jungen Sergeanten der US-Army. Er
war gezwungen, zusammen mit seinen Kameraden aus einem brennenden
Flugzeug abzuspringen und fand sich nach seiner Landung allein mitten
im Dschungel wieder, ohne die geringste Orientierung. Von seinen Kameraden konnte er nirgendwo eine Spur entdecken. Statt sich jedoch von
seiner verzweifelten Situation niederdrücken zu lassen, sprach er sich
selbst die einzigen Worte des 91. Psalms vor, die ihm geläufig waren, in
dem Bewußtsein, daß dieser Psalm allgemein als der große Psalm des
Schutzes bekannt war:
*... der darf sprechen zum Herrn: „Meine Zuflucht, meine Festung,
mein Gott, auf den ich vertraue!"* (Psalm 91:2)
Je öfter er diesen Vers wiederholte, desto mehr schwanden alle Furchtgefühle, berichtete er mir. Dann geschah etwas sehr Seltsames: Sein Bruder – ein Jahr zuvor bei Kampfhandlungen getötet – erschien ihm, greifbar und gegenwärtig, in voller Uniform und sagte: „Folge mir!" Er führte
ihn an den Fuß eines Berges und sagte dann: „Hier bleibst du bis zum
Morgen, dann bist du sicher." Dann löste sich das Erscheinungsbild auf.
Als der nächste Tag anbrach, wurde er von einer Patrouille gefunden und
mit einem Hubschrauber zurück ins Lager transportiert.
Dieser Mann hatte seine Furcht überwunden und es damit seinem
Unterbewußtsein ermöglicht, mit dem Erscheinungsbild seines im Kampf
gefallenen Bruders zu reagieren, auf dessen Weisungen er mit Sicherheit
hören würde. Auch der Standort der Patrouille war seinem Unterbewußtsein bekannt, das damit alles zu seiner Rettung Erforderliche veranlassen konnte.
Die Möglichkeiten, die dem Unterbewußtsein zur Verfügung stehen,

sind wirklich jenseits allen Fassungsvermögens. Halten wir fest: Ihr Unterbewußtsein reagiert auf seine ureigenste Weise auf Ihr Gebet des Glaubens.

... Euch geschehe nach eurem Glauben. (Matth. 9:29)

Die Erklärung rettete sie vor dem Selbstmord

Eine sehr deprimierte junge Mutter, die im Vietnamkrieg zwei Söhne verloren hatte, fragte mich nach den Gründen, die gegen ihren möglichen Selbstmord sprächen. Meine Erwiderung darauf war eine recht einfache: „Das Problem als solches existiert allein in Ihrem Gemüt, und Sie werden immer wieder über einen Körper verfügen, bis in alle Ewigkeit. Sie lösen ein Problem ja auch nicht, indem Sie Los Angeles verlassen und sich nach Boston absetzen. Ihr Gemüt nehmen Sie überall hin mit sich, deshalb ist ein Sprung von der Brücke durchaus keine Lösung. Ihr Gemüt ist der Ort, wo Sie Ihrem Problem begegnen und dort lösen Sie es auch. Sie sind größer, als jedes Problem."

Ich erklärte ihr, daß der Mensch imstande ist, seinen gegenwärtigen Körper zu verlassen, und ohne ihn Tausende von Meilen zurückzulegen; darüber hinaus verfügt er nach wie vor über Seh-, Hör- und Tastsinn, auch außerhalb des Körpers. Er kann sehen und gesehen werden, verschlossene Türen durchdringen, und zur gleichen Zeit seinen Körper daheim auf der Couch liegen sehen. Er hat einen vierdimensionalen Körper angenommen, zuweilen auch Astral- oder Subtilkörper genannt.

Besonderes Gewicht legte ich auf die Erklärung der Tatsache, daß derartige Exkursionen des Menschen außerhalb seines Körpers schon Gegenstand vieler wissenschaftlicher Abhandlungen waren. Dabei beschrieb ich ihr die Forschungsexperimente des bekannten amerikanischen Wissenschaftlers Dr. Hornell Hart, einem früheren Mitarbeiter von Prof. Dr. J. B. Rhine an der Duke University, der zahllose solcher Fälle untersucht hatte.

Allmählich begann sie zu erfassen – zuerst intuitiv, dann verstandesmäßig –, daß sie mit den gleichen Problemen auch außerhalb ihres Körpers konfrontiert sein würde, denn die Existenz im Astralkörper wäre allein

122

noch keine Änderung – sie bedeutet keineswegs, daß damit eine Lösung des Problems verbunden ist, auch wenn dieser Körper viel verfeinerter als der dreidimensionale ist. In ihrem neuen Körper würde sie also ebenso verwirrt und frustriert sein, wie auch in ihrem vorherigen – genau ihren negativen Gedanken und Imaginationen gemäß.

Ihr Selbstmordkomplex war hervorgerufen worden durch ein intensives Verlangen nach Befreiung und Gemütsfrieden. Was sie in Wirklichkeit wollte, war mehr Lebensausdruck und Überwindung ihres akuten Zustandes mentaler Depression und Melancholie.

Ich machte ihr klar, daß ihre Söhne jetzt in einer anderen Dimension des Geistes wirken und ein Anrecht auf Gedanken frei von allem Selbstmitleid haben – Gedanken der Liebe, des Friedens, der Freude und des guten Willens. Ausstrahlungen der Verzagtheit, des Unglücklichseins und der Trauer haben sie nicht verdient. Anhaltende Trauer ist nichts anderes, als morbider Egoismus. Liebe befreit immer, sie erfreut sich an dem Glück, dem Frieden und dem Wohlergehen des anderen.

Sie entschloß sich, sofort wieder berufstätig zu werden und übergab ihre Söhne der Gottesgegenwart.

Sie war jetzt imstande, ohne Gefühle der Trauer an sie zu denken und konnte bejahen: „Ich weiß, daß Gott dort ist, wo ihr seid, und daß seine Liebe eure Seelen erfüllt. Gott sei mit euch."

Die Anwendung dieser spirituellen Therapie brachte für sie ein Wiederaufleben des Geistes mit sich, und auch ihre Vitalität und ihr Gemütsfrieden stellten sich wieder ein.

. . . der auf Lilienauen (den Wahrheiten Gottes) *weidet. Bis der Tag anbricht, und die Schatten fliehen . . .* (Hohelied 2:16,17)

ZUSAMMENFASSUNG

1. Die vierte Dimension ist der Ort, an den Sie sich begeben, nachdem Sie eingeschlafen sind. Dort können Sie Antworten auf die verwirrendsten Probleme erhalten, in Träumen und Symbolen. Viele Menschen träumen buchstäblich und stellen dann fest, daß ihre Träume sich erfüllen.
2. Eine Frau hatte ihren wertvollen Diamantring verloren und erfolglos

nach ihm gesucht. Daraufhin praktizierte sie schöpferische Imanigation. Sie stellte sich vor, daß sie den Ring an ihrem Finger trug – fühlte seine Form und Greifbarkeit – und jeden Abend vor dem Einschlafen sagte sie: „Danke, Vater", was für sie gleichbedeutend war mit der Tatsache, den Ring bereits erhalten zu haben. Nach einigen Nächten sah sie im Traum klar und deutlich den Aufbewahrungsort ihres Ringes und ging der Sache nach. Es stellte sich heraus, daß die erhaltenen Weisungen richtig waren. Sie fand den Ring im Zimmer des Hausmädchens, in einem alten Schuh versteckt.

3. Eine religiös eingestellte Frau – mit einem Atheisten verheiratet – litt unter Frustrationen und unterdrückten Zorngefühlen ihrem Ehemann gegenüber, weil dieser alle religiösen Überzeugungen lächerlich zu machen pflegte. Ihr Unterbewußtsein kam ihr im Traum zu Hilfe, indem es ihr das „Lichtvolle Kind" als Symbol der Gottesgegenwart in ihrem Innern zeigte. Intuitiv erkannte sie die Bedeutung, und sie stellte den Kontakt mit der göttlichen Gegenwart in ihrem Denken und Fühlen wieder her. Dadurch erfuhr sie eine vollkommene Heilung. Sie ließ sich scheiden, da es sich bei dieser Verbindung ohnehin um keine Ehe gehandelt hatte, sondern um eine Farce, eine Täuschung und eine Maskerade.

4. Eine Frau überwand ihre Einsamkeit durch Meditation über den 23. Psalm. Als Folge hörte sie eine innere Stimme aus ihrem Unterbewußtsein: „Fülle den Bedarf im Leben anderer." Sie nahm ihren erlernten Beruf als Krankenschwester wieder auf und verabfolgte ihren begeisterten Patienten Transfusionen des Glaubens und Vertrauens. Trübsal und Mutlosigkeit waren restlos verschwunden. Sie fühlte sich erwünscht, gebraucht, geliebt und geschätzt. *Und deine Ohren werden einen Ruf hinter dir vernehmen, der da sagt, dies ist der Weg, den gehet!* ... (Jes. 30:21)

5. Bereits vor Tausenden von Jahren lehrten die Upanischaden: „Der Mensch in seinem Traum wird zum Schöpfer." Robert Louis Stevenson erhielt nach seiner Kontemplation über die duale Natur des Menschen, als Antwort eine Romanhandlung, die er *Dr. Jekyll und Mr. Hyde* nannte – ein Buch, das in alle bekannten Sprachen der Welt übersetzt worden ist.

6. Ein Multimillionär, der regelmäßig große Investitionen vorzunehmen pflegt, sagte mir, daß sein gesamtes Leben von einem unsichtbaren Führer bestimmt wird. Er hört jeweils eine innere Stimme, die entweder „ja" oder „nein" zu bestimmten Investitionsvorhaben sagt. Seit Jahren hat er sein Unterbewußtsein konditioniert, auf diese Weise zu reagieren. Sein ständiges Gebet ist „Gott (Unendliche Intelligenz) ist mein unsichtbarer Partner und Führer und ich höre die innere Stimme, die klar und deutlich zu mir sagt ‚ja, ja‘ und ‚nein, nein‘." *Eure Rede sei ja, ja; nein, nein . . .* (Matth. 5:37).

7. Ein Alkoholiker mit dem aufrichtigen Wunsch, von seiner Trunksucht geheilt zu werden, erfuhr eine vollkommene Heilung, weil er zu einer klaren Entscheidung gekommen war und sein Unterbewußtsein entsprechend reagieren konnte. Er wandte eine ganz einfache Technik der schöpferischen Imagination an: Er stellte sich vor, wie ich ihm zu seiner Befreiung gratulierte. Er fixierte seine Aufmerksamkeit auf den erwünschten Zustand, entspannte sich und war sich bewußt, daß seine Imagination in diesem entspannten Zustand seinem Unterbewußtsein aufgeprägt würde. Sein Unterbewußtsein antwortete auf eine recht ungewöhnliche und dramatische Weise: Seine verstorbene Frau und seine zwei Söhne erschienen ihm im Traum und sagten zu ihm: „Dad, wir wollen, daß du lebst. Wir sind hier, wo wir sind, sehr glücklich." Diese vierdimensionale Antwort hatte auf ihn eine gewaltige Wirkung, und er war auf der Stelle geheilt.

8. Ein im Dschungel von Vietnam verirrter Sergeant wandte als Gebet einen einzigen Vers des 91. Psalms an: . . . *der darf sprechen zum Herrn: „Meine Zuflucht, meine Festung, mein Gott, auf den ich vertraue!"* (Psalm 91:2). Die Antwort seines Unterbewußtseins war einzigartig. Sein bei Kampfhandlungen in Vietnam getöteter Bruder erschien ihm in voller Uniform, wies ihm einen sicheren Platz an und bedeutete ihm, dort zu warten. Am nächsten Morgen wurde er von einer Patrouille gefunden und mit einem Hubschrauber zurück ins Lager gebracht. Die Wege und Möglichkeiten des Unterbewußtseins sind wahrhaftig jenseits allen Fassungsvermögens.

9. Eine sehr deprimierte Frau hatte einen Selbstmordkomplex. Sie hatte ihre zwei Söhne im Vietnamkrieg verloren und glaubte, ihre Depres-

sionen durch einen Sprung von der Brücke loswerden zu können. Sie lernte die Wahrheit, daß sie bis in alle Ewigkeit über einen Körper verfügen würde, der ohnehin nichts anderes ist, als ein Werkzeug und Träger des Geistes. Das Problem war in ihrem Gemüt und bestand aus einem starken Wunsch nach Befreiung – nicht nach einem Auslöschen des Lebens, was ohnehin nicht möglich gewesen wäre. Sie erfaßte die Idee, daß sie ihr Problem in ihrem Gemüt zu lösen hätte, in Gottes Obhut und betete von da an regelmäßig für sie, indem sie Liebe, Frieden, Harmonie, Freiheit und Freude auf sie ausstrahlte und bei jedem Gedanken an sie bejahte: „Gott liebt euch und sorgt für euch." Ihre Vitalität und ihr Seelenfrieden kehrten daraufhin zurück.

Befreunde dich doch mit ihm und halte Frieden... (Hiob 22:21).

KAPITEL 10

Wie Tele-PSI die höheren Kräfte des Gemüts freisetzt

Während ich dieses Kapitel schrieb, hatte ich eine sehr interessante Unterhaltung mit einem früheren Obersten der amerikanischen Luftwaffe. Er hatte, wie er mir erzählte, vor einigen Jahren einen Forschungsbericht von Dr. E. R. Rawson gelesen. Darin wurde geschildert, wie eine seiner Studentinnen im Traum den genauen Standort eines brennenden Flugzeugs mit zwei Insassen gesehen hatte, die bei dem Unglück verbrannten. Daraufhin begab sie sich zusammen mit einer Freundin an den bezeichneten Ort und betete. Das Flugzeug erschien und brannte tatsächlich, aber die Männer blieben unversehrt.

Dieser Bericht hatte, wie er mir sagte, einen gewaltigen Eindruck auf ihn gemacht, weil er sich mit einem Mal der höheren Kräfte seines Gemüts bewußt wurde, die ihn jederzeit aus der Mitte einer Feuersbrunst oder irgendeiner anderen Katastrophe retten konnten.

Das Einstimmen auf sein höheres Selbst rettete ihm das Leben

Während eines Einsatzes in Vietnam hatte das Flugzeug dieses Obersten Feuer gefangen und war in der Luft explodiert. Er selbst war noch während des Brandes „ausgestiegen" und auch nicht ein Haar auf seinem Kopf war angesengt. Er sagte mir, er habe genau gewußt, daß ihm nichts geschehen könne. Er bewies sich selbst mit dieser Demonstration, daß der Mensch in einer höheren Dimension des Gemüts unverwundbar ist – daß ihm weder Feuer noch irgendein anderes etwas anzuhaben vermag.

Ohne Zweifel hatte er diese Immunität in sich errichtet, indem er über diesen Forschungsbericht nachsann mit den beiden Frauen, die durch ihr Gebet zwei Männer aus einem brennenden Flugzeug gerettet hatten.

Tele-PSI oder Kommunikation mit den unendlichen Kräften Ihres Unterbewußtseins ist es, was die Bibel meint, wenn sie sagt: ... *Wenn Gott* (Unendliche Macht) *für uns ist, wer kann wider uns sein?* (Römer 8:31).

Wie Hindus auf glühenden Kohlen gehen, ohne verbrannt zu werden

Das Folgende ist das gekürzte Zitat eines Berichtes, den Jack Kelley in der Zeitung *Enquirer* veröffentlicht hatte:

Die erstaunlichen Kunststücke der Hindu-Fakire, die alle Naturgesetze auf den Kopf zu stellen scheinen, indem sie barfuß auf glühenden Kohlen gehen, haben die Menschen seit Jahrhunderten immer wieder verblüfft. Auf dem alljährlich abgehaltenen Thaipsam-Fest in Singapur, wo Fakire zu Hunderten auf glühenden Kohlen gehen, erklärte der Arzt, Dr. Narasionhala Ramaswami, dem Enquirer, er habe solche Feuergänger seit nunmehr 18 Jahren laufend untersucht, ohne jemals bei einem von ihnen Verbrennungen oder irgendwelche anderen Verletzungen festgestellt zu haben. Die Gründe dafür seien teils mystischer, teils wissenschaftlicher Natur. Der mystische Teil gründet sich auf den Glauben – die Macht des Gemüts. Weil sie sich so eindringlich sagten, daß sie keinerlei Schmerzen empfinden würden, empfanden sie auch keine.

Gopala Krishman, ein neunzehnjähriger Feuergänger aus Singapur, berichtete dem Enquirer: „Vor der Vorführung müssen wir fasten. Wir schlafen im Tempel und haben keinerlei Kontakt mit unseren Familien. Während der ganzen Zeit beten wir. Wir beten so intensiv, daß wir in einen Trancezustand geraten. Unser Glaube ist so stark, daß er uns vor jeglichen Schmerzen, Verletzungen oder Krankheiten bewahrt."

Wie Sie Ihr Denken mit der unendlichen Kraft gleichschalten

Das Denken – so wird gesagt – regiert die Welt. Ralph Waldo Emerson sagte einmal: „Die Gedanken sind nur das Eigentum derer, die sie auch unterhalten können." Wir sollten lernen, vor unseren Gedanken eine gesunde, zuträgliche Hochachtung zu haben. Gesundheit, Glück, Wohlergehen, Sicherheit und Schutz werden weitgehend von Ihrem Gewahrsein der Macht des Denkens bestimmt.

Gedanken sind Dinge und Gedanken bringen sich selbst zur Ausführung. Ihr Gedanke ist eine mentale Schwingung und eine definitive Kraft; Ihre Handlungen sind lediglich äußere und weltliche Manifestation – äußerer Ausdruck – Ihres individuellen Denkens. Wenn Ihr Denken weise ist, dann ist auch Ihr Handeln weise. William Shakespeare sagte: „Die Gedanken sind unser; nicht jedoch ihr Ende."

Was immer von Ihnen gedacht und als wahr empfunden wird, das wird von Ihrem Unterbewußtsein verwirklicht. Ihr Denken und Fühlen schafft Ihr Schicksal. Fühlen – soweit es Ihr Denken betrifft – bedeutet Interesse. Das ist die Bedeutung der biblischen Phrase *Wie er in seinem Herzen denkt, so ist er...* (Sprüche 23:7).

Wenn Sie ein echtes Interesse für Ihren Beruf haben, an einer speziellen Aufgabe arbeiten, dann werden Sie Erfolg haben, denn Sie sind mit dem Herzen bei der Sache. Sie denken tiefer oder spüren die Wirklichkeit des Gedachten – und das ist „Denken im Herzen."

Wie ein Detektiv sein Unterbewußtsein anzapfte

Während einer Kreuzfahrt mit der Princess Carla, auf der ich ein Seminar über die höheren Aspekte des Lebens gab, hatte ich ein höchst interessantes Gespräch mit einem Detektiv aus einer Stadt an der amerikanischen Ostküste. Er erzählte mir, daß er dem Rauschgiftdezernat der dortigen Kriminalpolizei angehöre und schon manches Mal sein Unterbewußtsein zur Lösung eines Falles zu Hilfe genommen hatte. Ein besonders schwieriges Problem stellte einmal die Überführung von drei hinreichend verdächtigen Männern dar. Es ging um den Handel mit beträchtlichen Mengen von Kokain und Heroin, aber er und seine Mitarbeiter waren außerstande, irgendwelche Beweise dafür zu finden.

Eines Abends dachte er sehr intensiv an den bereits gelösten Fall und bat um Führung, um den Aufbewahrungsort des Rauschgifts ermitteln zu können. Er begab sich zur Ruhe mit den Worten: „Mein Unterbewußtsein verschafft mir das Beweismaterial." Er konzentrierte seine ganze Aufmerksamkeit auf das Wort „Beweismaterial" – er überließ sich dem Schlaf mit dem einen Wort „Beweismaterial", „Beweismaterial", „Beweismaterial". In dieser Nacht hatte er einen sehr lebhaften Traum: Er sah drei Männer in einer Garage mit dem Abfüllen eines Pulvers beschäftigt. Auch Namen, Anschrift und Lage konnte er genauestens ausmachen.

Sofort stand er auf, verschaffte sich einen Haftbefehl, verständigte seine Mitarbeiter und unternahm zusammen mit ihnen eine Razzia an dem bezeichneten Ort. Sie fanden das Rauschgift genau an dem Platz, den er im Traum gesehen hatte. Der Wert des beschlagnahmten Heroins allein belief sich auf etwa 3 Millionen Dollar.

Dieser Polizeidetektiv hatte sein Unterbewußtsein erfolgreich mit dem Gedanken an *Beweismaterial* imprägniert, und da sein Unterbewußtsein nur deduktiv reagiert, versorgte es ihn mit der perfekten Antwort. In Ihrem Unterbewußtsein finden sich unendliche Intelligenz und grenzenlose Weisheit – es kennt keine Probleme, sondern nur die Lösung.

Dieser Detektiv sagte mir auch, daß er sich bewußt sei, daß sein Superbewußtsein über ihn wacht und er oftmals eine innere Stimme vernimmt, die ihm sagt, wohin er gehen oder nicht gehen soll (Clairaudience: Die Fähigkeit, die Eingebungen des tieferen Bewußtseins zu hören). Der Begriff *Superbewußtsein* bedeutet nichts anderes als das ICH BIN oder die Gottesgegenwart in Ihrem Unterbewußtsein. Das heißt: Alle Macht, alle Eigenschaften und alle Aspekte Gottes befinden sich in den Tiefen Ihres Unterbewußtseins. Wenn daher in diesem Buch von *Unterbewußtsein* die Rede ist, dann ist dieser Begriff all-umfassend und bedeutet nicht nur das Gesetz Gottes, sondern zugleich alle Eigenschaften und Kräfte Gottes.

Das vereinfacht die Dinge, auf diese Weise werden Sie nicht durch viele Worte verwirrt, wie etwa Bewußtsein, subjektives Bewußtsein, sublimes Gemüt, superbewußtes Gemüt, kollektives Unbewußtes, universelles Gemüt, etc.

130

Viele Menschen sind hellhörig

Sokrates, der im Ruf stand, einer der weisesten Männer gewesen zu sein, wurde während seiner ganzen Lebenszeit auf dieser Ebene von einer inneren Stimme geführt, der er bedingungslos vertraute. „Sagt niemals, Sokrates sei begraben", sagte er seinen Anhängern, „sagt, ihr hättet meinen Körper begraben." Sokrates hatte verstanden, daß der Mensch ein mentales und spirituelles Wesen ist, mit einer unsterblichen Seele und daß alles, was er jemals gelernt hatte, unauslöschlich bei ihm verbleibt.

Heute würden wir sagen, Sokrates sei hellhörig gewesen, da er sich so oft auf „die warnende Stimme in seinem Ohr" bezog. Hier handelte es sich zweifellos um Warnungen aus seinem Unterbewußtsein, das ihm regelmäßig und systematisch eingab, das Richtige zu sagen und zu tun.

Ein japanischer Student erzählte mir, daß er ein Flugzeug gebucht hatte, das später entführt wurde. Er hatte jedoch klar und deutlich eine innere Stimme gehört, die ihm sagte: „Nimm diese Maschine nicht." Er gehorchte, und ersparte sich damit einen Schock, Verspätungen und unangenehme Erfahrungen.

Wie sie durch Tele-PSI ihre Neurose überwand

Kürzlich suchte mich eine Frau auf, deren Arzt ihr bedeutet hatte, sie leide unter einer „Anspannungsneurose", was in unserer Alltagssprache einfacher als „Sorgsucht" bezeichnet werden kann. Zur Überwindung dieses Zustands empfahl ich ihr eine regelmäßige Kommunikation mit ihrem höheren Selbst – dem allmächtigen lebendigen Geist oder Gott in den Tiefen ihres Unterbewußtseins. Ich erklärte ihr, daß Tele-PSI die Kontaktherstellung mit allen Gotteskräften in ihrem Innern sei und sie sich nur einzustimmen brauche, um die Macht Gottes in ihrem Leben aktiv und wirksam werden zu lassen.

Die Technik, die sie zur Überwindung ihrer Anspannungsneurose anwandte, war folgendermaßen: Drei- oder viermal am Tag trat sie in Verbindung mit ihrem höheren Selbst, in dem Bewußtsein, daß sie auf jeden Fall eine Antwort erhalten würde. Die folgenden Wahrheiten bejahte sie mit Gefühl, Bedeutsamkeit und Wissen:

Aber der Geist erleuchtet die Menschen, und der Hauch des Allmächtigen macht sie verständig (Hiob 32:8). Diese allmächtige Kraft befindet sich in meinem Innern und ich bin jetzt umgeben von dem heiligen Kreis der ewigen Liebe Gottes. Gottes Strom der Liebe durchfließt mich. Gottes Liebe erfüllt meine Seele. Mein Gemüt ist voller Frieden, Ausgeglichenheit und Gelassenheit. Auf allen meinen Wegen werde ich göttlich geführt. Ich setzte Glauben und Vertrauen in Gott und alle guten Dinge. Ich lebe in freudiger Erwartung des Besten. Wann immer Furcht- oder Sorgegedanken in mein Bewußtsein dringen sollten, dann bejahe ich sofort: Ich erhöhe Gott in meiner Mitte ... *denn Gott hat uns nicht einen Geist der Verzagtheit gegeben, sondern der Kraft und der Liebe und der Selbstbeherrschung.* (2. Tim. 1:7).

Sie identifizierte sich geistig und gefühlsmäßig mit diesen Wahrheiten und das Besondere an diesem Gebetsverfahren war der Umstand, daß sie jeden auftauchenden Furchtgedanken sofort unwirksam machte, mit der Bejahung: „Ich erhöhe Gott in meiner Mitte." Dadurch war sie imstande, sich von allen Furcht- und Sorgegedanken restlos zu befreien, was wiederum vollkommenen Gemütsfrieden zur Folge hatte. Alle ihre Sorgen hatte sie restlos besiegt, indem sie die Wahrheiten Gottes beanspruchte – Wahrheiten, die immer die gleichen sind, gestern, heute und in Ewigkeit.

Wie ihr Glaube an Gott das Leben ihres Mannes rettete

Als ich vor einiger Zeit in Mexico City auf einen Bekannten wartete, kam in der Hotelhalle eine Dame auf mich zu und sagte: „Oh, ich habe Sie erkannt! Ihr Foto ist in dem Buch *Die Geheimnisse des I Ging*, das ich täglich in Gebrauch habe. Es ist ein Meisterwerk!" Dann berichtete sie mir von einer bemerkenswerten Erfahrung auf dem Gebiet der Präkognition. Sie hatte eine Begebenheit in allen Einzelheiten gesehen, noch bevor sie sich tatsächlich zugetragen hatte.

In zwei aufeinanderfolgenden Nächten hatte sie im Traum einen Mann gesehen, der mit einem Gewehr auf ihren Mann anlegte und ihn erschoß. Zunächst hatte sie das Ganze als eine Art Alptraum angesehen und war jedesmal vor Schreck gelähmt erwacht. Dann jedoch konsultierte sie die

Geheimnisse des I Ging und fragte, was sie tun sollte. Ihre Antwort erhielt sie in Hexagramm 24, das besagte:

... In Umkehr und Ruhe liegt euer Heil; in Stillehalten und Vertrauen besteht eure Stärke... (Jes. 30:15). *Wenn du zum Allmächtigen zurückkehrst... sollst du aufgebaut werden...* (Hiob 22:23). Das bedeutet: Wenn du dich mit der unendlichen Gegenwart in deinem Innern gleichschaltest, dann wird diese Kraft in deinem Leben aktiv und wirksam. Bei dieser inneren Kommunion mit dem Göttlichen fühlst du die Kraft, die Führung und die Liebe seiner Gegenwart.

So lautete die Antwort, die sie vom *I Ging* erhalten hatte – einer uralten chinesischen Methode, die spirituellen Fähigkeiten des Unterbewußtseins zu aktivieren. Sie fixierte ihre Aufmerksamkeit auf einige der großen Bibelwahrheiten, wohl wissend, daß dies der einzige Weg war, das Leben ihres Mannes zu retten.

... Ehe sie rufen, will ich antworten; und während sie noch reden, will ich hören. (Jes. 65:24)

Du bewahrst ihn in vollkommenem Frieden, dessen Sinn auf dich gerichtet ist, denn er vertraut auf dich. (Jes. 26:3)

Wenn du glauben könntest, alle Dinge sind möglich dem, der glaubt. (Matth. 9:22)

Ein frohes Herz macht das Angesicht heiter... (Sprüche 15:13)

... Ich bin der Herr, der dich heilt. (Exodus 15:26)

... alles, um was ihr bittet, glaubt nur, daß ihr es empfangen habt, und es wird euch zuteil werden. (Mark. 11:24)

Aber ich will dich wieder gesund machen und deine Wunden heilen, spricht der Herr... (Jerem. 30:17)

In diesen Bibelpassagen – zusammen mit dem 91. Psalm – hielt sie ihr Gemüt verankert, in dem Bewußtsein, daß Gottes Liebe über ihren Mann wachen würde. Je mehr sie ihr Gemüt mit diesen biblischen Wahrheiten durchtränkte, desto mehr wurde sie von einem wunderbaren Gefühl der Ruhe und des Friedens erfaßt – sie fühlte, daß ihr Mann von der ganzen Rüstung Gottes umgeben war.

Einige Tage danach, kam er nach Hause und erzählte ihr, daß ein Mann drei Schüsse auf ihn abgegeben habe, die ihn alle verfehlt hätten; ein weiterer hätte mit einer Pistole auf ihn gezielt, aber der Mechanismus versagte. Es war eine wunderbare Rettung. Ganz ohne Zweifel hatte die sofort aufgenommene Gebetsarbeit seiner Frau ihn vor dem sicheren Tod bewahrt. Der Mordplan hatte im Unterbewußtsein bereits bestanden und sie – telepathisch mit ihrem Ehemann in Verbindung – hatte ihn aufgefangen. Durch Veränderung des Imaginationsbildes in ihrem Gemüt und Erkennen der Gottesgegenwart in ihrem Mann, hatte sie ihm das Leben gerettet.

. . . Dein Glaube hat dich gesund gemacht . . . (Matth. 9:22)

ZUSAMMENFASSUNG

1. Wenn Sie sich auf eine höhere Bewußtseinsebene begeben, sind Sie für niedere Schwingungen unerreichbar. Sie sind dann immun gegen jegliches Ungemach. Es handelt sich hierbei um einen sehr hohen Bewußtseinszustand – Sie fühlen sich auf das Unendliche eingestimmt, das allmächtig und allweise ist.

2. Sie können völlige Immunität gegen Unglücksfälle jeglicher Art bewirken, indem Sie beständig über Gottes Liebe nachsinnen, von der Sie immer umgeben und eingehüllt sind. Sie werden zu dem, was Sie kontemplieren.

3. Es gibt Hindus, die auf glühenden Kohlen gehen können, ohne die geringsten Verletzungen davonzutragen. Ihr Bewußtsein ist für einen längeren Zeitraum darauf eingestellt. Sie sind überzeugt, von ihrem Gott völlig in Besitz genommen zu sein und haben eine unterbewußte Überzeugung ihrer Unverletzlichkeit entwickelt. Ihr blinder Glaube wird von ihrem Unterbewußtsein restlos akzeptiert und somit bleiben sie unverletzt. Auf ähnliche Weise können Sie in hypnotisiertem Zustand operiert werden, ohne den geringsten Schmerz zu spüren.

4. Das Denken regiert die Welt. Der Mensch ist das, was er den ganzen Tag lang denkt. Hegen Sie Ihren Gedanken gegenüber einen gesunden Respekt. Ihr Denken ist schöpferisch. Wenn Ihre Gedanken weise sind, dann sind es auch Ihre Handlungen.

5. Alles, was Sie im Denken und Fühlen als wahr empfinden, wird von

Ihrem Unterbewußtsein verwirklicht. Denken und Fühlen erschafft Ihr Schicksal.

6. Ein Detektiv konzentrierte sich unmittelbar vor dem Einschlafen auf das Wort „Beweismaterial". Seinem Unterbewußtsein war bekannt, daß er den Aufbewahrungsort einer größeren Rauschgiftmenge ausfindig machen wollte. Es enthüllte ihm daher im Traum den genauen Ort und er löste das Problem. Ihr Unterbewußtsein kennt immer die Antwort.

7. Viele Menschen verfügen über die Fähigkeit der Clairaudience. Sokrates wurde während seines ganzen Lebens von einer inneren Stimme geleitet, an die er bedingungslos glaubte. Es handelte sich hier zweifellos um die Stimme seines Unterbewußtseins, die ihm eingab, das Richtige zu tun.

8. Ein japanischer Student hatte einen bestimmten Flug gebucht, aber seine innere Stimme sagte ihm: „Nimm diese Maschine nicht." Er gehorchte, und das Flugzeug wurde auf dieser Reise entführt. Er hatte sich damit vielerlei Ängste und Unannehmlichkeiten erspart.

9. Anspannungen jeglicher Art können Sie leicht überwinden, indem Sie Ihr Gemüt mit den großen ewigen Wahrheiten anfüllen, die alle negativen Denkschablonen neutralisieren und auslöschen. Sättigen Sie Ihr Gemüt mit den Wahrheiten des 27. und 91. Psalms, und Sie werden Gemütsfrieden und Serenität erfahren.

10. Eine Frau erlebte Präkognition im Schlaf. Sie sah, wie ihr Mann erschossen wurde. Sie betete daraufhin, daß die Liebe Gottes ihren Mann einhüllen wüde und daß er von der ganzen Rüstung Gottes umgeben sei. Obgleich zwei Männer direkt auf ihn gezielt hatten, blieb er völlig unversehrt. Ihre Gebete hatten ihm das Leben gerettet.

. . . Wenn du glauben könntest, alle Dinge sind möglich dem, der da glaubt. (Markus 9:23)

KAPITEL 11

Wie Tele-PSI die Magie des Glaubens bewirkt

Glauben ist eine Art des Denkens, bei der wir vom Standpunkt ewiger Wahrheiten und Prinzipien ausgehen. Glauben kann als eine konstruktive Geisteshaltung angesehen werden oder als ein Gefühl des Vertrauens oder der Sicherheit, das Erbetene zu erhalten. Glauben – biblisch gesehen – bezieht sich selbstverständlich nicht auf den oftmals verlangten blinden Glauben einer bestimmten Lehrmeinung, einem Dogma oder einem religiösen Bekenntnis gegenüber. Glauben und Vertrauen sollten Sie hingegen in die schöpferischen Gesetze Ihres Gemüts haben und in Ihr Verständnis der Tatsache, daß es eine unendliche Intelligenz – Gott – gibt, in Ihrem Unterbewußtsein, die auf Ihren Glauben und Ihre Überzeugungen reagiert.

Denken wir einmal darüber nach: Genau genommen ist jede unserer Handlungen ein Akt des Glaubens. Eine Hausfrau beweist Glauben beim Backen eines Kuchens. Jeder Autofahrer glaubt an seine Fähigkeit, sein Fahrzeug zu handhaben. In der Fahrschule beispielsweise haben wir verschiedene Denkprozesse und Muskelbewegungen so lange wiederholt, bis sie zu einem automatischen Vorgang wurden; nach einer gewissen Zeit wurde das Autofahren zu einer fast mechanischen Angelegenheit. Hier kam eine automatische Reflexhandlung aus dem Unterbewußtsein ins Spiel, und wir fuhren unseren Wagen ohne bewußte Anstrengung. Nach dem gleichen Verfahren lernten wir schwimmen, tanzen, laufen oder viele andere Fertigkeiten.

Auf genau die gleiche Weise können wir wachsen im Glauben und Verständnis der Gesetze des Lebens. Alles Erreichte in dieser sich ständig

verändernden Welt wurde durch Glauben und Vertrauen zustandegebracht. Der Farmer oder Landwirt lernte, an die Gesetze der Agrikultur
zu glauben. Ebenso glaubt der Elektriker an die Gesetze der Elektrizität
und hat alles Wissenswerte über die Gesetze der Konduktivität und Isolierung gelernt. Er weiß, daß die Elektrizität von einem höheren zu einem
niedrigeren Potential fließt. Der Chemiker wiederum hat Vertrauen in die
Prinzipien der Chemie, ohne daß den Möglichkeiten seiner Forschungen
und Entdeckungen ein Ende gesetzt wäre.

Sein Glauben befähigte ihn, ohne Augen zu sehen

Vor einigen Wochen erhielt ich einen Anruf von einem Mann, der im
Begriff war, sich einer schwierigen Operation zu unterziehen. Er bat
mich um einige spirituelle Phrasen, die dabei hilfreich seien. Ich schlug
ihm vor, den folgenden Satz des öfteren zu wiederholen: „Gott leitet die
Ärzte und Schwestern – Gott in meinem Innern heilt mich jetzt – ich
habe absolutes Vertrauen in die Heilkraft Gottes."

Nach der erfolgreich verlaufenden Operation erzählte er mir, daß er
sich während der ganzen Zeit im Operationssaal außerhalb seines Körpers befunden habe und bei dem chirurgischen Eingriff zuschauen
konnte. Er hatte seinen narkotisierten Körper auf dem Operationstisch
liegen sehen und hörte die Ärzte und Schwestern klar und deutlich. Er
hörte, wie der Narkosearzt sagte, das Herz habe ausgesetzt, er sah, wie
seinem Körper eine Injektion und Herzmassage verabfolgt wurde – alles
das konnte er mit aller Deutlichkeit wahrnehmen. Er fühlte sich völlig
losgelöst von seinem Körper – er empfand sich nicht länger als ein Teil
davon. Plötzlich jedoch fühlte er, wie er mit aller Macht in den Körper
zurückgezogen wurde und ihn wieder in Besitz nahm. Nach dem Erwachen erzählte er dem Arzt alles, was er gesehen und gehört hatte.

Der Gesundheitszustand dieses Mannes ist jetzt besser als jemals zuvor. Er hatte von der Bejahung, die ich ihm gegeben hatte, regen Gebrauch gemacht. „Ich habe von jeher an die Heilkraft Gottes geglaubt",
sagte er mir, „doch nie so überzeugt wie jetzt, nach meiner ‚Auferstehung
von den Toten'."

138

Dieser Mann kannte jetzt keine Todesfurcht mehr. Für alle bei der Operation Anwesenden hatte er als klinisch tot gegolten, dennoch befand er sich außerhalb seines Körpers als Zuschauer, wobei er sich zugleich der Anwesenheit seit langem verlorener Angehöriger bewußt war. Darüber hinaus war er imstande, alle Bemerkungen der Ärzte und Schwestern widerzugeben. Er fand sich in der anomalen Position, auf sich selbst herunterblicken zu können und war sich dabei der Tatsache voll bewußt, von seinem Körper getrennt zu sein. Diese Erfahrung hatte seinen Glauben an Gott um hundert Prozent verstärkt.

Jeder Mensch hat Vertrauen in irgend etwas. Der sogenannte Atheist hat Vertrauen in die Naturgesetze, in die Prinzipien der Elektrizität, Chemie und Physik. Der Atheist macht also ständig Gebrauch von dem, was er eigentlich verneint. Hat er ein Problem zu lösen – sei es in der Mathematik, der Nuklearphysik oder Medizin, dann sucht er immer eine höhere Intelligenz als die eigene. Keine Kombination von Atomen und Molekülen hat jemals eine Sonate komponiert, eine gothische Kathedrale erbaut oder eine Bergpredigt geschrieben. Eine unsichtbare und nicht greifbare Kraft und Gegenwart formt die Atome und Moleküle der Welt. Sie kann weder gewogen noch gemessen werden.

Wie Tele-PSI ein Familienproblem löste

Ein Ehepaar konsultierte mich einmal wegen eines verwirrenden Problems, mit dem es sich konfrontiert sah. Von zwei Anwälten hatten sie absolut gegensätzliche Empfehlungen erhalten, und mit dem Rat ihres Pfarrers waren sie auch nicht einverstanden.

Ich erklärte ihnen, daß jede Idee dazu neigt, sich zu manifestieren, so lange sie nicht von einer anderen Idee ersetzt und damit neutralisiert wird. Ich hob hervor, daß der leidenschaftliche Wunsch nach einer göttlichen Lösung und bedingungslose Hingabe an rechtes Handeln ihren Weg in ihr Unterbewußtsein fänden, das die Frage abwägen und die Antwort dem Anliegen entsprechend synthetisieren würde.

Die Mutter der Ehefrau lebte bei ihnen – d. h. sie lebte nicht, sie vegetierte schwer krank dahin – und gab dem Mann Anlaß zu beträchtlichen Ressentiments. Sie hatten deshalb die Möglichkeit erwogen, sie in einem ihrem Standard gemäßen Seniorenheim unterzubringen, was den erbitterten Widerstand der Geschwister herausforderte, da sich alle zu gleichen Teilen an den Kosten beteiligen sollten.

Das Resultat unserer kleinen Konferenz war, daß beide Eheleute das folgende Verfahren anwandten. Sie übergaben ihr Anliegen ihrem tieferen Bewußtsein mit der Bejahung:

Wir übergeben ⸻⸻⸻⸻ der Gottesgegenwart, in der sie lebt, sich bewegt und ihr Sein hat.* Unendliche Intelligenz weiß, was am besten ist und führt eine göttliche Lösung herbei. Wir haben absolutes Vertrauen in die Größe des unendlichen Einen. Er wird für sie sorgen, sein eigenes Kind und ihr Freiheit, Frieden und Harmonie geben. Gott weiß und Gott sorgt. Wir ruhen in der festen Überzeugung, daß die vollkommene Lösung vorhanden ist.

Gleich in der ersten Nacht, nachdem sie auf diese Weise gebetet hatten – in aufrichtiger Hingabe für eine göttliche harmonische Lösung, war die kranke Frau friedlich in die nächste Dimension übergewechselt. Vorher hatte sie noch einige klare Momente. So sagte sie zu ihrer Tochter: „Euer Gebet hat mich befreit." Darauf verließ sie plötzlich diese Dimension.

Ihr Unterbewußtsein kennt die Antwort. Hören Sie auf seine Eingebungen. Die Antwort kommt auf vielfältigste Weise.

Wie Sie bereits wissen, ist Tele-PSI Ihr Kontakt mit den Kräften des Unendlichen, die in den Tiefen Ihres Unbewußten logieren. In Ihrem Unterbewußtsein befindet sich das „ICH BIN" der Bibel – die Gegenwart und Macht Gottes, Reines Sein, Selbst – Bewußter Geist – oder das „AUM" Indiens = Sein, Leben, Bewußtheit. Zugleich ist Ihr Unterbewußtsein das Gesetz Ihres Lebens – ein Gesetz, das Sie, wie Sie wissen, sowohl positiv als auch negativ anwenden können.

Wenn Sie träumen, dann träumen Sie nicht mit Ihrem Wachbewußtsein. Ihr wachbewußter Verstand schläft nämlich und ist dabei mit Ihrem Unterbewußtsein schöpferisch verbunden. Wie bereits diskutiert, drama-

---

* Anmerk. d. Übers.: Die Luther-Übersetzung *In ihm leben, weben und sind wir*, ist in der englischen King-James-Bibel präziser formuliert: *In ihm leben wir, in ihm bewegen wir uns, und in ihm haben wir unser Sein. (Ap.-Gesch. 17:28)*

tisiert das Unterbewußtsein oftmals seinen Inhalt während des Schlafes und präsentiert dabei symbolische Bilder und aus scheinbaren Ungereimtheiten bestehende Situationen.

Träume sind sozusagen die Fernsehserien Ihres tieferen Bewußtseins. Es gibt alle möglichen Arten der Träume einschließlich solcher prävisioneller Art, wobei Sie Begebenheiten in allen ihren Einzelheiten wahrnehmen, noch bevor sie sich objektiv ereignet haben. Dabei können Sie selbst betroffen sein, Mitglieder Ihrer Familie oder andere Menschen. Ebenso kann Ihr Traum Ihnen die Erfüllung eines Wunsches enthüllen; desgleichen kann er als Warnung vor möglichem Mißgeschick dienen.

Wie Tele-PSI durch einen Traum sein Leben rettete

Ein alter Freund von mir, der morgens und abends den 91. Psalm liest, hat sein Unterbewußtsein mit den Wahrheiten dieses Psalms durchtränkt und er glaubt bedingungslos, was er besagt:

Denn er hat seinen Engeln (schöpferischen Ideen, Andeutungen, Fingerzeigen, Eingebungen, Vorahnungen) *befohlen, daß sie dich behüten auf allen deinen Wegen, daß sie dich auf Händen tragen und du deinen Fuß nicht an einen Stein stoßest* (Unfälle, Mißgeschick oder Verluste irgendwelcher Art). (Psalm 91:11,12)

Dieser Mann bereist viele Länder im Auftrag unserer Regierung – in Europa, Asien und Südamerika. Vor einiger Zeit war eine Reise nach Peru vorgesehen. In der Nacht vor dem Abflug las er jedoch im Traum die Balkenüberschrift einer Zeitung: Schwere Flugzeugkatastrophe – 92 Opfer, nur ein Überlebender. Er erwachte voller Bestürzung mit einem sicheren Gefühl der Vorahnung. Er anullierte seine Platzbuchung und es stellte sich heraus, daß sein vorgesehenes Flugzeug in den peruanischen Dschungel stürzte. Es gab nur eine Überlebende – die Tochter eines Missionars, die nach tagelangem Marsch durch den Urwald schließlich von Fischern an einem Flußufer aufgespürt wurde.

Das gewaltige Vertrauen dieses Mannes in die Weisheit seines Unterbewußtseins hatte ihm zweifellos das Leben gerettet, indem es ihn auf lebhafte und dramatische Weise vor dieser Katastrophe warnte. Der Grund, weshalb sein Unterbewußtsein Kenntnis von dem Unglück hatte, noch bevor es sich tatsächlich ereignete, liegt in der Tatsache, daß diese Tragödie im Bewußtsein bereits stattgefunden hatte. Sein Unterbewußtsein wußte Bescheid, sowohl über Defekte am Flugzeug, als auch über die herrschenden Wetterverhältnisse und den Gemütszustand des Flugkapitäns, der Besatzung und der Passagiere.

Emerson sagte einmal: „Nichts geschieht rein zufällig. Alles wird von hinten geschoben." Hinter allem, was wir auf dieser Welt tun, steckt Bewußtsein, eine Stimmung oder eine Gemütshaltung.

Das große psychische Meer – und wie man sich aus ihm befreien kann

Wir alle befinden uns in dem großen Meer des Massen-Gemüts. Millionen glauben an Unfälle, Mißgeschick, Tragödien, Feuersbrünste, Krankheit, Leiden, Verbrechen, Racheakte und an alle Arten sonstigen destruktiven Denkens. Das große Meer des Massenbewußtseins ist von diesen negativen Gedanken und Emotionen durch und durch getränkt. Selbstverständlich befindet sich immer auch etwas Gutes im Massengemüt – das weitaus Meiste von ihm ist jedoch geradezu beängstigend negativ. Wenn wir daher nicht durch richtige Bejahungen „positiv aufgeladen" sind und in uns gesunde Gegen-Überzeugungen etablieren – als Schutzwall gegen alle Befürchtungen und allen Falschglauben des Massengemüts –, dann wirken diese negativen Emotionen auf unser immer empfängliches Gemüt ein, erreichen schließlich einen gewissen Sättigungsgrad und schlagen sich nieder als tatsächliche Ereignisse negativer Art – als Unfälle, Krankheiten und anderes Mißgeschick.

Dieser Freund von mir war durch richtige Bejahungen „positiv aufgeladen"; daher konnte er einfach nicht als Passagier in dem verunglückten Flugzeug sein. Zwei ungleiche Dinge stoßen einander ab. Harmonie und Mißklang gehen nun einmal nicht zusammen. Die Liebe Gottes umgibt Sie und hüllt Sie ein – machen Sie das zu einem festen Bestandteil Ihrer Überzeugungen. Wenn Sie sich dieser fundamentalen Wahrheit von ganzem Herzen öffnen und sich ihr ganz hingeben, dann wird Ihr Unterbewußtsein entsprechend reagieren und Ihr Leben wird sichtbar harmonisch verlaufen.

Wie sein „Unsichtbarer Partner" seine Verluste wiedergutmachte

Kürzlich hielt ich einige Vorträge an der Church of Religious Science in Las Vegas, Nevada, der mein Freund, Dr. David Howe, vorsteht, der in meiner Organisation einmal angefangen hatte. Bei dieser Gelegenheit erzählte mir ein Zuhörer von einer interessanten Episode in seinem Leben. Noch vor wenigen Jahren war er ein eingefleischter Spieler gewesen; als er das erste Mal nach Las Vegas gekommen war, hatte er nur eines im Auge: das Glücksspiel. In nur zwei Nächten verlor er mehr als 200 000 Dollar, und in der dritten Nacht wurde er völlig mittellos. Er mußte telegrafisch Geld anfordern, um seine Hotelrechnung und die Heimreise bezahlen zu können.

Irgendwie gelangte ein Exemplar meines Buches „Die Macht Ihres Unterbewußtseins" in seine Hände, das er geradezu verschlang. Er lernte hier mit einem Mal, daß alle Transaktionen nur durch Mitwirkung des Gemüts vor sich gehen – daß er weder gewinnen noch verlieren kann, wenn es nicht im Gemüt geschieht. Aufgrund dieser Erkenntnis bejahte er: „Ich bin geistig und emotionell eins mit diesen 225 000 Dollar. Dieses Geld kehrt zu mir zurück, vervielfältigt und in göttlicher Ordnung."

An dieser Bejahung hielt er beharrlich fest, in dem Bewußtsein, daß konzentrierte Gedanken, leidenschaftliche Wünsche und im Brennpunkt gehaltene Aufmerksamkeit von seinem Unterbewußtsein registriert wird. Dieses wiederum wird – das wußte er – die Lösung nach einer gewissen Inkubationszeit synthetisieren und sie in voller Größe seinem wachbewußten Verstand präsentieren.

Drei Monate vergingen ohne die geringste Reaktion. Das entmutigte ihn jedoch nicht im geringsten, er hielt seine positive Gemütshaltung aufrecht – und eines Nachts sah er sich im Traum wieder am Spieltisch in Las Vegas, und der Kassierer zahlte ihm die Summe von 250 000 Dollar. Alles dies war der Inhalt eines sehr lebhaften Traumgeschehens. Er hörte den Kassierer sagen: „Na, da haben Sie ja mehr, als Sie verloren hatten", was sich schließlich auch verwirklichte. Ihr Unterbewußtsein vergrößert immer das, was Sie ihm eingeben.

Kurz darauf wurde er von seiner Firma nach Las Vegas versetzt. Dort angekommen, begab er sich noch am gleichen Abend an den Spieltisch, den er im Traum gesehen hatte. Er erkannte die Gesichter der Menschen am Tisch und er *wußte*, daß er gewinnen würde. Und tatsächlich schien er an diesem Abend über die sprichwörtliche „glückliche Hand" zu verfügen: Jede Zahl, auf die er setzte, verwandelte sich für ihn in pures Gold. Er gewann in der Tat 250 000 Dollar und auch der Kassierer sagte genau die Worte, die er drei Monate zuvor im Traum von ihm gehört hatte. Sein unerschütterlicher Glaube an die Macht seines Unterbewußtseins zahlte ihm sagenhafte Dividenden.

Ich, der Herr (Ihr Unterbewußtsein), *offenbare mich ihm in Gesichten und rede in Träumen mit ihm.* (Numeri 12:6)

ZUSAMMENFASSUNG

1. Glauben ist eine Art des Denkens, bei der wir vom Standpunkt ewiger Wahrheiten und Prinzipien ausgehen. Glauben bezieht sich nicht auf den oftmals verlangten blinden Glauben oder Gehorsam einer bestimmten Lehrmeinung, einem Dogma oder einem religiösen Bekenntnis gegenüber. Glauben sollten Sie hingegen an die schöpferischen Gesetze Ihres Gemüts haben und an die Güte Gottes.

2. Jede unserer Handlungen ist ein Akt des Glaubens, z. B. Autofahren, Kuchenbacken, Telefonieren oder Klavierspielen. Den Glauben an unsere Fähigkeit, Radzufahren, haben wir entwickelt, indem wir bestimmte Gedankenmuster und Muskelbewegungen wieder und wieder vollzogen, bis das Unterbewußtsein dieses Muster assimiliert hatte und uns befähigte, das Gelernte automatisch zu tun. Zuweilen wird dies als „zweite Natur" bezeichnet – die automatische Reaktion des Unterbewußtseins auf unser bewußtes Denken und Handeln. Aktion und Reaktion sind kosmisch und universell.

3. Ein Mann glaubte unbeirrt, daß die heilende Macht Gottes für ihn sorgen würde, während er sich einer schwierigen Operation unterzog. Er fand sich plötzlich außerhalb seines Körpers und konnte alle Vorgänge wahrnehmen. Er erfuhr eine bemerkenswerte Heilung und erfreut sich heute besserer Gesundheit als je zuvor.

4. Jeder Mensch hat Vertrauen in irgend etwas. Der sogenannte Atheist macht ständig Gebrauch von der unsichtbaren Macht, deren Existenz er doch eigentlich bestreitet. Wenn er einen Stuhl anhebt, gebraucht er diese unsichtbare Kraft und wenn er denkt, dann ist sein Denken schöpferisch. Wenn Sie die schöpferische Kraft entdeckt haben, dann haben Sie Gott entdeckt, denn es gibt nur eine einzige schöpferische Kraft... *Das Wort* (ausgedrückter Gedanke) *war Gott* (oder schöpferisch) – Joh. 1:1. Steine und Moleküle können schließlich keine Kathedralen bauen, Sonaten komponieren oder heilige Schriften verfassen.

5. Eine Ehepaar sah sich mit einem verwirrenden Problem konfrontiert – die Mutter der Frau vegetierte nur so dahin. Sie bejahten vertrauensvoll: „Wir übergeben Mrs.――――――――――――――――――――――――――― der Gottesgegenwart und die Größe des unendlichen Einen gibt ihr Freiheit, Frieden und Harmonie." Sie wechselte darauf friedlich im Schlaf in die nächste Dimension über. Vorher hatte sie in einem klaren Moment ihrer Tochter gedankt, für die Befreiung durch ihr Gebet.

6. Sie träumen mit ihrem Unterbewußtsein. Träume sind die „Fernsehserien" Ihres tieferen Bewußtseins. Ein Mann, der die Wahrheiten der Macht Gottes fest in seinem Unterbewußtsein verankert hatte, träumte von einer Flugzeugkatastrophe. Er annullierte seinen für den nächsten Tag gebuchten Flug. Die betreffende Maschine stürzte mit 92 Passagieren an Bord in den Dschungel und nur eine Überlebende – die Tochter eines Missionars – wurde gefunden. Dieser Mann hatte den gesamten Ablauf der Katastrophe im Traum vorhergesehen und genauso spielte sich alles ab. Er hatte die Warnung seines Unterbewußtseins, das ihn zu schützen suchte, als solche erkannt und seine Platzbuchung in der Unglücksmaschine annulliert.

7. Wir alle sind eingetaucht in dem großen psychischen Meer des Massen-Gemüts – einem Meer, in das Milliarden Menschen tagtäglich alle möglichen Arten negativer Gedanken hineinschütten: Aberglauben, Be-

fürchtungen, Haß, Eifersucht, Neid, Glaube an Unglück und Krankheit etc. Wenn wir daher nicht durch richtige Bejahungen „positiv aufgeladen" sind und in uns gesunde Gegen-Überzeugungen etablieren, finden diese negativen Gedanken und Gefühle des Massengemüts Eingang in unser Bewußtsein und übernehmen das Kommando über unser Denken, d. h. das Massengemüt denkt dann für uns – mit den entsprechenden negativen Resultaten. Füllen Sie Ihr Gemüt regelmäßig mit den Wahrheiten Gottes. Damit neutralisieren Sie alle negativen Schwingungen und Wellenlängen des Massenbewußtseins.

8. Ein Mann hatte an den Spieltischen von Las Vegas 225 000 Dollar verloren. Er begriff jedoch die Wahrheit, daß wir in Wirklichkeit weder gewinnen noch verlieren, wenn es nicht im Bewußtsein geschieht, da alle Handlungen und Transaktionen sich im Gemüt abspielen. Aufgrund dieser Erkenntnis bejahte er vertrauensvoll: „Ich bin geistig und gefühlsmäßig eins mit diesen 225 000 Dollar. Dieses Geld kehrt zu mir zurück, vervielfältigt und in göttlicher Ordnung." An dieser Bejahung hielt er beharrlich fest und eines Nachts sah er sich im Traum wieder am Spieltisch in Las Vegas, wo er die Summe von 250 000 Dollar gewann. Dieser Traum war sehr lebhaft und gegenwartsnah. Als er daher kurz darauf nach Las Vegas versetzt wurde, folgte er den im Traum erhaltenen Instruktionen und gewann tatsächlich 250 000 Dollar. Auch die Bemerkungen des Kassierers waren mit den im Traum gehörten identisch.

. . . Ich, der Herr, offenbare mich ihm in Gesichten und rede in Träumen mit ihm. (Numeri 12:6)

KAPITEL 12

Wie Tele-PSI zu richtigen Entscheidungen verhilft

Das Prinzip rechten Handelns ist ein Bestandteil des Universums. Wenn daher Ihre Motivation und Intention (Absicht) gut ist, gibt es keinen vernünftigen Grund für Sie, zu verzichten, unschlüssig zu sein oder bei einer Entscheidung zu zögern.

Erfolgreiche Männer und Frauen in allen Bereichen des Lebens haben eine herausragende Charaktereigenschaft gemeinsam: die Befähigung nämlich, rasche Entscheidungen zu fällen und das Beharren in deren restloser Durchführung.

Die Entscheidung zu entscheiden

Bei einer Konsultation sagte vor kurzem eine Frau zu mir: „Ich bin ganz durcheinander. Ich kann und will zu keiner Entscheidung kommen." Dabei war sie sich ganz offensichtlich der Tatsache nicht bewußt, daß sie bereits eine Entscheidung gefällt hatte: die Entscheidung nämlich, nicht zu entscheiden, was bedeutet, sie hatte sich entschlossen, das irrationale Massengemüt für sich entscheiden zu lassen.

Wir alle sind eingetaucht in das große psychische Meer, in das Milliarden Menschen ständig ihre negativen Gedanken, Befürchtungen und Falschglauben hineingießen. Diese Frau begriff schließlich, daß sie, sofern sie sich nicht endlich einmal zu einem Entschluß durchringen würde, es immer wieder dem Massengemüt erlaubt, an ihrer Stelle Entscheidungen zu treffen. Dieser Zustand würde anhalten so lange sie es ablehnt, in ihrem eigenen Gemüt das Kommando zu übernehmen.

147

Sie begann zu verstehen, daß sie mit ihrem Unterbewußtsein ein leitendes Prinzip zu ihrer Verfügung hatte, das auf ihr Denken reagiert, sobald es angerufen wird. Wenn sie ihr Denken also nicht selbst besorgte, dann würde sie sich dem Gesetz des Durchschnitts weit öffnen – dem Massendenken der Menschheit – und dieses würde ihre Entscheidungen treffen.

Sie änderte daraufhin ihre Haltung und leitete ihr Gemüt zu einer neuen Denkweise an, dem Sinn nach etwa so:

Ich bin mir meiner inneren Kapazität, zu denken, zu wählen und zu erwägen voll bewußt. Ich glaube an die Integrität der mentalen und spirituellen Vorgänge in meinem Innern. Ich habe die feste Absicht, das jeweils Richtige zu tun. Jedesmal, wenn ich eine klare Entscheidung herbeiführen möchte, frage ich mich: „Wenn ich Gott wäre, welche Entscheidung würde ich dann treffen?" Wenn meine Motive auf der goldenen Regel und auf gutem Willen gegenüber jedermann beruhen, dann muß jeder Entschluß, zu dem ich komme, rechtes Handeln bedeuten.

Diese Frau war bis dahin nicht imstande gewesen, sich zu entscheiden, ob sie den Heiratsantrag eines bestimmten Mannes akzeptieren sollte oder nicht. Nachdem sie die obige Bejahung eine Zeitlang mehrmals täglich angewandt hatte, sah sie diesen Mann im Traum in einem völlig verschmutzten Gewässer schwimmen. Mit seinen Schwimmbewegungen wühlte er ständig dunkle häßliche Schlammassen auf. Mit einem Mal wurde ihr bewußt, daß ihr Unterbewußtsein ihr signalisierte, es hier mit einer gestörten Persönlichkeit zu tun zu haben.

Am folgenden Tag erzählte sie ihm von diesem Traum und er gestand ihr, daß er von den Ärzten als paranoid-schizophren diagnostiziert worden sei und sich in psychiatrischer Behandlung befände. Er fügte hinzu, daß er als weiteres Krankheitsmerkmal stark suizide Tendenzen aufweise, also zuweilen einen starken Hang zum Selbstmord verspüre. Sie kamen zu einer harmonischen Entscheidung, indem sie beide übereinkamen, ihr Verhältnis zu lösen.

Diese junge Frau hatte entdeckt, daß die Weisheit in ihrem Innern auf die definitiven Entscheidungen ihres wachbewußten Verstandes reagiert, und sie war sehr dankbar, daß sie einen tragischen Fehler vermeiden konnte.

Sie haben die Macht, zu wählen

Die Macht zu wählen und zu entscheiden ist die ausgeprägteste Eigenschaft und das höchste Vorrecht des Menschen. Josua sagt: *Erwählt euch heute, wem ihr dienen wollt...* (Josua 24:15). Fangen Sie jetzt damit an, die Dinge auszuwählen, die wahr, ehrlich, gerecht, rein und lieblich sind.

... *wenn es irgendeine Tugend und wenn es irgendein Lob gibt, dem denket nach.* (Phil. 4:8)

Sein Mut zur Entscheidung veränderte sein Leben

Ein Mann verlor im Alter von fünfzig Jahren seine Position, die er Jahrzehnte innegehabt hatte, als die Firma in andere Hände überging. Seine Freunde und Bekannten sagten zu ihm: „Tom, du mußt den Tatsachen des Lebens ins Gesicht sehen. Du bist immerhin Fünfzig jetzt, da ist es sehr schwierig für dich, eine andere Position zu bekommen."

Ich empfahl ihm dringend, sich als allererstes dem Einfluß dieser Freunde zu entziehen, mit ihren trübsinnigen Ratschlägen, den „Tatsachen des Lebens" ins Gesicht zu sehen. Tatsachen sind niemals permanent; sie unterliegen immer der Veränderung. Er begriff sofort, daß es für ihn sinnvoller war, seine Aufmerksamkeit auf das zu richten, das sich niemals verändert: die Intelligenz, Weisheit und Macht des Unendlichen in seinem Innern.

Für ihn war es wichtig, zu einer Entscheidung zu kommen und mutig zu bejahen: „Ich werde göttlich geführt, zu einer neuen Position, bei der man meine Kenntnisse und Erfahrungen zu würdigen weiß, und ich verfüge über ein gutes Einkommen." Ich erklärte ihm, daß sein Unterbewußtsein von dem Augenblick an reagieren würde, wo er mit seinem wachbewußten Verstand zu einer Entscheidung gelangt sei. Dann würde es den Plan zur Erfüllung seines Wunsches enthüllen.

Kurz darauf überkam ihn ein sehr starkes Verlangen, eine andere Firma aus der gleichen Branche zu besuchen, die ihm als stärkster Konkurrent vertraut war. Der dortigen Geschäftsleitung war sofort klar, daß sie hier einen wertvollen Mitarbeiter gewinnen könnte, der über glänzende Kontakte zu einem großen Kundenkreis verfügte und mit seinen außerordentlichen Fähigkeiten das Geschäftsvolumen der Organisation erheblich zu steigern vermochte. Er wurde auf der Stelle engagiert.

Wenn Sie zu einer Entscheidung gelangen und sich bewußt sind, daß Sie viel zu bieten haben und daß alles, was Sie suchen, ebenso Sie sucht – und wenn Sie einem potentiellen Arbeitgeber klarmachen, welch ein Gewinn Sie für seine Organisation darstellen – wie Sie seinen Umsatz zu steigern oder Geld für ihn zu sparen vermögen – wird es für Sie niemals ein Problem sein, eine Position zu finden. Bedenken Sie: Sie verkaufen weder Ihr Alter noch Ihre grauen Haare – Sie verkaufen einzig und allein Ihre Talente, Ihre Kenntnisse, Ihre Fähigkeiten und Ihre Erfahrungen, die Sie sich im Laufe der Zeit erworben haben – alles Eigenschaften, aus denen jede Firma nur Nutzen ziehen kann. Alter ist nicht die Flucht der Jahre – es ist die Dämmerung der Weisheit.

Es ist gut, sich an dieser Stelle zu erinnern, daß alles Wasser im Ozean nicht imstande ist, ein Schiff zum Sinken zu bringen, solange es nicht in das Schiffsinnere dringen kann. Ebensowenig können Probleme, Herausforderungen und Schwierigkeiten Ihnen etwas anhaben, solange Sie keinen Zutritt zu Ihrem Innern haben. Shakespeare war es, der sagte:

Uns're Zweifel sind Verräter
Und lassen uns das Gute, das wir
Oft gewinnen könnten, verlieren
Durch die Furcht vor dem Versuch

Maß für Maß

Eine einfache und praktische Bejahung für richtige Entscheidungen

Erinnern wir uns: Wir haben es mit einem universellen Gesetz der Aktion und Reaktion zu tun. Die Aktion ist die Entscheidung Ihres wachbewußten Verstandes – die Reaktion erfolgt automatisch aus den Tiefen Ihres Unbewußten, der Natur Ihrer Entscheidung gemäß. Hier ist eine Bejahung für rechtes Handeln:

Ich weiß, daß die unendliche Intelligenz meines Unterbewußtseins durch mich wirkt und mir alles enthüllt, was ich wissen muß. Ich weiß, daß die Antwort in meinem Innern bereits vorhanden ist und mir jetzt bewußt wird. Die unendliche Intelligenz und grenzenlose Weisheit meines Unterbewußtseins trifft alle Entscheidungen durch mich, und deshalb gibt es nur rechtes Handeln und richtige Entscheidungen in meinem Leben. Ich erkenne die Führung, die in meinen wachbewußten, abwägenden Verstand gelangt. Ich kann sie nicht verfehlen. Die Antwort kommt klar und deutlich, und ich bin dankbar für die Freude des beantworteten Gebets.

Jedesmal, wenn Sie beunruhigt sein sollten über Dinge, die zu tun oder Entscheidungen, die zu treffen sind, können Sie sich dieser Bejahung bedienen. Setzen Sie sich ruhig hin, entspannen Sie sich, lassen Sie los und bejahen Sie die obigen Wahrheiten langsam, still, fühlend und wissend. Tun Sie das zwei- oder dreimal in entspannter, friedvoller Stimmung, dann werden Sie einen Impuls oder eine Eingebung aus Ihrem Unterbewußtsein erhalten – eine Art stillen inneren Wissens der Seele. Sie werden dann „wissen, daß Sie wissen". Die Antwort kommt Ihnen entweder als innere Gewißheit, als dominierende Vorahnung oder als eine spontane Idee, die glasklar in Ihr Bewußtsein aufsteigt.

Wie seine Entscheidung zwei Leben rettete

Dr. David Seabury, der berühmte Psychologe, erzählte mir einmal von einem Freund, der aufgrund zweier Schlaganfälle völlig gelähmt war. Als sein Wohnort einmal von einem schrecklichen Tornado heimgesucht wurde, befand er sich mit seinen zwei Enkeln allein im Haus. Durch Warnmeldungen im Rundfunk wurde die Bevölkerung angehalten, die schützenden Keller aufzusuchen, aufgrund seines Zustands war ihm das jedoch nicht möglich. Wie Dr. Seabury mir berichtete, begann sein Freund daraufhin eine seiner liebsten Psalmen zu zitieren: *Sei still und wisse, daß ich Gott bin...* (Psalm 46:10). Dann sagte er sich: „Jetzt werde ich meine Enkelkinder retten, die nebenan schlafen."

Er war zu einer Entscheidung gelangt und wurde restlos von dem Verlangen beherrscht, die Kinder um jeden Preis zu retten. Mit einer geradezu herkulischen Anstrengung stand er auf und begann zu laufen.

Er ging in das angrenzende Zimmer, packte die beiden Kinder und trug sie nach unten in den Keller. Wenige Minuten später wurde das ganze Haus von dem Wirbelsturm hinweggefegt. Durch seine übermenschliche Anstrengung hatte er die beiden Kinder und sich gerettet; und mehr noch – er erfuhr eine vollkommene Heilung und konnte für den Rest seines Lebens wieder laufen.

Die Kraft, gehen zu können, befand sich nach wie vor im Innern dieses Mannes – sie ruhte unerweckt in seinem Unbewußten. Im Augenblick höchster Gefahr jedoch war sein einziger Gedanke die Rettung der Kinder, so daß er völlig vergaß, daß er eigentlich gelähmt war. Die ganze Macht des Unendlichen war in diesem Moment in den Brennpunkt seiner Aufmerksamkeit geströmt.

Die Geschichte der Medizin ist angefüllt mit Tausenden solcher Beispiele, wo im Fall höchster Gefahr grenzenlose Kräfte mobilisiert werden konnten. Der Mensch ist gelähmt, wenn er diesen Zustand im Bewußtsein als gegebene Tatsache anerkennt. Der Geist in ihm jedoch (Gott), kann nicht krank, verkrüppelt oder gelähmt sein: Er ist allmächtig, allwissend und allgegenwärtig. Der Geist (Spirit) ist die einzige Gegenwart, Macht, Ursache und Substanz im Universum.

Sie sagte: „Ich will Gott für mich entscheiden lassen."

Kürzlich hörte ich eine Frau sagen, sie wolle Gott für sich entscheiden lassen. Sie meinte damit einen Gott außerhalb, irgendwo da oben in den Wolken. Ich erklärte ihr, daß Gott oder die unendliche Intelligenz nur auf eine Art wirksam für sie tätig würde – durch ihr Denken. Das Universelle muß zum Individuum werden, um auf der individuellen Ebene wirken zu können. Sie konnte von mir überzeugt werden, daß Gott der lebendige Geist in ihrem Innern ist und ihr Denken eine schöpferische Kraft darstellt, die ihr jederzeit zur Verfügung steht. Es wurde ihr auch klar, daß sie über die Initiative und die Möglichkeit der Wahl verfügt und daß dies die Grundlage ihrer Individualität darstellt. Sie entschloß sich kurz und bündig, von nun an ihre Göttlichkeit und Entscheidungsverantwortlichkeit zu akzeptieren.

Bedenken Sie, daß kein anderer Mensch „es am besten weiß". Bedenken Sie auch, daß Sie mit Ihrer Weigerung, eigene Entscheidungen zu treffen, Ihre Göttlichkeit verneinen und somit aus der Sicht der Schwäche und Minderwertigkeit heraus denken und handeln – nach Art des ergebenen Untertans.

Wie seine Entscheidung sein Leben veränderte

Vor vielen Jahren hatte ich einmal den unvergessenen Dr. Emmet Fox in das Zeughaus des Siebenten Regiments in New York eingeladen. Dr. Fox zeigte sich sehr interessiert an den historischen Ausstellungsstücken, den größten Sehenswürdigkeiten in diesem prächtigen Gebäude. Beim Essen erzählte er mir dann, daß er früher, als er noch Ingenieur in England war, die berühmten Vorträge von Richter Thomas Troward in London gehört hatte und die Darlegungen Trowards über die Wirkungsweise des Unterbewußtseins einen unauslöschlichen Eindruck auf ihn gemacht hatten.

„Während eines dieser brillanten Vorträge", so berichtete Dr. Fox, „kam ich zu einer Entscheidung, und ich sagte mir: ‚ich werde nach Amerika gehen und zu Tausenden sprechen.'" An dieser Entscheidung hatte er bekanntlich festgehalten, was dazu führte, daß sich innerhalb nur weniger Monate alle Türen für ihn öffneten und er sich in New York wiederfand, wo er jahrelang jeden Sonntag vor etwa 5000 Zuhörern sprach. Seine Entscheidung wurde von seinem Unterbewußtsein registriert und dessen Weisheit veranlaßte alles weitere, um seinen definitiven Entschluß in die Tat umzusetzen.

. . . Gehe hin, dir geschehe, wie du geglaubt hast . . . (Matth. 8:13)

ZUSAMMENFASSUNG

1. Durch das gesamte Universum wirkt das Prinzip rechten Handelns. Wenn Ihre Motivation richtig und im Einklang mit dem universellen

Prinzip der Harmonie und des guten Willens ist, dann zögern Sie nicht – treffen Sie Ihre Entscheidung.

2. Die erfolgreichsten Männer und Frauen der Welt haben alle eines gemeinsam: Die Befähigung, rasche Entscheidungen zu fällen und auch restlos durchzuführen.

3. In Wirklichkeit gibt es so etwas wie einen Zustand der „Unentschlossenheit" gar nicht. „Unentschlossenheit" besagt nichts anderes, als daß Sie entschieden haben, nicht zu entscheiden, und das ist recht töricht. Wenn Sie keine Entscheidung treffen, dann werden andere es für Sie tun oder das irrationale Massengemüt übernimmt und trifft Ihre Entscheidungen. Wenn Sie furchtsam und besorgt sind oder unstet und schwankend, dann sind nicht Sie es, der denkt, sondern das Massengemüt, das in Ihnen denkt. Wahres Denken ist frei von jeglicher Furcht, weil es aus der Sicht universeller Prinzipien und ewiger Wahrheiten geschieht.

4. Wenn Sie mit Ihrem wachbewußten Verstand zu einer definitiven, glasklaren Entscheidung gelangt sind, dann wird Ihr Unterbewußtsein ebenso definitiv reagieren. Das kann zuweilen in einer Traumhandlung geschehen, die so lebhaft und einprägsam sein wird, daß Sie keinerlei Schwierigkeiten haben werden, sie zu interpretieren.

5. Die Macht zu wählen und zu entscheiden gehört zu den vorherrschenden Eigenschaften und höchsten Vorzügen des Menschen.

6. Keine Tatsache ist von Dauer; alles unterliegt der Veränderung. Richten Sie Ihre Aufmerksamkeit und setzen Sie Ihr Vertrauen auf ewige Wahrheiten, die sich niemals verändern. Die Intelligenz, Weisheit und Macht Gottes sind ständig verfügbar; sie verändern sich nie. Wer eine bestimmte Position verliert, der kann sich an die Weisheit in seinem Innern wenden und eine andere Tür wird sich auftun, in göttlicher Ordnung. Was Sie suchen, das sucht auch Sie.

7. Sie verkaufen nicht Ihr Alter; Sie verkaufen vielmehr Ihre Talente, Ihre Fähigkeiten und Ihre Erfahrungen, die Sie im Lauf der Jahre erworben und gesammelt haben. Alter ist nicht die Flucht der Jahre, sondern die Dämmerung der Weisheit.

8. Aktion und Reaktion sind kosmisch und universell. Wenn Sie zu einer glasklaren, definitiven Entscheidung gelangt sind, dann bewirken Sie

eine automatische Antwort aus Ihrem Unterbewußtsein, der Natur Ihrer Entscheidung gemäß.

9. Die Antwort aus Ihrem Unterbewußtsein erfolgt oftmals in Form einer inneren Gewißheit, einem dominierenden Vorgefühl oder einer spontanen Idee, die aus Ihren sublimen Tiefen aufsteigt.

10. In akuten Gefahrenmomenten, während einer Krise oder bei einem schweren Schock kann es geschehen, daß ein Mensch seinen verkrüppelten oder gelähmten Zustand völlig vergißt, weil er einzig von dem Gedanken beherrscht wird, das Leben geliebter Menschen zu retten. Als bei einem heranziehenden Tornado die entsprechende Warnung gegeben wurde, hatte ein völlig gelähmter Mann den intensiven Wunsch, das Leben seiner Enkel zu retten. Er erhob sich aus seinem Rollstuhl, lief in das angrenzende Zimmer, griff sich die beiden Kinder und trug sie in den schützenden Keller. Alle Macht des Unendlichen floß dabei in den Brennpunkt seiner Aufmerksamkeit. Er kam zu der Entscheidung, daß er sein Vorhaben ausführen könnte und die Macht des Unendlichen reagierte.

11. Wenn ein Mensch sagt: „Ich werde Gott entscheiden lassen", dann meint er damit nur zu oft einen äußeren, fernen Gott. Sie sind jedoch ein selbständiges, mit Entschlußkraft ausgestattetes Wesen und durchaus in der Lage, auszuwählen und zu eigenen Entscheidungen zu gelangen. Das Universelle wird nur für Sie wirksam, wenn es *durch* Sie wirken kann – d. h. durch Ihr Denken, Ihre Imaginationen und Ihre Überzeugungen. Sie müssen die Auswahl treffen, dann wird die unendliche Intelligenz Ihres Unterbewußtseins reagieren. Akzeptieren Sie Ihre eigene Göttlichkeit; wenn Sie das ablehnen, dann verneinen Sie die Weisheit und Intelligenz des Unendlichen in Ihrem Innern.

12. Dr. Emmet Fox sagte: „Ich gehe nach Amerika und spreche dort zu Tausenden." Er hielt an dieser Entscheidung fest und alle Türen öffneten sich daraufhin für ihn. Innerhalb weniger Jahre nach diesem gefaßten Entschluß fand er sich in New York City wieder. Dort sprach er schließlich in der Carnegie Hall vor mehr als 5000 Zuhörern.

KAPITEL 13

Tele-PSI und die Wunder
Ihres Unterbewußtseins

Der folgende Brief einer Frau aus New York zeigt, auf welche Weise Sie die wunderbare Heilkraft Ihres Unterbewußtseins erfahren können:
Sehr geehrter Dr. Murphy,
Es wird Sie gewiß interessieren, daß ich das Gebet aus Ihrem Buch „Die Gesetze des Denkens und Glaubens" (Seite 115) für die Heilung eines Glaukoms angewandt habe, wobei ich in der zweiten Zeile die Begriffe auswechselte und „. . . regeneriert meine Augen bzw. stellt meine Sehkraft wieder her" sagte. Die übliche Behandlungsweise war leider erfolglos geblieben – nach fünfmonatiger Anwendung dieser starken Bejahung jedoch setzte die Heilung ein. Sie können sich vorstellen, weshalb ich jedesmal, wenn das Thema Krankheit auftaucht, Exemplare dieses Buches verschenke.

G. V.

New York

Hier ist das Gebet von der Seite 115 des Buches „Die Gesetze des Denkens und Glaubens", das diese Frau so erfolgreich anwandte:
Die schöpferische Weisheit, die meinen Körper erschaffen hat, regeneriert jetzt meine Augen und stellt meine Sehkraft wieder her. Die heilende Gegenwart weiß genau, wie sie die Heilung herbeiführt. Sie transformiert jede Zelle nach Gottes vollkommenem Plan. Ich höre und sehe meinen Arzt zu mir sagen, ich sei geheilt. Dieses Bild halte ich beständig in meinem Bewußtsein. Ich sehe ihn deutlich vor mir und höre seine vertraute Stimme. Er sagt: „Sie sind vollkommen geheilt. Es

ist ein Wunder!" Ich weiß: Diese konstruktive Imagination sinkt tief in mein Unterbewußtsein. Dort wird sie entwickelt, um sich dann auf der äußeren Ebene zu verwirklichen. Ich weiß, daß die unendliche Heilungsgegenwart meine Sehkraft jetzt wiederherstellt, ungeachtet aller gegenteiligen Erscheinungen im Äußeren. Ich fühle das, glaube das und identifiziere mich völlig mit meinem Ziel – vollkommener Gesundheit.

Es ist wohl nicht schwer zu sehen, weshalb diese Frau ganz bemerkenswerte Resultate erzielte. Sie war standhaft geblieben, weil sie wußte, daß sie durch ständige Repetition, Glauben und Erwartung ihr Unterbewußtsein veranlassen würde, diese Wahrheiten aufzunehmen und entsprechend tätig zu werden. Die heilende Macht ihres Unterbewußtseins veranlaßte ihre Augen der Natur und dem Inhalt ihrer Bejahung gemäß zu reagieren.

Sie bejahte Gesundheit und ihre Krankheit verschlimmerte sich

Kürzlich besuchte mich eine Frau und berichtete mir, daß ihre Krankheit sich von Tag zu Tag verschlimmerte, obgleich sie seit mehr als einem Monat regelmäßig vollkommene Gesundheit bejaht hatte. Ihr Arzt hatte ihr klargemacht, daß ihre Magengeschwüre nicht heilen konnten, solange sie ihre chronische Sorgsucht und Gefühle der Feindseligkeit aufrechterhielt.

Ich wies sie eindringlich darauf hin, daß sie ihren Widerstand gegenüber der heilenden Kraft in ihrem Innern aufgeben müsse. Sie war der Ansicht, daß ihr Zustand nichts mit ihrer Gemütshaltung zu tun habe – und diese Haltung war einfach katastrophal: Sie war angefüllt mit Zorngefühlen, Groll und Feindseligkeit gegen mehrere Personen. Damit blockierte sie die Heilungsmaßnahmen ihres Arztes und machte jeden therapeutischen Effekt der eingenommenen Medizin zunichte.

Sie begann einzusehen, daß ihr Unterbewußtsein nicht auf irgendwelche leeren Bejahungen anspricht, sondern nur die Ansichten und Überzeugungen ihres wachbewußten Verstandes annimmt. Darüber hinaus war es für sie unerläßlich, sich selbst zu vergeben, denn es ist entschieden leichter, anderen zu vergeben als sich selbst.

Sie entschloß sich daraufhin zur sofortigen Aufgabe ihre negativen und höchst destruktiven Denkweise und machte sich daran, jeden auftauchenden negativen Gedanken durch einen Gott-gleichen zu ersetzen. Gleichzeitig begann sie, für das Wohlergehen aller derer zu beten, gegen die sie bislang noch Grollgefühle gehegt hatte. Für jeden einzelnen dieses Personenkreises bejahte sie Gesundheit, Glück und Wohlstand. Wenn Gedanken der Feindseligkeit, des Ärgers und des Grolls Magengeschwüre verursachten – so sagte sie sich – dann muß dieses Gesetz auch umgekehrt wirken. Mit dieser Erkenntnis hatte sie den ersten Schritt zu ihrer Heilung getan.

Sie hörte also auf, der heilenden Kraft Widerstand zu leisten und begann ihr Gemüt zu disziplinieren, indem sie ständig an Harmonie, Frieden, Liebe, Freude, rechtes Handeln und guten Willen für alle dachte. Damit machte sie sich zu einem offenen Kanal für die heilende Macht und Harmonie und vollkommene Gesundheit wurden wieder hergestellt.

Wenn wir auf der einen Seite Gesundheit und Harmonie bejahen, zugleich aber die unterbewußte Überzeugung nähren, unheilbar krank zu sein oder negative und destruktive Emotionen unterhalten, dann sind unsere Bejahungen gleich Null. Die heilende Macht und Liebe des Unendlichen ist dann blockiert. Sie kann ein verunreinigtes Gemüt nicht durchfließen.

Wie er die Wunder des Unterbewußtseins entdeckte

Im *West Magazine* der *Los Angeles Times* vom 23. April 1972 erschien ein faszinierender Artikel der auf einem Dialog zwischen Digby Diehl und Bill Lear basierte. Die bemerkenswertesten Stellen dieses Artikels möchte ich im folgenden zitieren:

Lear begann als Botenjunge für Rotary International in Chicago. Es gelang ihm, eine lückenhafte Schulbildung, gepaart mit einem beachtlichen Scharfsinn und einem bemerkenswerten Unterbewußtsein in ein Vermögen zu verwandeln, das heute seine 28 Millionen Dollar wert ist ... „Ich habe mein ganzes Leben damit zugebracht, Ausschau nach Bedarf zu halten und Möglichkeiten zu seiner Erfüllung ausfindig zu machen... Ich sammle einen Wust von Informationen, aus dem ich mir die herausragenden Dinge aussortiere und die unwichtigen wegwerfe. Ich halte mir immer das Ziel vor Augen und bin bestrebt, das Problem mit geringstem Kostenaufwand zu lösen."

„Das Unterbewußtsein spielt eine wichtige Rolle in diesem schöpferischen Prozeß... Ihr Unterbewußtsein ist ein Computer. Diesen Computer füttern Sie mit allen Ihnen zugänglichen Informationen. Dann lassen Sie ihn in Ruhe. Nach wenigen Tagen meldet er sich dann mit der Antwort... Sie gingen los – ganz und gar unsicher, aber ich garantiere Ihnen, sie kamen zurück mit der Antwort!"

„Einer der Nachteile unseres Erziehungssystems ist der Umstand, daß wir unseren Studenten nicht beibringen, wie sie sich ihre unterbewußten Fähigkeiten nutzbar machen können. Wir sagen ihnen nicht, daß sie über Computer verfügen, die mit dem Unendlichen verbunden sind – Computer, die mit einer unbegrenzten Zahl relativ unwichtiger Details gespeist sind, die aber jeweils eine korrekte Antwort ergeben können."

„Sie bedienen sich ständig Ihres Unterbewußtseins, ob Sie sich dessen nun bewußt sind oder nicht. Wenn Sie beispielsweise einen Namen vergessen haben und sich seiner später wieder erinnern. Was ist da geschehen? Sie haben Ihren Unterbewußtseins-Computer mit der Information gespeist, danach haben Sie an etwas ganz anderes gedacht. Ihr Unterbewußtsein jedoch sagte sich: ‚Ich muß jetzt daran arbeiten‘ und kam heraus mit der Antwort. Wir bringen aber unseren Studenten nicht bei, wie das gemacht wird. Wir erzählen ihnen ja nicht einmal, daß sie überhaupt ein Unterbewußtsein haben!... Menschen, die der Meinung sind, ein schweres Los zu haben, die haben natürlich auch eins, weil sie den ganzen Mechanismus dafür betätigen! Menschen, die andererseits an ihr Glück glauben und überzeugt sind, die Antwort zu finden, die finden sie selbstverständlich, weil sie den Gedanken an Erfolg ihrem Unterbewußtsein übermittelt haben. Wir haben doch einmal unseren Kindern gezeigt, wie das gemacht wird, als wir sie beten lehrten. Das Gebet ist eine andere Art, dem Unterbewußtsein Instruktionen zu erteilen..."

Das waren einige der Antworten, die Bill Lear auf die Fragen von

Digby Diehl gab. Kürzlich konstruierte Bill Lear einen 50-Personen-Bus, der durch Dampf angetrieben wird; ein Beweis, daß der Verbrennungsmotor durchaus ersetzt werden kann.

Ihr Unterbewußtsein verfügt über ganz gewaltige Kräfte. Für jedes Problem unter der Sonne gibt es eine Lösung. Wenn Sie nach einer Lösung suchen, dann sammeln Sie alle verfügbaren Informationen, die das bewußte Problem bzw. seine Lösung betreffen. In anderen Worten: Versuchen Sie zunächst, es mit Ihrem wachbewußten Verstand – Ihrem Intellekt zu lösen. Wenn sich dann irgendwann eine Mauer vor Ihnen auftut, dann übergeben Sie das Ganze vertrauensvoll Ihrem Unterbewußtsein und Sie werden feststellen, daß es alle erforderlichen Daten zusammenbringt. Nachdem es die Antwort synthetisiert hat, präsentiert es sich in voller Blüte Ihrem Wachbewußtsein.

Er betete ohne Unterlaß

Während einer Reise nach Mexiko verbrachte ich einen Abend im Haus von Freunden. Im Lauf der Unterhaltung kamen wir auch auf die Macht des Unterbewußtseins zu sprechen. Unter den Gästen war auch ein Amerikaner, der seit 20 Jahren in Mexico City lebt. Wie er mir erzählte, hatte er vor mehr als 20 Jahren ein schweres Krebsleiden; sein Arzt hatte ihm nur noch drei Monate gegeben, da die Metastasen sich bereits über sein gesamtes System verbreitet hatten. Er hatte eine kleine Tochter, die damals gerade ein Jahr alt war. Seine Frau hatte ihn verlassen und er mußte das Kind selbst betreuen. Die Eröffnung des Arztes war deshalb ein schwerer Schock für ihn.

Freunde rieten ihm, sich in Tijuana, Mexiko, behandeln zu lassen. Eine Spezialklinik dort hatte damals spektakuläre Erfolge mit einer neuartigen Behandlungsweise. Er beauftragte eine Agentur, geeignete Adoptiveltern für seine kleine Tochter zu finden und man versprach ihm, auf das Beste für sie zu sorgen. Nachdem er in der Klinik in Tijuana etwa zehn Injektionen erhalten hatte, erfuhr er eine vollkommene Heilung und seither war auch nicht das geringste Anzeichen einer Wiederkehr dieser Krankheit erkennbar. Zweifellos hatte dieser Mann absolutes Vertrauen in die Therapie und sein Unterbewußtsein reagierte entsprechend.

Es ist völlig bedeutungslos, ob der Gegenstand Ihres Vertrauens wahr oder unwahr, richtig oder falsch ist – Sie werden von Ihrem Unterbewußtsein immer Resultate erhalten. Es reagiert immer auf Ihre festen Überzeugungen. Im Fall dieses früheren Krebspatienten war es ein blinder Glaube an die Wirksamkeit der Injektion eines Aprikosenextrakts.

Nach der erfolgreichen Behandlung kehrte er nach San Francisco zurück und bemühte sich, den Verbleib seiner Tochter ausfindig zu machen, aber es war ihm nicht möglich, auch nur die kleinste Information zu erhalten – laut Mitteilung der Agentur bestand dazu keine legale Möglichkeit. In seiner Verzweiflung wandte er sich an eine Bekannte in San Francisco. Die sagte ihm: „Bete ohne Unterlaß und du wirst sie finden." Auf seine Frage, wie sie das denn meine, erklärte sie: „Du liebst deine Tochter und du kannst ohne Unterlaß lieben. Du hörst niemals auf, deine Tochter zu lieben. Deshalb mußt du durchaus nicht den ganzen Tag lang an sie denken, aber deine Liebe stirbt niemals, schläft niemals und verringert sich niemals. Die Liebe wird dich zu ihr führen."

Auf ihren Rat hin wandte er sich jeden Abend an sein Unterbewußtsein und bejahte: „Liebe ebnet mir den Weg und ich werde mein Kind wiedersehen." Nach Ablauf einer Woche hatte er einen sehr lebhaften Traum: Er sah sein Kind und dessen neue Eltern deutlich vor sich, und auch die genaue Adresse wurde ihm enthüllt.

Am nächsten Tag begab er sich dorthin und überzeugte die Adoptiveltern, daß er seine Tochter lediglich zu sehen wünsche und keinerlei Absichten habe, ihnen das Kind wieder zu nehmen. Er berichtete ihnen von seiner Verzweiflung und Panik, als ihm bedeutet wurde, er habe nur noch drei Monate zu leben. Er erklärte ihnen, daß sein alles beherrschender Gedanke war, sein Kind gut versorgt zu wissen. Die einzige Möglichkeit hierzu schien ihm das Adoptions-Center zu bieten.

Man war sich einig darüber, daß das Kind noch zu klein sei, um die Zusammenhänge zu begreifen, die Eheleute versicherten ihm aber zugleich, daß er in ihrem Haus zu jeder Zeit willkommen sei, und wenn seine Tochter eines Tages alt genug sei, würde sie gleichfalls verstehen. Er und seine Tochter korrespondieren jetzt regelmäßig miteinander, und sie hat ihn auch schon oftmals in Mexiko besucht. Dieser Mann hatte „ohne Unterlaß" geliebt, worauf sein Unterbewußtsein, das alles weiß, alles

sieht und über das Know-how der Erfüllung verfügt, den Weg frei-
machte, in göttlicher Ordnung. Die Liebe geht niemals fehl.

Tele-PSI und Gebet

Wie bereits erläutert, besteht Tele-PSI aus der Kommunikation mit
Ihrem Unterbewußtsein, um von ihm Antworten zu erhalten und Pro-
blemlösungen zu bewirken. Die Bibel sagt: ... *Sprich nur ein Wort, so
wird mein Knecht geheilt werden.* (Matth. 8:8). Das „Wort" steht in der
Bibel für einen klar geformten Gedanken oder eine Konzeption für das
Gute. Der Begriff „Heilung" bezieht sich nicht allein auf die körperliche
Heilung, sondern ebenso auf die Heilung des Gemüts, der Geldbörse, der
Familienbeziehungen, des Geschäfts, finanzieller Zustände, zwischen-
menschlicher Beziehungen etc. Dabei ist es unerheblich, ob es sich um Sie
selbst oder einen anderen Menschen handelt.

Ihr wachbewußter Verstand ist selektiv – d. h. er verfügt über die
Fähigkeit, auszuwählen; verweilen Sie deshalb niemals bei Gedanken des
Zweifels, der Anspannung, der Kritik etc. Skeptiker und Zweifler haben
es immer sehr schwer. Das „Wort" ist Ihre Überzeugung – das, was Sie
wirklich glauben. Ein eiliges Gebet oder eines, das Zwangsanwendung
beinhaltet, wird niemals erfolgreich sein. Das Unterbewußtsein zu irgend
etwas zu zwingen, wäre vergleichbar mit einer Einstellung, die etwa besagt: „Ich muß dieses Problem bis zum Wochenende gelöst haben – es ist
ungeheuer wichtig!"

Statt also frustriert und angespannt zu sein, übergeben Sie Ihr Anliegen
ruhig und vertrauensvoll Ihrem Unterbewußtsein, in dem Wissen, daß die
Antwort Ihrem Wunsch gemäß erfolgen wird – so wie eine in den Boden
gegebene Saat ein ihrer Art entsprechendes Gewächs hervorbringt.

Wie sein Kind sein Problem löste

Ein Mann erzählte mir, daß er einmal kurz vor dem Bankrott gestan-
den hatte. Die Erkenntnis, daß viele Menschen davon mitbetroffen wä-

ren, versetzte ihn in Panik und Verzweiflung. In dieser Gemütsverfassung bat er auch seine kleine Tochter, zu Gott um Frieden und Befreiung zu beten. Er erklärte ihr: „Pappi ist in Schwierigkeiten." Kurz darauf kamen ihm Freunde zu Hilfe – sozusagen aus heiterem Himmel.

Seine kleine Tochter hatte ihm vorher erzählt, daß ihr im Traum ein Engel erschienen sei und gesagt habe, daß für den Pappi gut gesorgt werde. Das Kind glaubte uneingeschränkt. Wenn Sie beten, müssen Sie den kindlichen Glauben zurückgewinnen. Ein kleines Kind ist weder kritisch noch analytisch oder indifferent. Spiritueller Stolz ist ein großes Hindernis beim Beten. Entspannen Sie sich, lassen Sie los, vertrauen Sie Ihrem tieferen Bewußtsein, und haben Sie das Vertrauen eines Kindes. Auch Sie werden eine Antwort bekommen.

Wie ein Bankier mit seinem Unterbewußtsein arbeitet

Ein Freund von mir – Bankier von Beruf – pflegt seine Probleme auf folgende Weise zu lösen:
Ich denke an die unendliche Gegenwart in meinem Innern und sinne über ihre Attribute nach. Gott ist grenzenlose Weisheit, unendliche Macht, unendliche Liebe, unendliche Intelligenz. Deshalb ist dem unendlichen Einen nichts unmöglich. Gott nimmt sich dieser Sache an, und ich akzeptiere die Antwort jetzt – in diesem Moment. Danke, Vater.
Diese Gebetstechnik versagt nie – das konnte mein Freund mir bestätigen. Jedesmal, wenn Ihnen ein negativer Gedanke in den Sinn kommt, lachen Sie darüber. Entspannen Sie sich geistig.
Sprich nur das Wort, so wird mein Knecht geheilt werden. (Matth. 8:8)

Wie man die Freude der Gebetsbeantwortung fühlt

Viele Menschen fühlen sich außerstande, eine Sinnesempfindung für etwas hervorzurufen, das noch nicht erlebt wurde. Wieso eigentlich? Wenn ich Ihnen jetzt sagen würde, daß etwas ganz Wunderbares geschehen sei, das Sie unmittelbar betrifft, ohne dabei in die Details zu gehen und Sie dadurch für einige Minuten in Spannung halte – verspüren Sie dann nicht ein Gefühl freudiger Erwartung? Auf die gleiche Weise können Sie die Freude des beantworteten Gebets erfahren.

ZUSAMMENFASSUNG

1. Eine Frau heilte sich selbst von einem Glaukom, durch Behaupten, Fühlen und Wissen, daß die schöpferische Intelligenz ihres Unterbewußtseins, die ihre Augen geschaffen hat, sie auch heilt. Sie bejahte regelmäßig: „Die schöpferische Intelligenz, die meinen Körper geschaffen hat, stellt meine Sehkraft wieder her." Zur gleichen Zeit stellte sie sich vor, daß ihr Arzt sie von ihrer völligen Genesung informierte und in diesem Zusammenhang von einem Wunder sprach.

2. Eine Frau hatte mit ihren Gesundheitsbejahungen keinen Erfolg, weil sie mehreren Menschen gegenüber Gefühle des Grolls und der Feindseligkeit hegte. Damit wurde jede Heilungsmöglichkeit blockiert und ihr Zustand verschlechterte sich zusehends. Auf diesen Umstand hingewiesen, entschloß sie sich zu einer veränderten Gemütshaltung. Sie vergab sich selbst für ihre gehässigen Gedanken und ersetzte sie durch Gott-gleiche. Zugleich sandte sie Segnungen aus für alle Menschen, denen sie gegrollt hatte. Kurz darauf waren alle Krankheitssymptome verschwunden.

3. Bill Lear, der Erfinder des dampfgetriebenen Busses und anderer bemerkenswerter Dinge, schreibt seine außergewöhnlichen Erfolge seiner Kenntnis des Unterbewußtseins zu. Nachdem er ein Forschungsprojekt von allen Seiten her durchdacht hat und schließlich auf ein Hindernis stößt, übergibt er das Problem seinem Unterbewußtsein, das schließlich mit allen einschlägigen Informationen trächtig wird. Die Antwort kommt dann zumeist zu einem Zeitpunkt, wenn er mit ganz anderen Dingen beschäftigt ist. Die schöpferischen Ideen aus seinem Unterbewußtsein haben ihm bislang immerhin ein Vermögen von 28 Millionen Dollar eingebracht.

165

4. „Beten ohne Unterlaß" bedeutet selbstverständlich nicht, den ganzen Tag lang zu beten. Es bedeutet die Aufrechterhaltung einer durch und durch positiven Gemütsverfassung, also konstruktives und liebevolles Denken. Ein Mensch beispielsweise, der sein Kind liebt, dessen Liebe vermindert sich nicht und ermüdet auch niemals. Ganz gleich, wie beschäftigt er auch sein mag, jedesmal, wenn er an sein Kind denkt, wallt ein Gefühl der Liebe in ihm auf. Die Liebe stirbt nicht und sie wird niemals alt; sie ist ewig. Ein Mann, dessen Töchterchen durch außergewöhnliche Umstände adoptiert wurde, hatte den starken Wunsch, es wiederzusehen. Sein Unterbewußtsein reagierte auf sein starkes Gefühl der Liebe und zeigte ihm den Aufenthaltsort des Kindes. Es gab ein frohes Wiedersehen.

5. In einer Spannungs- oder Streß-Situation ist es unmöglich, dem Unterbewußtsein etwas aufzuprägen. Entspannen Sie sich, lassen Sie los und übergeben Sie ihm Ihr Anliegen voller Glauben und Vertrauen in dem Wissen, daß die Antwort erfolgen wird.

6. Ein Mann, der vor dem Bankrott stand und deshalb von einem Gefühl der Panik ergriffen war, bat seine kleine Tochter, für ihn zu beten. Das Kind hatte absolutes Vertrauen, daß Gott sich um seinen Vater kümmern würde, und sein Unterbewußtsein präsentierte ihm die Antwort in der Form einer lieblichen Engelsgestalt, die ihm sagte, daß für den Pappi gesorgt werde. Freunde kamen zu Hilfe und er blieb solvent. Wenn wir beten (bejahen), müssen wir unser Ego völlig außer acht lassen und das als wahr akzeptieren, was unser Verstand und die Sinne verneinen.

7. Ein Bankier löst die schwierigsten Probleme, indem er sich die Attribute Gottes bewußt macht: Grenzenlose Liebe, vollkommene Harmonie, unendliche Weisheit, unendliche Intelligenz und universelle Macht. Dann spricht er mit seinem höheren Selbst: „Du nimmst dich dieser Sache jetzt an und ich akzeptiere die Antwort jetzt, in diesem Moment." Er erhält Resultate in göttlicher Ordnung.

8. Angenommen, Sie reisen durch die Wüste und sind sehr durstig – würden Sie dann nicht ein herrliches Gefühl der Vorfreude empfinden, wenn Sie in der Ferne eine Oase erblickten? Ebenso können Sie sich einem freudevollen Gefühl hingeben, wenn Sie sich vorstellen, die

Antwort auf Ihr Gebet jetzt zu erfahren. Wenn Sie Ihr Haus verkaufen wollen und der Käufer Ihnen den vereinbarten Preis gezahlt hat, dann würden Sie über die geglückte Transaktion auch glücklich sein. Zäumen Sie das Ganze rückwärts auf: Nehmen Sie dieses Glücksgefühl vorweg und Sie werden damit den Käufer zu sich heranziehen. Aktion und Reaktion sind sich gleich.

KAPITEL 14

Die Macht von Tele-PSI bringt Ihnen die guten Dinge des Lebens

Vor einiger Zeit kam eine Frau zu mir in die Sprechstunde, völlig verzweifelt, weil ihr Mann ihr eröffnet hatte, daß er sie wegen einer anderen Frau verlassen wollte. Nach 30jähriger Ehe war das ein furchtbarer Schlag für sie. Ich erklärte ihr die Bedeutung der Bibelstelle *Ich bin überreich an Freude bei aller unserer Bedrängnis* (II Kor. 7:4). Sie besagt, daß, ganz gleich was geschieht, Sie sich freuen sollten, daß Gott, der lebendige allmächtige Geist in Ihrem Unterbewußtsein etwas Wunderbares für Sie bereithält. Alles, was Sie zu tun haben ist, Ihr Herz und Gemüt zu öffnen und die herrliche Gabe aus den Tiefen Ihres Seins entgegenzunehmen.

Gleichzeitig empfahl ich ihr, ihren Mann „loszulassen" und ihm alle Segnungen des Lebens zu wünschen, denn wahre Liebe befreit immer. Ich machte ihr klar, daß rechtes Handeln für ihn auch rechtes Handeln für sie bedeutet. Demzufolge ließ sie ihren Mann geistig völlig frei, worauf er in Las Vegas die Scheidung durchführen ließ. Dessen ungeachtet hielt sie an ihrer Bejahung fest: „Ich freue mich und sage Dank für die Wunder und Segnungen Gottes, die jetzt in meinem Leben wirksam sind."

Als Resultat dieser Tele-PSI-Anwendung – die ja nichts anderes ist, als die bewußte Einstimmung und Kommunikation auf die resp. mit der Weisheit ihres Unterbewußtseins – erfolgte eine bemerkenswerte Geste ihres Ex-Ehemannes, der inzwischen wieder geheiratet hatte: Er schickte ihr einen Scheck von 50 000 Dollar, zusätzlich zu der vereinbarten Vermögensaufteilung. Kurze Zeit darauf machte ihr der mit dieser Angelegenheit befaßte Anwalt einen Heiratsantrag und sie sind jetzt glücklich verheiratet. (Ich hatte die Ehre, die Trauung vorzunehmen.)

Sie sagte zu mir: „Ich weiß jetzt, was Tele-PSI ist: Kommunikation mit dem Unendlichen." Diese Frau hatte die wirkliche innere Bedeutung der *Freude in der Bedrängnis* erkannt. Entgegen oft geäußerten Behauptungen ist damit nicht gemeint, man solle darüber erfreut sein, von Schmerzen, Krankheiten und Trübsal jeglicher Art heimgesucht zu werden, sondern, daß man an dem Gefühl der Freude und Dankbarkeit festhalten soll, daß eine unendliche Heilungsgegenwart, die immer bestrebt ist, Ihr ganzes Sein zu heilen und wiederherzustellen, jetzt am Werk ist – vorausgesetzt, Sie öffnen Ihr Herz und Gemüt für ihren Einstrom. Des weiteren freuen Sie sich, weil Sie wissen, daß der Wille des unendlichen Lebens ein größeres Maß an Freiheit, Freude, Glück, Frieden und Vitalität ist – in anderen Worten: Ein erfüllteres Leben. Das Leben ist immer bestrebt, sich auf höheren Ebenen durch Sie auszudrücken. Durch Anwendung von Tele-PSI pflegen Sie Kommunikation mit den unendlichen Reichtümern Ihres tieferen Bewußtseins. Sie erhalten wunderbare Antworten!

Wie Tele-PSI Erfolg in sein Leben brachte

Vor einigen Jahren sprach ich mit einem Mann, der – obgleich er auf seinem Gebiet ein absoluter Könner war, nach eigenen Bekundungen „nie vorwärts zu kommen schien". Dieser Mann wußte nichts von seiner Psyche und wie er Kontakt zu ihr herstellen konnte.

Ich erklärte ihm, daß zwischen einem erfolgreichen Leben einerseits und den Denkmustern und Mentalvorstellungen des Menschen andererseits ein ursächlicher Zusammenhang besteht. Es ist schlechthin unmöglich, erfolgreich zu sein, solange man sich nicht mit dem Erfolg identifiziert! Erfolg *ist* ein erfolgreiches Leben: Es beinhaltet Erfolg in Ihren Bejahungen, Ihren zwischenmenschlichen Beziehungen, Ihrem Berufsleben und bei Ihren Kommunikationen mit Ihrer eigenen Psyche.

Dieser Mann hatte sich nicht mit dem Erfolg identifiziert, sondern jahrelang mit Verworrenheit, Befürchtungen und Fehlschlägen. Nachdem er erkannt hatte, welchen Schaden er sich selbst zufügte, nahm er eine gegensätzliche Gemütshaltung ein und bejahte regelmäßig:

Ich habe mich jetzt geistig und emotionell mit Erfolg, Harmonie, Frieden und Überfluß identifiziert, und ich weiß, daß ich von diesem Moment an ein magnetisches Zentrum der Anziehung bin, das die Macht meiner Psyche (Unterbewußtsein) wieder errichtet und das Bejahte zur äußeren Manifestation bringt.

In diese Bejahungen legte er Gefühl, Überzeugung und Bedeutung hinein, jedesmal, wenn er sie anwandte – und das geschah mehrmals am Tag. Wenn Befürchtungen oder Gedanken an Fehlschläge auftauchten, ersetzte er sie auf der Stelle mit den Worten: „Erfolg und Reichtum sind jetzt mein." Wenn negative Gedanken an die Tür seines Bewußtseins hämmerten, dann verjagte er sie mit der Feststellung: „Erfolg und Reichtum sind jetzt mein." Nach einer Weile hatten diese negativen Gedanken jegliche Wirksamkeit eingebüßt und er wurde zu einem gradlinigen Denker, d. h. er wurde ein konstruktiver Denker – ein Mensch, der von Prinzipien und ewigen Wahrheiten ausgehend denkt.

Durch diese Kommunikation mit seiner eigenen Seele, die wir Tele-PSI nennen, wurde ein Wunsch in ihm übermächtig – der Wunsch, Lehrer der mentalen und spirituellen Gesetze zu sein. Heute ist er Geistlicher und lehrt diese Gesetze. Er liebt seinen Beruf und ist von seiner Aufgabe ganz erfüllt. Er ist jetzt ein ganz außergewöhnlicher Erfolg auf allen Ebenen des Lebens. Nachdem er erst einmal in richtiger Weise Kommunikation mit seiner Psyche betrieben hatte, kam die Antwort, die ihm seinen wahren Platz im Leben aufzeigte und ihm zugleich alle Türen öffnete, um seinen Herzenswunsch zu erfüllen.

Wenn Sie das tun, was Sie gern und mit Freude tun, dann sind Sie glücklich und erfolgreich.

Tele-PSI lehrt: Das Gesetz, das Sie bindet, befreit Sie auch

Denken Sie Gutes und Gutes wird sich ereignen; denken Sie Mangel und Mangel wird die Folge sein. Jede Kraft läßt sich auf zweierlei Arten verwenden. Wenn Sie Ihr Gemüt ganz bewußt mit positiven Denkmustern – mit Gedanken an Harmonie, Gesundheit, Frieden, Überfluß und rechtes Handeln angefüllt halten, dann werden Sie das auch ernten, was

Sie gesät haben. Wenn Sie andererseits ständig über Fehlschläge, Mangel, Begrenzung und irgendwelche Befürchtungen nachsinnen, dann werden Sie selbstverständlich die Resultate dieser negativen Denkweise in Kauf nehmen müssen.

Regelmäßige Konzentration auf Gott-gleiche Gedanken werden Wunder bewirken in Ihrem Leben. Es ist der gleiche Wind, der das Boot auf die Klippen wirft oder in den sicheren Hafen trägt.

Ein Schiff fährt ostwärts und ein anderes nach Westen
Es ist der gleiche Wind, der weht
Die gesetzten Segel sind's und nicht die Brise
Die uns sagen, wohin es geht.

Tennyson sagte: „. . . Mehr Dinge wurden durch Gebet hervorgebracht als diese Welt sich träumen läßt." Gebet ist eine Denkweise; es ist eine konstruktive Geisteshaltung zusammen mit ständigem Gewahrsein, daß alles dem Unterbewußtsein Aufgeprägte sich auf dem Bildschirm des Raumes zeigen wird.

Die Tele-PSI-Begabung eines Jungen rettete das Leben seiner Mutter

Ein kleiner Junge von zehn Jahren, der sich jeden Morgen meine Radiosendung anhört, schrieb mir, daß er jeden Abend vor dem Einschlafen das Gebet anwendet, das ich ihm einige Monate zuvor geschickt hatte:

Ich schlafe friedlich und erwache freudig. Gott liebt mich und meine Mutter und sorgt für uns. Gott sagt mir alles, was ich wissen muß, zu jeder Zeit und überall.

Dieser Junge hatte zuweilen unter Alpträumen zu leiden. Nachdem er das obige Gebet regelmäßig anwandte, wurde er jedoch sehr bald von diesen negativen Erscheinungen geheilt.

Seine Mutter war in der Küche mit der Zubereitung einer Mahlzeit beschäftigt, als er gerade aus der Schule heimgekommen war. Plötzlich stürmte er in die Küche und schrie laut: „Mami, schnell raus hier! Gleich gibt es eine Explosion!" Seine Mutter sah auf, bemerkte seine aschfahle Miene und sein Zittern, und sie rannten beide ins Freie. Wenige Sekunden später erfolgte eine Gasexplosion in der Küche, offensichtlich hervorgerufen durch ein undichtes Rohr. Dabei wurde ein Teil des Hauses zerstört. Der Junge hatte eine innere Stimme gehört, die ihm den Befehl gab, genau das zu sagen und zu tun, was er dann getan hatte.

Das ist Tele-PSI in Aktion. Jeden Abend hatte dieses Kind bejaht, daß Gott oder unendliche Intelligenz es und seine Mutter beschützt und daß ihm jederzeit alles Nötige gesagt werden würde. Seine ständige Kommunikation mit seiner Psyche brachte die notwendige Antwort hervor, um das Leben seiner Mutter zu retten.

Wie sie durch Tele-PSI die „kleinen Füchse" unwirksam machte

Vor einigen Monaten sprach ich mit einer jungen Frau, die gerade ihre vierte Scheidung hinter sich gebracht hatte. Sie war völlig von den zwei „kleinen Füchsen" beherrscht – Groll und Eifersucht, zwei wirklichen Mentalgiften. Ihre tiefsitzenden Ressentiments ihrem ersten Ehemann gegenüber, dem sie niemals vergeben hatte, bewirkten, daß sie immer wieder einen Mann des gleichen Typs anzog, gemäß dem Gesetz der unbewußten Anziehung.

Sie begann einzusehen, daß Groll eine negative, destruktive Emotion ist, erzeugt allein in ihrem Innern – ein psychischer Schmerz, der den gesamten Organismus in Mitleidenschaft zieht und ein unterbewußtes Muster der Selbstzerstörung schafft. Groll bedeutet Rache an sich selbst.

Der andere „kleine Fuchs" war die Eifersucht – ein Kind der Furcht – zusammen mit tiefsitzenden Unsicherheits- und Minderwertigkeitsgefühlen. Wie so oft schon, war auch hier die Erklärung zugleich die Heilung. Sie wurde sich bewußt, daß man mit aufwallender Eifersucht nichts anderes tut, als den anderen Menschen auf ein Podest zu plazieren und sich gleichzeitig selbst zu erniedrigen. Sie hörte deshalb sofort auf, sich mit anderen zu vergleichen und begann einzusehen, daß sie – wie jeder Mensch auch – einzig in ihrer Art war, daß es niemanden auf der ganzen Welt gab, der ihr genau glich, und daß sie die Befähigung hatte, das Verlangte zu beanspruchen. Ihr Unterbewußtsein – das wußte sie jetzt – würde das wahrmachen, was sie beanspruchte und innerlich als wahr empfand.

173

Sie bejahte wie folgt:
Ich lasse alle meine Ex-Ehemänner geistig frei und übergebe sie Gott.
Jedem von ihnen wünsche ich alle Segnungen des Lebens. Ich weiß,
daß ihr Wohlergehen auch mein Wohlergehen – ihr Erfolg auch mein
Erfolg ist. Ich bin mir voll bewußt, daß „das Schiff, das zu meinem
Bruder heimkehrt, auch zu mir kommt." Ich weiß, daß Liebe und
Eifersucht nicht zusammengehen können. Ich beanspruche regelmäßig
und systematisch, daß Gottes Liebe meine Seele erfüllt und sein Frieden mein Gemüt überflutet. Ich ziehe jetzt den Mann zu mir heran, der
mit mir in jeder Weise harmoniert. Zwischen uns gibt es nur gegenseitige Liebe, Freiheit und Achtung. Ich vergebe mir selbst meine negativen Gedanken. Jedesmal, wenn mir das Gedankenbild eines meiner
Ex-Ehemänner ins Bewußtsein kommt, werde ich das alte Image durch
ein freundliches, friedvolles ersetzen. Ich werde auch keine Bitterkeit
mehr fühlen. Das ist für mich das Zeichen, daß ich vergeben habe. Ich
bin in Frieden.
Diese Wahrheiten wiederholte sie mehrmals am Tag und prägte sie
damit ihrem Unterbewußtsein auf. Das wiederum resultierte in einer
inneren und äußeren Wandlung. Inzwischen ist sie mit einem wundervollen Mann verheiratet und ihre Reise durch das Leben führt sie vorwärts,
aufwärts und Gottwärts.
Diese Frau hatte gelernt, daß Groll die Kette ist, mit der Sie sich
unweigerlich an die andere Person schmieden. Erst wenn Sie vergeben
und den Menschen segnen, der Ihnen vermeintlich geschadet hat, werden
Sie frei. Von erfolgreicher Vergebung können wir sprechen, wenn das
Mentalbild des anderen bei uns keine negativen Gefühle mehr verursacht,
sobald es uns in den Sinn kommt und wir ein Gefühl des Friedens empfinden. Liebe und Wohlwollen treibt sie aus, ... *die kleinen Füchse, die*
den Weinberg verwüsten ... (Hohelied 2:15).

ZUSAMMENFASSUNG

1. Das Ansinnen, sich in seiner Bedrängnis und Trübsal zu freuen, erscheint auf den ersten Blick paradox. Es besagt jedoch lediglich, daß

Sie sich bewußt sind, daß die innewohnende Gegenwart Sie nicht im Stich lassen wird. Sie wird Ihnen antworten, Sie heilen, alle Tränen fortwischen und Sie auf die königliche Straße zum Glück und Seelenfrieden führen. Eine verlassene Ehefrau gab ihrer Freude Ausdruck, daß Gott etwas Wunderbares für sie bereithielt. Sie hielt an ihrer Vergebung fest und zog damit Positives in ihr Leben. Ihr Ex-Ehemann regelte die finanziellen Angelegenheiten auf das Großzügigste und kurz darauf begegnete sie dem Mann ihrer Träume und ist jetzt glücklich verheiratet. Sie erfreute sich der Güte Gottes im Land der Lebenden und diese Tele-PSI erbrachte ihr sagenhafte Dividenden.

2. Es ist unmöglich, erfolgreich zu sein, so lange man sich nicht mit dem Erfolg identifiziert! Erfolg bedeutet insgesamt erfolgreich leben. Durchtränken Sie Ihr Gemüt mit den Ideen „Erfolg und Wohlstand" und wenn Ihnen Fehlschlagsgedanken oder Befürchtungen in den Sinn kommen, dann ersetzen Sie diese sofort durch Gedanken an Erfolg und Wohlstand. Bald darauf wird Ihr Bewußtsein auf Erfolg und Wohlstand *programmiert* sein. Wenn Sie auf diese Weise mit Ihrer Psyche Kommunikation pflegen, werden Ihre wirklichen Talente und Begabungen freigelegt und der Erfolg erzwungen.

3. Das Gesetz, das Sie bindet, befreit Sie auch. Denken Sie Gutes und Gutes wird sich ereignen; denken Sie negativ und Negatives wird die Folge sein. Wenn Sie Ihrem Unterbewußtsein Ideen des Mangels, der Begrenzung und des Fehlschlags aufgeprägt haben, dann können Sie diese Denkschablone unwirksam machen, indem Sie Ihre Denkgewohnheiten umkehren und Ihr Gemüt mit Gedanken an Erfolg, Wohlstand, Frieden, Harmonie und rechtes Handeln erfüllen. Damit sind die alten Denkmuster gelöscht und Ihr Unterbewußtsein befreit Sie von Ihrer früheren Gebundenheit.

4. Ein kleiner Junge rettete seine Mutter vor einer Gasexplosion in ihrer Küche. Er hatte die Gewohnheit, jeden Abend Tele-PSI zu praktizieren, indem er sich an die Weisheit seines Unterbewußtseins wandte und dieses veranlaßte, über ihn und seine Mutter zu wachen. Sein Unterbewußtsein, dem das defekte Gasrohr in der Küche selbstverständlich bekannt war, machte sich ihm als drängende innere Stimme bemerkbar, so daß er seine Mutter veranlassen konnte, sich auf schnell

stem Wege in Sicherheit zu bringen. Die Weisheit in Ihrem Innern kennt alles und sieht alles. Auf Verlangen enthüllt sie Ihnen alles erforderliche Wissen. Das und noch mehr kann Ihr Unterbewußtsein für Sie tun.

5. Groll ist die Kette, die Sie festhält. Er ist ein destruktives Mentalgift, das Sie ihrer Vitalität, Begeisterung und Energie beraubt. Eifersucht ist ein Kind der Furcht und basiert auf Gefühlen der Unsicherheit und Minderwertigkeit. Eine Frau, die sich mit diesen zwei „kleinen Füchsen" eingelassen hatte, hatte sich damit vier Ehemänner angezogen, von denen einer schlimmer war als der andere. Ihre unterbewußten Denkmuster von Groll und Eifersucht hatten dem Gesetz der Anziehung gemäß gleichartige Menschentypen angezogen. Nachdem sie alle vier Ex-Ehemänner geistig losgelassen und ihnen Glück und Wohlergehen gewünscht hatte, trat der richtige Ehepartner in ihr Leben und sie fand schließlich ihr Glück. Liebe und Wohlwollen treibt sie aus, . . . *die kleinen Füchse, die den Weinberg verwüsten . . .* (Hohelied 2:15).

KAPITEL 15

Wie Tele-PSI Ihr Leben verändern kann

Der folgende Brief eines Hörers und Lesers meines populärsten Buches „Die Macht Ihres Unterbewußtseins" spricht für sich selbst. Der Verfasser hat mich autorisiert, sein Schreiben zu veröffentlichen, mitsamt Namen und Anschrift:

Los Angeles, Cal.

Sehr geehrter Dr. Murphy,
Vor fünf Jahren hatte ich erstmals Ihre Radiosendungen gehört, die sofort meine Aufmerksamkeit fesselten, weil Sie so kühn, emphatisch und positiv in Ihren Feststellungen waren, von denen viele das genaue Gegenteil dessen darstellten, was man mir in den ganzen fünfzig Jahren meines Lebens eingeredet hatte. Mein Leben war damals ein einziges Chaos – finanziell, spirituell und meine Häuslichkeit betreffend; deshalb meinte ich, nichts verlieren zu können, wenn ich Ihren Lehren eine faire Chance gebe.

So begann ich mit dem Besuch Ihrer Sonntagmorgen-Vorträge im Wilshire Ebell Theater und las Ihr Buch „Die Macht Ihres Unterbewußtseins". Dieses Buch veranlaßte mich zu einer 180-Grad-Drehung der meisten meiner Denkgewohnheiten. So wie sich mein Denken änderte, so änderten sich auch meine Verhältnisse, wie es ja nicht anders sein kann.

Am Anfang fuhr ich ein sehr altes Auto, das ich jedesmal in gebührender Entfernung vom Wilshire Ebell Theater parkte, um einer möglichen Blamage vorzubeugen. Ich hatte auch keinen Beruf – nicht einmal einen Job – ich wußte nicht einmal, nach welchem Job ich mich umsehen sollte. Meine Familie und ich lebten in einer zu engen Etagenwohnung, mit der Miete war ich im Rückstand. Ich befand mich in einem verängstigten, verzweifelten Gemütszustand und wußte nicht, wie es weitergehen sollte.

Jedenfalls, Dr. Murphy, haben die Dinge sich *wirklich gewandelt*, so sehr, daß ich fast versucht bin, mich zu kneifen, um sicher zu sein, daß alle diese wunderbaren Ereignisse sich auch tatsächlich zutragen. Ich schulde Ihnen so viel Dank, denn es waren ja Ihre Lehren, die mir den rechten Weg gewiesen haben. Seither habe ich viele Ihrer Bücher gelesen.

Ich besitze jetzt ein eigenes Unternehmen, das mir jeden Tag Freude bereitet, weil es wächst und sich ausdehnt; wir haben ein schönes, komfortables Haus auf einem Hügel, mit herrlichem Ausblick, meine Frau und ich haben jeder ein Auto unserer Wahl mit allen Schikanen. Wir haben viele neue Freundschaften geschlossen; alle unsere Kinder (6) sind glücklich verheiratet und kommen im Geschäftsleben gut voran. Ich weiß überhaupt nicht, was wir uns eigentlich noch wünschen sollten, denn „mein Becher fließt wahrhaftig über".

Ich möchte gern 5.00 Dollar monatlich für Ihr Radioprogramm spenden, damit Sie auch weiterhin „sagen können, wie es ist". Ich danke Ihnen von ganzem Herzen und wünsche Ihnen Gottes reichen Segen.

Alle guten Wünsche
gez. Louis Menold

P.S. Sie können dieses Schreiben ganz oder teilweise verwenden, auf jede Weise, die Ihnen zusagt und auch Namen und Adresse veröffentlichen. Sie lautet:
2688 Banbury Pl., Los Angeles, Cal. 90065.

Wie Tele-PSI für einen Bauunternehmer Wunder bewirkte

Vor ein paar Tagen hatte ich ein sehr interessantes Gespräch mit einem Bauunternehmer, der mir erzählte, daß die meisten seiner Probleme durch Träume gelöst werden konnten – und das seit dreißig Jahren. Jeden Abend vor dem Einschlafen instruierte er sein Unterbewußtsein folgendermaßen:

Heute nacht werde ich träumen. An diesen Traum werde ich mich am Morgen erinnern. Die Lösung wird mir im Traum gegeben und in dem Moment, da die Antwort erfolgt, werde ich aufwachen und mir sofort Notizen machen.

Papier und Bleistift lagen immer neben seinem Bett bereit. Diese Traumtechnik hatte er, wie gesagt, bereits seit vielen Jahren angewandt und dabei ganz erstaunliche Antworten erhalten. Kürzlich benötigte er einen 500 000-Dollar-Kredit, aber sein Antrag war von allen Banken abschlägig beschieden worden. Im Traumzustand erschien ihm daraufhin ein alter Freund, den er seit zwanzig Jahren nicht mehr gesehen hatte. Dieser Freund, ein Bankier, sagte: „Ich werde dir das Geld geben." Er erwachte auf der Stelle und schrieb diese Nachricht auf. Später am Vormittag rief er diesen Freund an und erhielt den gewünschten Kredit ohne die geringste Schwierigkeit.

Bei anderer Gelegenheit löste er einen Konflikt mit seinem Sohn. Hier erschien ihm seine Mutter im Traum und riet ihm, den Jungen gewähren zu lassen und ihn damit von seiner Frustration zu heilen. Sie eröffnete ihm, daß es der Herzenswunsch ihres Enkels sei, Priester zu werden. Bei dem nachfolgenden Gespräch mit seinem Sohn kam er zu der Überzeugung, daß es die beste Lösung sei, diesen Wunsch zu erfüllen und es gab keine weiteren Probleme.

Dieser Bauunternehmer verlangte von seinem Unterbewußtsein, das alles weiß, ihm die richtigen Antworten im Traumzustand zu enthüllen. Da das Unterbewußtsein immer auf Suggestionen anspricht, reagierte es der Natur der jeweiligen Suggestion gemäß. Die Charaktere, die in diesen Traumhandlungen eine Rolle spielten, waren lediglich Dramatisationen seines Unterbewußtseins, das ihm die Antworten auf die wirkungsvollste Weise gab – einer Weise, die seine Aufmerksamkeit fesselte und sein bedingungsloses Vertrauen gewann. Es waren somit seine Träume, die ihm Maßnahmen nahelegten, die sich als höchst erfolgreich bei der Lösung seiner persönlichen Probleme erweisen sollten.

Beginnen Sie jetzt damit, Ihre Probleme zu lösen

Verfahren Sie folgendermaßen: Bevor Sie sich am Abend zur Ruhe begeben, konzentrieren Sie sich auf die Lösung Ihres Problems – gleichgültig, wie verwirrend es auch sein mag. Erwarten Sie – so, wie dieser Bauunternehmer – voller Vertrauen, die richtige Antwort zu träumen. Dann werden Sie sehr schnell feststellen, daß Ihnen für das, was Ihnen als unlösbar erschien, neue Einsichten und Antworten präsentiert werden – in voller Größe, und das entweder im Traumzustand oder unmittelbar beim Erwachen am Morgen.

Wie sie ihre Frustration überwand

Vor kurzem hatte ich ein langes Gespräch mit einer Frau, die erklärte, von ihrer Schwiegermutter „in den Wahnsinn getrieben" zu werden. Diese Redensart wiederholte sie ständig wie eine gesprungene Schallplatte. Ich wies sie darauf hin, daß ihr Unterbewußtsein sie beim Wort nimmt, und diese Überzeugung – sofern sie aufrechterhalten wird – als ihr Verlangen auffaßt und sich an dessen Verwirklichung machen wird, und damit einen recht abnormen Mentalzustand herbeiführt, der bereits eine Art Psychose darstellt.

Meinen Erläuterungen entsprechend, daß ihre Schwiegermutter über keinerlei Macht verfügt, ihren inneren Frieden zu stören, änderte sie ihre Einstellung und bejahte still:

Meine Gedanken und Gefühle wenden sich an die unendliche Gegenwart in meinem Innern. Gott ist mein Führer, mein Berater, mein Wegweiser und die Quelle meiner Versorgung. Gottes Frieden erfüllt meine Seele und in meinem Haus ist göttliche Ordnung vorherrschend. Ich werde niemals wieder einem anderen Menschen irgendwelche Macht zugestehen. Die einzige Macht besitzt der Geist in meinem Innern – Gott.

Bald erreichte sie den „Neutralpunkt" in ihrem Innern und sie war imstande, bei jedem Gedanken an die Schwiegermutter oder wenn diese wieder einmal kritische oder gehässige Bemerkungen von sich gab, sich zu sagen: „Gott ist mein Führer. Gott denkt, spricht und handelt durch mich. Ich befreie dich und lasse dich los."

Nachdem sie diese Technik etwa eine Woche lang praktiziert hatte, packte ihre Schwiegermutter ganz einfach ihre Koffer und verschwand mit unbekanntem Ziel.

Diese Frau löste ihr Problem in ihrem eigenen Gemüt, nachdem sie erkannt hatte, daß die Schwiegermutter nicht die eigentliche Ursache ihrer Verstimmung war. Daraus folgt eine wichtige Lektion für uns alle: Gestehen Sie niemals – unter keinen Umständen – anderen Menschen, Zuständen oder Verhältnissen irgend eine Macht zu. Geben wir statt dessen all unsere Loyalität, Treue und Verehrung der einen schöpferischen Kraft in unserem Innern: dem lebendigen allmächtigen Geist.

Nichts kann Sie verletzen – lernen Sie, das zu begreifen

Kürzlich sprach ich mit einem Kongreßabgeordneten, der mir erzählte, daß über ihn schon die schlimmsten Lügen verbreitet wurden, daß er zum Buhmann gestempelt und bereits mehrmals aller möglichen Vergehen beschuldigt worden sei, daß er jedoch gelernt habe, sich nicht davon beeindrucken zu lassen. Er hatte erkannt: Nicht die Handlungen und das Gerede anderer sind es, die zählen, sondern einzig und allein seine Reaktion darauf. In anderen Worten: Die Ursache eventuell verletzter Gefühle liegt immer in seinen Gedankenbewegungen; deshalb hatte er es sich zur Gewohnheit gemacht, sich sofort mit der göttlichen Gegenwart in seinem Innern zu identifizieren, mit Bejahungen wie: „Der Friede Gottes durchströmt mein Herz und Gemüt. Gott liebt mich und sorgt für mich."

Ungerechtfertigte Kritik und Verurteilung überwindet er seit langem durch diese Identifikation mit dem Gott-Selbst in seinem Innern. Diese Haltung ist ihm bereits zur Gewohnheit geworden und damit machte er sich immun gegen die zuweilen auf ihn abgeschossenen verbalen Giftpfeile.

Tele-PSI bewältigte eine hoffnungslose Situation

Nach einem meiner sonntäglichen Vorträge im Wilshire Ebell Theatre bat mich einmal ein Mann, mich kurz sprechen zu dürfen. Was an diesem Mann so faszinierte, war so eine Art stilles Leuchten, das von ihm auszugehen schien. Seine Augen strahlten mit einem verinnerlichten Glanz. Dabei hätte das, was er mir zu erzählen hatte, kaum schlimmer sein können: Nur wenige Wochen zuvor waren seine beiden Söhne im Vietnamkrieg gefallen, seine Frau an Gehirnkrebs gestorben und seine Tochter an einer Überdosis LSD zugrunde gegangen. Die Mitarbeiter in seinem Ladengeschäft hatten ihn während der langen Krankheit seiner Frau dermaßen bestohlen, daß er in Konkurs gehen mußte.

Das alles waren harte Schicksalsschläge, die einen Menschen schon zugrunde richten konnten. Wie er mir sagte, sei er auch eine geraume Zeitlang wie betäubt herumgelaufen. Schließlich gab ihm seine treue Sekretärin mein Buch *Das Wunder Ihres Geistes*, das er begierig las, besonders das Kapitel, das sich mit dem Tod geliebter Menschen befaßt »Jedes Ende ist ein Anfang". Es eröffnete ihm neue Horizonte und einen neuen Einblick in das Leben. Sein Betäubungszustand verflüchtigte sich zusehends und er verspürte ein wunderbares Gefühl inneren Friedens; die Last war von ihm genommen und er fühlte eine Art Erleuchtung.

Nach meinem Vortrag mit dem Thema „Erwarte das Beste im Leben" machte er seiner Sekretärin einen Heiratsantrag, der angenommen wurde. Eine Woche später vollzog ich die Trauung.

Dieser Mann hatte seinen Weg ins Leben zurückgefunden – in ein neues bereicherndes Leben. Er ist jetzt mit einem speziellen Regierungsauftrag betreut und hat ein schönes Einkommen.

Wie Sie sehen, ist keine Situation wirklich hoffnungslos, wenn Sie mit dem Unendlichen in Ihrem Innern Kontakt haben.

Wie er die Worttherapie praktizierte

Dr. Dan Custer, der viele Jahre lang in San Francisco an der Science of Mind Church lehrte – ein alter Freund von mir – praktizierte mit Erfolg

etwas, das er als „Therapie der Worte" bezeichnete. Wenn er sich beispielsweise angespannt fühlte, dann wiederholte er still das Wort „Frieden" immer wieder. Wenn ihn Besorgnis über irgend etwas ankam, bejahte er still „Unbezwinglichkeit" und wenn sich akute Probleme präsen-
tierten, dann sagte er „Sieg", mehrmals und mit Gefühl.

Diese Therapie der Worte, wie Dr. Custer es nannte, hatte eine geradezu magische Wirkung in seinem Leben. Durch ständige Repetition der
Worte rührte er die latenten Kräfte seines Unterbewußtseins auf, und
diese Kräfte wurden zu aktiven und machtvollen Faktoren in seinem
Leben.

ZUSAMMENFASSUNG

1. Ein Mann, der fünfzig Jahre lang negativ gedacht hatte, las *Die Macht
   Ihres Unterbewußtseins* und verwandelte ein bis dahin chaotisches Leben in ein friedvolles und glückliches. In allen Bereichen seines Lebens
   erfuhr er eine Veränderung zum Guten, durch Anwendung der darin
   aufgeführten Prinzipien.
2. Sie können Ihr Unterbewußtsein unmittelbar vor dem Einschlafen auf
   folgende Weise instruieren: „Ich werde heute nacht träumen. An diesen Traum werde ich mich dann am Morgen erinnern; die gesuchte
   Lösung wird mir im Traum gegeben. In dem Augenblick wo die Antwort erscheint, werde ich aufwachen und sie notieren." Halten Sie zu
   diesem Zweck Papier und Bleistift bereit. Ihr Unterbewußtsein reagiert auf jede Suggestion, deshalb werden Sie erstaunt sein über die
   Antworten, die Sie erhalten. Praktizieren Sie das – wissend, fühlend
   und mit Verständnis – und Sie werden definitive Resultate erzielen.
3. Konzentrieren Sie sich auf die Lösung eines jeden Problems – auch des
   schwierigsten und verworrensten – unmittelbar vor dem Einschlafen.
   Die Weisheit Ihres Unterbewußtseins wird dann während Ihres Schlafes an der Lösung arbeiten und Ihnen die Antwort präsentieren.
4. Jede Ihrer Bejahungen wird von Ihrem Unterbewußtsein für bare
   Münze genommen, und das ausnahmslos! Kein anderer Mensch besitzt

die Macht, Sie aus der Fassung zu bringen, wenn Sie es nicht zulassen! Ganz gleich, wo Sie sich befinden – Ihr Denken kann mit dem Gott in Ihrem Innern sein. Der andere Mensch ist niemals der Verursacher – die Ursache liegt in Ihrem Gemüt und Denken. Stimmen Sie sich ein auf das Unendliche und denken, reden und handeln Sie Gottgleich. Dann erleben Sie den glücklichen Ausgang.

5. Nicht das Gerede oder die Handlungen anderer Menschen sind es, die Sie aufregen, sondern nur Ihre Reaktion darauf. Die aber bestimmen Sie ganz allein! Immunisieren Sie sich, indem Sie die Gottesgegenwart in sich kontemplieren. Machen Sie sich das zur Gewohnheit und Sie entwickeln damit spirituelle Antikörper zu den negativen Gedanken und Äußerungen anderer.

6. Keine Situation ist wirklich hoffnungslos. Wenn ein geliebter Mensch von Ihnen gegangen ist, sollten Sie sich bewußt machen, daß jedes Ende ein neuer Anfang ist und sich über seinen neuen Geburtstag in Gott freuen. Der „Verstorbene" wirkt jetzt in der vierten Dimension des Lebens und verfügt über einen neuen Körper. Er hat einen Anspruch auf Ihre Liebe, Ihre Gebete und Ihre Segnungen auf seiner Reise, die kein Ende kennt. Ein Mann las das Kapitel „Jedes Ende ist ein Anfang" aus *Das Wunder Ihres Geistes*. Damit veränderte sich sein ganzes Leben.

7. Sie können die Therapie der Worte praktizieren. Wenn Sie sich ängstigen, bejahen Sie „Unbezwinglichkeit"; bei Verwirrung „Frieden"; wenn Probleme auftauchen „Sieg"; bei Anspannungen „Gelassenheit". Durch Repetition dieser Worte aktivieren Sie die latenten Kräfte Ihres Unterbewußtseins und lassen in Ihrem Leben Wunder geschehen.

KAPITEL 16

Wie Tele-PSI Ihnen ein neues Selbst-Image verschafft

Auf Verlangen eines Ehepaares flog ich vor einigen Monaten nach Reno. Nach zwanzigjähriger Ehe trug man sich mit Scheidungsabsichten. Bereits bei unserem ersten Gespräch konnte ich feststellen, daß die Frau die Angewohnheit hatte, ihren Mann ständig herabzusetzen. Sie gab sogar freimütig zu, daß es zu ihren Gepflogenheiten gehörte, ihn in aller Öffentlichkeit – in Restaurants oder bei geselligen Zusammenkünften – anzuschreien und ihm dabei alle möglichen Obszönitäten an den Kopf zu werfen. Er beklagte sich, daß sie ihn permanent der Untreue verdächtigte – Vorwürfe, die völlig aus der Luft gegriffen waren.

Ein unerträglicher Fall ständiger Temperamentsausbrüche

Neben diesen unkontrollierten Temperamentsausbrüchen litt sie unter krankhafter Eifersucht und war zudem ausgesprochen starrsinnig. Sie vermochte nicht einzusehen, daß sie die alleinige Schuld an diesem ehelichen Konflikt trug. Der Mann wiederum war übertrieben passiv und ihren Launen und tyrannischen Ausbrüchen hilflos ausgeliefert. Selbstverständlich liegt jetzt die Schlußfolgerung nahe, daß ein Mann, der sich dieses Benehmen widerspruchslos gefallen läßt, ebenfalls einen Teil der Schuld für das Scheitern der Ehe trägt.

Wie sich herausstellte, stammte sie aus einem Elternhaus, in welchem die Mutter der dominierende Teil war. Diese Mutter pflegte den Vater herumzukommandieren und zudem schamlos zu betrügen. Sie erklärte

185

mir: „Meine Mutter besaß keine Moral. Sie war grausam und schlampig. Mein Vater wiederum war ein Narr, gutgläubig, dem Treiben meiner Mutter gegenüber völlig blind und ihr vollkommen hörig."

Ich erklärte ihr die tiefere Ursache ihres Verhaltens. Zunächst einmal hatte sie als Kind keine wirkliche Liebe und Zuneigung erfahren. Höchstwahrscheinlich war ihre Mutter auf sie eifersüchtig und gab ihr bewußt ein Minderwertigkeitsgefühl und die Überzeugung, unerwünscht zu sein. Konsequenterweise hatte sie sich in den folgenden zwanzig Jahren einen Schutzwall gegen erneute Verletzungen aufgebaut. Ihre Eifersucht leitete sich – wie in jedem anderen Fall auch – aus einem Furchtgefühl her, aus Unsicherheit und Minderwertigkeitsgefühlen. Ich machte ihr klar, daß ihr grundlegendes Problem ihre Weigerung war, Liebe und Wohlwollen zu geben.

Die Wirkungen eines frustrierten Temperaments

Der Ehemann hatte seither Magengeschwüre und hohen Blutdruck entwickelt, als Auswirkung unterdrückter Zorngefühle und tiefsitzender Ressentiments. Er war jedoch ein derartiger Pantoffelheld, daß er nie ein Wort sagte und die unerträglichen Zustände zwanzig Jahre lang widerspruchslos hingenommen hatte.

Beide sahen sich nun veranlaßt, nach Innen zu schauen. Dabei erkannte die Ehefrau plötzlich, daß sie unbewußt einen Mann geheiratet hatte, der es sich gefallen ließ, manipuliert, angefahren und beschimpft zu werden. Es wurde ihr klar, daß sie nach wie vor keine wirkliche Zuneigung erfuhr. Ihre Herrschsucht und übertriebene Eifersucht ihrem Mann gegenüber war in Wirklichkeit ein Sehnen nach der Liebe, die sie in ihrer Kindheit nie erfahren hatte; darüber hinaus wurde ihr bewußt, daß sie ein Vater-Image geheiratet hatte.

Er andererseits meinte: „Ich habe den Punkt erreicht, der mich nichts mehr ertragen läßt. Mein Arzt hatte gesagt: ‚Bloß weg von dieser Frau.‘ Ihre unentwegten Nörgeleien machen mich krank und das Leben unerträglich."

Dessen ungeachtet erklärten sie sich bereit, einen ehrlichen Versuch zu einer wirklich guten Ehe zu machen. Für sie bestand der erste Schritt in restlosem Aufgeben aller ihrer Gewohnheiten, die geeignet waren, ihren Ehemann zu verletzen und zu demütigen. Er wiederum erklärte sich bereit, auf seinen Rechten als Mensch und Ehemann zu bestehen und sich nicht länger als Pantoffelheld zu gebärden.

Die Spiegel-Behandlung

Beiden gab ich eine Verfahrensweise, die weithin als die einfachste aller Gebetstechniken bekannt ist: Die „Spiegel-Behandlung". Die Ehefrau erklärte sich einverstanden, dreimal täglich vor einem Spiegel die folgende mutige Bejahung zu machen:
Ich bin ein Kind Gottes. Gott liebt mich und sorgt für mich. Ich strahle Liebe aus – Liebe, Frieden und Wohlwollen auf meinen Mann und seine Angehörigen. Jedesmal, wenn ich an meinen Mann denke, bejahe ich: „Ich liebe dich und sorge für dich." Ich fühle mich glücklich, froh, liebevoll, freundlich und harmonisch und ich strahle von Tag zu Tag mehr Gottesliebe aus.
Sie lernte diese Bejahung auswendig, stellte sich vor ihren Spiegel und verfuhr genau nach meinen Anweisungen. Sie wußte jetzt: Ihr Gemüt ist mit einem Spiegel vergleichbar – es reflektiert das, was sie ihm vorhält. Ausdauer und Zähigkeit machten sich schließlich bezahlt. Nach Ablauf von zwei Monaten besuchte sie mich in Beverly Hills und ich erblickte eine völlig veränderte Frau – charmant, liebenswürdig, freundlich und sprühend vor neuer Lebensfreude.
Das spirituelle Rezept für den Ehemann war ähnlich. Er sollte zweimal täglich vor dem Spiegel jeweils fünf Minuten lang das Folgende bejahen:
Du bist stark, mächtig, liebevoll, harmonisch, erleuchtet und inspiriert. Du bist ein gewaltiger Erfolg, glücklich und wohlhabend. Du liebst deine Frau und sie liebt dich. Jedesmal, wenn du an sie denkst, sagst du: „Ich liebe dich und sorge für dich." Wo Mißklang war, herrscht jetzt Harmonie, wo es Schmerz gab, ist Frieden, und Haß wurde durch Liebe überwunden.
Diese Bejahung brachte auch ihm die Heilung. Obgleich er sein Vorge-

hen anfangs für glatte Heuchelei hielt, vermochte er doch einzusehen, daß diese Wahrheiten durch ständige Repetition von seinem Unterbewußtsein aufgenommen würden. Dieses wiederum hatte keine andere Wahl, als das ihm Aufgeprägte zu verwirklichen. Das ist das Gesetz des Gemüts.

Wie ein neues Selbst-Image erlangt werden konnte

Kürzlich sprach ich mit einem jungen Ausreißer, der mir von seiner Tante gebracht worden war. Bei der Erörterung seines Problems wurde offenkundig, daß er sich mit dem Image einer herrschsüchtigen Mutter herumschlug, bei der er weder Liebe noch Verständnis gefunden hatte. Soweit er sich zurückerinnern konnte, hatte sie ihn nur mit Prügel und Kritik erzogen.

Im Alter von 18 Jahren hatte dieser Junge ziemliche Schwierigkeiten mit Mädchen – nicht nur das, er konnte eigentlich mit niemandem so recht auskommen. Seine Tante hatte ihn bei sich aufgenommen, in ein Heim, das von Liebe und Harmonie erfüllt war. Er konnte jedoch seine Neid- und Eifersuchtsgefühle seinen Vettern und Kusinen gegenüber nicht unterdrücken. Er nahm ihnen übel, daß sie so liebevolle Eltern hatten.

Ich erklärte ihm, daß seine gegenwärtige Einstellung lediglich eine Art Verteidigungsmechanismus sei, der ihn veranlaßte, auch Menschen abzulehnen, die nett und freundlich zu ihm waren. Das alles sei auf die traumatischen Erfahrungen in seiner Kindheit zurückzuführen. Sein Vater hatte seine Mutter verlassen, als er ein Jahr alt war. Dadurch hatte er schreckliche Haßgefühle auf diesen Vater entwickelt, der sich nie um ihn und seine Mutter gekümmert hatte.

Dieser junge Mann begann nun zu begreifen, daß seine Mutter zweifellos sich selbst am meisten haßte, denn man muß sich zunächst einmal selbst hassen, bevor man jemand anderen hassen kann. Sie hatte ihren ganzen Haß auf ihren Ex-Ehemann gerichtet, auf ihren Sohn und alle, die ihr nahestanden.

Die Heilung für den Jungen war recht einfach. Ich erklärte ihm, alles, was er zu tun hätte, sei sein Image von seiner Mutter zu ändern. Als wir miteinander die Gesetze des Gemüts diskutierten, begriff er mit einem Mal, daß das Image, das er von seiner Mutter hatte, zugleich das Image von sich selbst ist, denn jeder im Gemüt festgehaltene Eindruck wird von seinem Unterbewußtsein verarbeitet und im persönlichen Bereich zum Vorschein gebracht.

Auch diese Bejahungstechnik war recht einfach: Vor seinem geistigen Auge sah er seine Mutter glücklich, froh, friedlich und liebevoll. In seiner schöpferischen Imagination sah er, wie sie lächelte, strahlte, ihn umarmte und zu ihm sagte: „Ich liebe dich. Ich bin so froh, daß du zurückgekommen bist."

Nach einem Zeitraum von sechs Wochen hörte ich wieder von diesem jungen Mann. Er ist wieder zu Hause bei seiner Mutter und hat eine wunderbare Position bei einer Elektronikfirma. Das haßerfüllte, destruktive Image von seiner Mutter hatte er ablegen können und zugleich ein neues Selbst-Image erworben, das sein Leben entscheidend veränderte. Göttliche Liebe erfüllte sein Herz und die Liebe löst alles ihr nicht Gemäße völlig auf. Liebe befreit, sie gibt; sie ist der Geist Gottes in Aktion.

Was die Liebe einer Frau vermochte

Im August 1969 erschien im *Fate Magazine* der folgende Artikel:
Im Frühjahr 1968 vollbrachte eine junge Frau eine ganz erstaunliche Leistung, um das Leben ihres Vaters zu retten. Janet K. Stone, 20 Jahre alt, Größe 1,65, Gewicht 58 Kilo ist die Tochter von Robert H. Stone aus Covina, Kalifornien. Mr. Stone war mit Reparaturarbeiten an der Unterseite seines Wagens beschäftigt, als der Wagenheber plötzlich ausrutschte und das Auto mit seinem ganzen Gewicht auf ihn fiel. Janet hörte seine Schreie und fand ihn unter dem Wagen hilflos eingeklemmt. Mit schier unglaublicher Kraftanstrengung hob Janet das 750 Kilo schwere Auto an, befreite ihren Vater, trug ihn zu ihrem Wagen und fuhr ihn in das Hospital.

Die Liebe der Tochter für ihren Vater, zusammen mit dem alles beherrschenden Wunsch, sein Leben um jeden Preis zu retten, veranlaßte die Macht des Allmächtigen in den Zentralpunkt ihrer Aufmerksamkeit zu strömen. Das befähigte sie zu diesem herkulischen Kraftakt, der das Leben ihres Vaters rettete. Denken Sie daran: Alle Kraft des Unendlichen ist in Ihnen und befähigt Sie zu außergewöhnlichen Leistungen in allen Bereichen des Lebens.

Er verliebte sich in ein neues Selbst-Image

In einem der Casinos von Las Vegas unterhielt ich mich einmal mit einem bekannten Sänger, der dort gerade ein Gastspiel gab. Er erzählte mir, daß er einige Jahre als Kellner gearbeitet habe, aber von jeher ein intensives Bedürfnis zu singen verspürt hatte. Viele seiner Freunde, die ihn gehört hatten, waren übereinstimmend der Ansicht, daß er das Zeug zu einem außergewöhnlichen Sänger habe.

Eines Tages bekam er von einem Gast mein Buch *Die Macht Ihres Unterbewußtseins* geschenkt, das er mit wachsender Begeisterung las. Wie er mir sagte, praktizierte er allabendlich eine der in diesem Buch dargelegten Techniken. Er setzte sich jeweils etwa zehn Minuten lang hin und stellte sich lebhaft vor, wie er auf der Bühne stand und vor einem begeisterten Publikum sang. Diese mentale schöpferische Imagination gestaltete er so realistisch – so greifbar wie er nur konnte. Er sah und fühlte das Publikum applaudieren und hörte, wie seine Freunde ihn zu dieser großartigen Stimme beglückwünschten. Er sah sie lächeln und spürte ihren imaginären Händedruck.

Nach Ablauf von etwa drei Wochen kam die Gelegenheit und eine neue Tür des Selbstausdrucks öffnete sich für ihn. Er erlebte alles das auf der objektiven Ebene, was er subjektiv so unentwegt imaginiert hatte. Liebe ist eine emotionale Bindung, deshalb reagierte sein Unterbewußtsein von dem Augenblick an, da er begann, sich mit einem größeren Image von sich zu identifizieren. Sein mit Inbrunst wachgehaltener Herzenswunsch hatte sich erfüllt.

Die heilende Macht der Liebe

Vor zwei Jahren besuchte ich einen Geschäftsmann, der mit einer sehr schmerzhaften Gürtelrose in einer Klinik lag. Außerdem hatte er einen Herzinfarkt gehabt. Das Zusammentreffen unglücklicher Umstände hatte zu seinem Zusammenbruch geführt – finanziell und körperlich. Infolge verschiedener Fehlinvestitionen hatte er seine gesamten Ersparnisse verloren. Und obendrein litt er unter einer geradezu manischen Todesfurcht.

Zunächst appelierte ich an seine Vatergefühle; er hatte eine fünfzehnjährige Tochter, sein einziges Kind. Ich hob hervor, daß sie auf seine Liebe und Fürsorge ein Anrecht hat. Sie war noch auf seinen Schutz angewiesen, sie brauchte eine gute Schulbildung, um ihren richtigen Platz im Leben finden zu können. Außerdem wies ich ihn auf folgendes hin: Da man immerhin davon ausgehen kann, daß er seine Tochter sehr liebt und gleichzeitig noch die Mutterstelle einnehmen muß (seine Frau war bei der Geburt des Kindes gestorben), sollte er nun auch alles daransetzen, daß seine Tochter in den Genuß aller Möglichkeiten kommt, die ihr nur liebevolle Eltern bereiten können.

Ich gab ihm eine einfache Visualisationstechnik: Er sollte sich bereits daheim sehen, in seiner gewohnten Umgebung. Dies sollte er sich so wirklichkeitsnah wie nur irgend möglich vorstellen. Er sollte im Haus umhergehen, an seinem Schreibtisch sitzen, Anrufe entgegennehmen, und auch die Natürlichkeit und Greifbarkeit der Umarmung seiner Tochter fühlen.

Dann gab ich ihm ein Gebet, das er mit Gefühl und Verständnis mehrmals täglich wiederholen sollte: „Vater, ich danke dir für die wunderbare Heilung, die sich jetzt vollzieht. Gott liebt mich und sorgt für mich." An diese Instruktionen hielt er sich voller Vertrauen einige Wochen lang. Dann geschah etwas Wunderbares. Er sagte: „Plötzlich fühlte ich mich aus der Dunkelheit herausgehoben in ein blendendes Licht. Ich fühlte, wie göttliche Liebe meine Seele erfüllte. Aus meinem Elend heraus fühlte ich mich ins Paradies versetzt."

Kurz darauf erfuhr er eine bemerkenswerte Heilung und ist jetzt froh und glücklich und ein erfolgreicher Geschäftsmann. Seine Verluste hatte er wieder eingebracht und darüber hinaus gute Gewinne erzielen können. Seine Tochter besucht jetzt ein College.

Es ist immer von großem Nutzen, bei einem kranken Menschen an die ihn beherrschende Liebe zu appelieren, denn Liebe besiegt alles.

ZUSAMMENFASSUNG

1. Ein eifersüchtiger Mensch ist in Wirklichkeit krank. Er leidet unter starken Unsicherheits-, Furcht- und Minderwertigkeitsgefühlen. Abnorme Eifersuchtsgefühle sind oftmals auf Mangel an Liebe und Zuneigung seitens der Eltern zurückzuführen.
2. Ein Ehepaar begehrte nach zwanzigjähriger Ehe die Scheidung. Eine Analyse der Zusammenhänge ergab folgendes Bild: Der Ehemann litt unter hohem Blutdruck und Magengeschwüren aufgrund tiefsitzender unterdrückter Zorngefühle und Ressentiments. Die Frau wiederum – und das war das grundlegende Problem mit ihr – konnte sich nicht bereitfinden, Liebe und guten Willen zu geben. Der Ehemann ließ sich widerspruchslos herumkommandieren und machte sich damit zum Gespött. Dennoch stimmten beide einem neuen Versuch zu. Der erste Schritt für die Frau bestand im völligen Aufgeben aller Gewohnheiten, die geeignet waren, ihren Mann zu demütigen und in seiner Menschenwürde herabzusetzen. Er seinerseits war einverstanden, sich nunmehr zusammenzunehmen und aufzuhören, sich zum Spielball ihrer Launen und Anfälle zu machen. Jeder von ihnen praktizierte die „Spiegelbehandlung" – eine Methode, vor dem Spiegel zu bejahen: „Ich bin glücklich, froh, liebevoll, harmonisch und freundlich. Ich bringe täglich Gottes Liebe zum Ausdruck – mit jedem Tag mehr." Beide hatten begriffen, daß man zu dem wird, was man dem „Ich bin" hinzufügt. Jedesmal, wenn ihnen der Ehepartner in den Sinn kam, bejahte jeder von ihnen: „Ich liebe dich und sorge für dich." Mit diesen ewigen Wahrheiten wurde ihr Unterbewußtsein schließlich gesättigt und die Veränderung zum Guten trat ein.
3. Ein Junge lief seiner herrschsüchtigen Mutter davon und hatte große

Schwierigkeiten im Umgang mit anderen Menschen. Alles das war auf traumatische Erfahrungen in frühester Kindheit zurückzuführen. Die Heilung war einfach: Er brauchte nur das große Gesetz der Substitution zu praktizieren . Er verbildlichte sich seine Mutter als glücklich, froh, friedlich und liebevoll. Er sah sie lächeln, strahlen und spürte ihre Umarmung. Dann hörte er sie sagen: „Ich liebe dich und ich bin glücklich, daß du zurückgekommen bist." Als sein Unterbewußtsein von diesen neuen Vorstellungsbildern durchtränkt war, kehrte er zu seiner Mutter zurück, und es gab eine frohe Wiedervereinigung. Die Liebe treibt alles aus, was nicht ihrem Wesen gemäß ist.

4. Ein junges Mädchen, Größe 1,65, Gewicht 58 Kilo, hob ein 750 Kilo schweres Auto, um ihren Vater zu befreien und ihm damit das Leben zu retten. Der Gedanke, das Leben ihres Vaters um jeden Preis zu retten, hatte von ihrem ganzen Sein Besitz ergriffen, und die Macht des Unendlichen reagierte entsprechend. Liebe bewirkt Wunder.

5. Ein Kellner in Las Vegas hatte *Die Macht Ihres Unterbewußtseins* gelesen und damit sein ganzes Leben verändert. Er besaß ein überdurchschnittliches Gesangstalent, sah jedoch keine Möglichkeit, dieser außergewöhnlichen Begabung Ausdruck zu geben. Schließlich stellte er sich regelmäßig und systematisch vor, auf der Bühne zu stehen und vor einem begeisterten Publikum zu singen. Er sah und hörte auch, wie seine Freunde ihn beglückwünschten. Er wußte, daß alles, was er in seinem Gemüt dramatisierte und als wahr empfand, von seinem Unterbewußtsein verwirklicht würde. Nach Ablauf von drei Wochen öffneten sich ihm neue Türen und heute ist er ein sehr erfolgreicher Sänger. Er hatte sich in das größere, erfolgreichere Image von sich verliebt.

6. Ein Geschäftsmann war gesundheitlich und finanziell völlig am Ende. Als ich an seine Vatergefühle – seine Liebe zu seiner Tochter – appellierte, rief das einen intensiven Wunsch, für sie weiterzuleben, hervor. Damit konnte er auch seine geradezu manische Todesfurcht überwinden. Nunmehr wandte er die Technik der schöpferischen Imagination an. Er sah sich wieder zu Hause, umarmte seine Tochter und sah die Liebe in ihren Augen. Er fühlte sich wie gewohnt an seinem Schreibtisch sitzen und alle die Dinge tun, die er immer zu Hause getan hatte. Dabei fühlte er die Gegenwartsnähe und Greifbarkeit der ganzen

Szene. Sein ständiges Gebet war: „Vater, ich danke dir für die wunderbare Heilung, die sich jetzt vollzieht. Gott liebt mich und sorgt für mich." Er erfuhr eine wunderbare Heilung und konnte auch seine geschäftlichen Verluste wieder wettmachen. Seine Tochter besucht jetzt das College. Gott ist Liebe und Liebe besiegt alles.

KAPITEL 17

Wie Tele-PSI Ihr Unterbewußtsein einschaltet und Sie mit neuer Kraft ausgestattet werden

Sie sind imstande, wunderbare schöpferische Ideen und Inspirationen zu empfangen, wenn Sie mit den bewußten und unbewußten Aspekten Ihres Gemüts vertraut sind. Ihr wachbewußter Verstand – zuweilen auch objektives Gemüt genannt – ist der abwägende, analytische Teil Ihres Gemüts. Im Schlafzustand sind Ihr Wach- und Unterbewußtsein schöpferisch miteinander verbunden. Letzteres übernimmt dabei das Kommando über alle lebenswichtigen Vorgänge in Ihrem Körper. Ihr Unterbewußtsein wiederum ist eins mit dem universellen subjektiven Gemüt, und hat damit Zugang zu aller Weisheit und Macht.

Sie können lernen, mit diesem universellen Gemüt in Kontakt zu kommen und aus ihm schöpferische Ideen und Inspirationen für alle Lebensbereiche zu ziehen.

Wie Sie die telepsychischen Energien Ihres Unterbewußtseins erschließen können

Ihr Unterbewußtsein unterhält einen ständigen Kontakt mit dem universellen Unbewußten. Dieser Kontakt erfährt niemals eine Unterbrechung – er besteht 24 Stunden am Tag. Zu jeder Zeit strömen schöpferische Ideen aus den Tiefen Ihres Unbewußten in Ihr Gemüt.

Ich schreibe dieses Kapitel im Castaways Hotel in Las Vegas, einer zauberhaften polynesischen Touristenattraktion. Hier führte ich auch lange Gespräche mit meinem alten Freund Dr. David Howe, Geistlicher der Religous Science in Las Vegas.

Seine erfolgreiche Bejahungstechnik besteht darin, sein Gemüt durch die stille Repetition eines Psalms zur Ruhe zu bringen um dann in passivem, empfänglichen Gemütszustand um schöpferische Ideen zu bitten, die ihm den nächsten Schritt für seine spirituelle Entwicklung enthüllen. Ganz wundervolle Ideen waren es, die ihm so in den Sinn gekommen sind. Sie befähigten ihn, auf wirksamere Weise zu dienen. Seine Kirche, deren Gebäude einen Wert von mehr als einer halben Million Dollar repräsentiert, konnte um viele nützliche Anlagen bereichert werden.

Kürzlich ersuchte er sein tieferes Bewußtsein, ihm bei der Planung des idealen Urlaubs zu helfen. Kurz darauf betrat ein Ehepaar sein Büro und überreichte ihm fertig ausgestellte Tickets für eine mehrwöchige Kreuzfahrt in der ersten Klasse eines Luxusschiffes. Das war nur eins der vielen Geschenke, die er und seine Mitarbeiter im Lauf der Zeit erhalten haben – sie haben sich die Weisheit ihres Unterbewußtseins zunutze gemacht.

Tele-PSI und „Wie werde ich morgen spielen?"

Ich führte in den letzten paar Tagen mit vielen Gästen des Castaways Hotel Unterhaltungen, die bislang bemerkenswerteste jedoch hatte ich mit einem Mann aus Dublin, Georgia, den wir Max nennen wollen.

Wir sprachen über die Kräfte des Unterbewußtseins und er erzählte mir, daß er einmal im Jahr auf ein paar Wochen nach Las Vegas komme, um, wie er es nannte, „die Nummern" am Roulettetisch zu spielen. Seine Technik, das Unterbewußtsein anzuzapfen: Er liegt mit geschlossenen Augen da und begibt sich in einen schläfrigen Zustand. In diesem Dämmerzustand spricht er sein Unterbewußtsein folgendermaßen an: „Enthülle mir die Nummern, die ich morgen spielen soll."

Mit dieser Methode hat er, wie er mir sagte, einen geradezu erstaunlichen Erfolg. Selbstverständlich behält er sein Geheimnis streng für sich; er notiert sich in aller Ruhe die Zahlen, die ihm im Schlaf offenbart werden. Sein Unterbewußtsein weckt ihn stets zur rechten Zeit auf, so

196

daß er sich an alle Zahlen erinnern kann. Letzte Woche gewann er 50 000 Dollar in einem der größten Kasinos hier. Jetzt will er mit seiner Familie eine Weltreise unternehmen.

Sie fragte: „Soll ich die Position akzeptieren?"

Einen Tag in dieser Woche hier in Nevada, habe ich für Unterredungen mit ratsuchenden Menschen freigehalten. Gestern hatte ich den Besuch einer jungen Lehrerin, die sich nicht schlüssig war, ob sie die ihr angebotene Position in einem Mädchen-College im Osten der Vereinigten Staaten akzeptieren sollte oder nicht. Ich empfahl ihr, vor dem Einschlafen ihr Unterbewußtsein vertrauensvoll anzuweisen: „Enthülle mir die Antwort, die angebotene Position betreffend. Ich sage Dank für die Antwort."

Die Antwort kam bereits am nächsten Morgen – förmlich als ein Gedankenblitz. Eine innere Stimme sagte: „Nein." Sie sagte mir: „Ich verspüre jetzt ein herrliches Gefühl inneren Friedens. Ich werde da bleiben, wo ich bin." Die Antwort kam aus der Weisheit ihres Unterbewußtseins, das alles weiß und alles sieht. Wenn die richtige Antwort erscheint, verspüren Sie jedesmal ein Gefühl tiefen Friedens.

Tele-PSI und „Fragen und Antworten"

Ihr Unterbewußtsein antwortet Ihnen auf jede Frage – ausnahmslos –; Sie müssen jedoch furchtlos und ohne den geringsten Zweifel fragen, mit dem sicheren Gefühl, daß Ihnen die Antwort zuteil wird, in göttlicher Ordnung, durch göttliche Liebe. Auch in Ihren wachen Stunden können Sie selbstverständlich Antworten erhalten. Vielleicht sind Sie ein Geschäftsmann, der einen Ausweg aus einer verworrenen Situation sucht; vielleicht eine Hausfrau, die Geldmittel für eine Hypothekenzahlung benötigt; oder Sie sind vielleicht ein Ingenieur, der ein akutes Problem zu lösen hat. Denken Sie daran: Ihr Unterbewußtsein kennt die Antwort.

197

Eine Tages-Technik

Viele Geschäftsleute, Wissenschaftler und Berufstätige aller Art folgen dieser einfachen Prozedur: Begeben Sie sich in einen ruhigen Raum, werden Sie still, entspannen Sie sich und denken Sie an die unendliche Intelligenz und grenzenlose Weisheit in Ihrem Innern, die alle Ihre Vitalkräfte kontrolliert und den gesamten Kosmos beherrscht – mit mathematischer Präzision und unfehlbarer Genauigkeit. Schließen Sie die Augen und richten Sie Ihre Aufmerksamkeit auf die Antwort bzw. Lösung Ihres Problems. Machen Sie sich bewußt, daß die unendliche Intelligenz in Ihrem Innern empfänglich ist für Ihr Begehren. Denken Sie an nichts anderes als an die Antwort auf Ihre Frage. Verbleiben Sie in diesem ruhigen, entspannten und passiven Gemütszustand noch für einige Minuten. Sollten Ihre Gedanken abirren, dann bringen Sie sie behutsam wieder zurück zur Kontemplation der Antwort. Sollte die Antwort nach ca. drei bis vier Minuten nicht da sein, dann lassen Sie still und ruhig los und wenden sich anderen Aufgaben zu. Wenn Ihnen dann das Problem irgendwann in den Sinn kommt, sagen Sie sich: „Ich habe mein Anliegen der unendlichen Intelligenz in meinem Innern übergeben. Sie erledigt alles bestens."

Diese Gemütshaltung – das werden Sie sehr bald feststellen – wird die Antwort klar und deutlich Ihrem wachbewußten Verstand eingeben. Mit höchster Wahrscheinlichkeit wird sie Ihnen in einem Moment zuteil werden, wenn Sie gerade mit anderen Dingen beschäftigt sind, oder gerade dann, wenn Sie sie am wenigsten erwarten – auf Wegen, von den Sie nichts wissen.

Tele-PSI und das schöpferische Genie

Bedeutende Wissenschaftler, Weise, Seher, Musiker, Giganten der Philosophie, hervorragende Maler, Dichter und Komponisten bekundeten übereinstimmend, daß ihre Entdeckungen, Meisterwerke und Erfindungen durch Intuition, göttliche Inspiration oder blitzartige Erleuchtung zustande kamen.

Somit sind die größten Meisterwerke der Welt, als auch die Lösungen zahlloser Probleme des Alltags durch Vertrauen in die Kräfte des Unterbewußtseins zustande gekommen.

Tele-PSI neutralisiert den sogenannten „Fluch"

Beim Abendessen mit einem alten Freund, hier in Las Vegas, kam das Gespräch auf die interessante Tatsache, daß in den USA etwa alle zwanzig Jahre der Präsident verstorben war. (Mancher von Ihnen wird sich an die vielen Voraussagen und Statements erinnern, die während der jeweiligen Amtszeit der Präsidenten Harding, Franklin D. Roosevelt und John F. Kennedy gemacht wurden.) Diese Prophezeihung, sagte mein Freund, wurde auch dem verstorbenen Präsidenten Kennedy zur Kenntnis gebracht. Wie es heißt, soll Kennedy daraufhin erwidert haben, daß er diese Prophezeiung widerlegen werde, oder dem Sinn nach ähnliches.

Mein Freund erinnerte an die Tatsache, daß – angefangen mit Präsident Harrison im Jahre 1840 – jeweils im Abstand von 20 Jahren, der amtierende Präsident plötzlich und unerwartet verstorben war. Mein Dinnergast hatte auch eine Erklärung für dieses Phänomen: Präsident Van Buren war seinerzeit so wütend über seine Wahlniederlagen in den Jahren 1840 und 1848, daß er über jeden Präsidenten einer Generation (unter Zugrundelegung eines Zeitraums von zwanzig Jahren) einen Fluch verhängte.

Die Erklärung für dieses „Phänomen" ist recht einfach: Es mag zutreffen, daß Präsident Van Buren einen Fluch oder eine Verwünschung ausgesprochen hat. Ebenso wahr ist es aber auch, daß wir uns alle innerhalb der Schwingungssphäre des Massengemüts bewegen – auch Gesetz des Durchschnitts genannt. Dieses Massengemüt ist zumeist negativ und wirkt auf uns alle ein. Hauptsächlich glaubt es an Mißgeschick, Chaos, Elend und Leiden; ebenso kann es angefüllt sein mit Haß, Eifersucht, Neid und Feindseligkeit. Auf der anderen Seite ist natürlich auch Gutes in ihm enthalten, denn Millionen Menschen auf der Welt bejahen Frieden, Harmonie und rechtes Handeln etc., aber sie sind bei weitem in der Minderheit. Wenn wir uns nicht positiv „aufgeladen" halten, können wir sehr leicht zu Opfern dieses Massengemüts werden, mit seinen Lawinen von Negativitäten – seinem Weh und Ach, seinen Befürchtungen und seinen so unterschiedlichen Auffassungen von Gut und Böse.

Solche Tragödien müssen sich nicht ereignen; es gibt kein unausweichliches Schicksal. Nichts – auch nicht das Geringste – kann einem Menschen widerfahren, solange er nicht das mentale Äquivalent (die geistige Entsprechung) dafür in sich trägt; immer muß eine verwandte Geisteshaltung vorhanden sein, oder eine dominierende unterbewußte Befürchtung, die das Unheil anzieht. Leben ist Bewußtsein; daher geschieht nichts ohne Bewußtsein. Unser Bewußtsein wiederum ist die Totalsumme dessen, was wir bewußt und unbewußt denken, wissen und glauben – also alles, was wir als wahr akzeptieren. Die Bibel sagt: *Niemand kann zu mir kommen, es ziehe ihn denn der Vater, der mich gesandt hat* (Joh. 6:44). Das heißt, daß keinem Menschen eine Manifestation oder Erfahrung zuteil werden kann, wenn der Vater (die schöpferische Kraft – insbesondere Ihr Denken und Fühlen, der Vater aller Ihrer Erfahrungen) sie nicht akzeptiert. Mag sein, daß wir den Inhalt Ihres Unterbewußtseins nicht kennen, auf jeden Fall können wir ihn verändern durch wissenschaftliches Gebet.

Der 23. Psalm sagt: *Ich fürchte kein Unglück, denn du bist bei mir . . .* (Psalm 23:4). Der 91. Psalm sagt:

Wer unter dem Schirm* des Höchsten wohnt,
wer im Schatten des Allmächtigen ruht,
der darf sprechen zum Herrn: Meine Zuflucht,
meine Feste, mein Gott, auf den ich vertraue!
Denn er errettet dich aus der Schlinge des Jägers,
vor Tod und Verderben.
Mit seinem Fittich bedeckt er dich,
und unter seinen Flügeln findest du Zuflucht.
Du brauchst dich nicht zu fürchten vor dem Schrecken der Nacht,
noch vor dem Pfeil, der am Tage fliegt,
nicht vor der Pest, die im Finstern einhergeht,
noch vor der Seuche, die am Mittag verwüstet.
Ob tausend fallen an deiner Seite,

---

* In der engl. King-James-Bibel: *An dem geheimen Ort des Höchsten* (Anmerk. d. Übers.)

zehntausend zu deiner Rechten,
dich trifft es nicht;
Schild und Schutz ist seine Treue.
Ja, mit eignen Augen darfst du es schauen,
darfst sehen, wie den Gottlosen vergolten wird.
Denn deine Zuversicht ist der Herr,
den Höchsten hast du zu deiner Zuflucht gemacht.
Es wird dir kein Unheil begegnen,
keine Plage zu deinem Zelte sich nahen.
Denn seine Engel wird er für dich entbieten,
dich zu behüten auf all deinen Wegen.
Sie werden dich auf den Händen tragen,
daß dein Fuß nicht an einen Stein stoße.
Über Löwen und Ottern wirst du schreiten,
wirst zertreten Leuen und Drachen.
Weil er an mir hängt, will ich ihn erretten,
will ihn schützen, denn er kennt meinen Namen.
Er ruft mich an, und ich erhöre ihn;
ich bin bei ihm in der Not,
reiße ihn heraus und bringe ihn zu Ehren.
Ich sättige ihn mit langem Leben
und lasse ihn schauen mein Heil.

Auch die vorzeitig verstorbenen Präsidenten hätten die Tragödien vermeiden können, wenn sie, statt die Überzeugungen des Massen-Gemüts beiseite zu schieben, die wunderbaren Wahrheiten des großen Psalms des Schutzes (91) und des Psalms der Führung und des rechten Handelns (23) bejaht hätten.

Durch Bejahung dieser großen Wahrheiten machen Sie sich immun gegen jegliches Unheil; mehr noch – Sie schaffen sich spirituelle Antikörper in Ihrem Unterbewußtsein, die alle Meinungen und abergläubischen Vorstellungen der Masse neutralisieren.

Es wird dir kein Unheil begegnen . . . (Psalm 91:10)
Ist Gott für uns, wer kann wider uns sein? (Römer 8:31)

Die Antwort auf alle Flüche und Verwünschungen – auf alle Meinungen und Überzeugungen der Masse, auf alle Attentats- und sonstigen

Todesprophezeiungen ist im Grunde recht einfach: Halten Sie sich positiv aufgeladen, füllen Sie Ihr Unterbewußtsein mit lebengebenden Denkmustern. Damit löschen Sie alles Niederzerrende und Negative aus und machen es unwirksam.

Ein Schutzgebet

Setzen Sie sich drei- oder viermal am Tag hin und bejahen Sie still: Der heilige Kreis der ewigen Liebe Gottes schließt mich ein. Die ganze Rüstung Gottes umgibt und umhüllt mich, und ich führe ein wunderbares Leben. Die Liebe Gottes behütet und beschützt mich. Ich bin immun gegen alles Unheil durch den allmächtigen, lebendigen Geist. Ich bin von Gott erfüllt.

Dieses Gebet, zusammen mit dem großen Psalm des Schutzes, wird Sie befähigen, Ihren Weg voller Mut und Vertrauen zu gehen. Sie haben sich dann mit dem Unendlichen gleichgeschaltet. Es wird Ihnen kein Übel begegnen, keine Plage Ihrem Zelt sich nahen. Sie fühlen sich umfangen von der ewigen Liebe Gottes und werden gegen jedes Unheil gefeit sein.

Mit diesen Erklärungen konnte ich meinen Freund überzeugen. Er sah ein, daß Zeitungsstories, Kommentare und andere Publikationen, die in Abständen von zwanzig Jahren den Tod eines Präsidenten prophezeien, damit nur eines verursachen: Die verängstigte Masse glaubt solche Voraussagen. Damit wird eine geradezu beängstigend negative Kraft in Bewegung gesetzt, die die Gemüter von Millionen Menschen durchdringt – und „ihnen geschieht nach ihrem Glauben".

Jeder spirituell gesinnte, mit dem Gesetz des Lebens vertraute Präsident wäre jedoch imstande, solche Unheilsprophezeiungen zu neutralisieren, wenn er positiv „aufgeladen" bleibt. Dann könnte er über derart abergläubische Weissagungen lachen. Denn er weiß selbstverständlich, daß auch ihm nach seinem Glauben geschieht.

Sie lernte, das I Ging anzuwenden

Unter den Klassikern des fernen Ostens ist wohl kaum ein Buch gewinnbringender, als das 5000 Jahre alte Buch der Wandlungen, bekannt als das I Ging. Prof. C. G. Jung bemerkte in seinem Vorwort zu der von Richard Wilhelm übersetzten Ausgabe, daß auch er es ein Vierteljahrhundert lang angewandt habe. Seine schier unheimliche Genauigkeit habe ihn immer wieder in Erstaunen versetzt. Das I Ging ist das Buch der Weisheit. Wenn Sie es befragen, werden alle spirituellen Kräfte Ihres Unterbewußtseins mobilisiert und die Antwort erscheint mit unfehlbarer Sicherheit. Die wohl populärste Methode dabei ist allgemein als Münzenorakel bekannt. Man wirft dabei drei Münzen, insgesamt sechsmal. Dabei notiert man das jeweilige Resultat (Kopf oder Rückseite), aus dem sich dann das Hexagramm ergibt, das die Antwort enthüllt.

Ein Mann, (nennen wir ihn Dr. X), fragte mich einmal nach meiner Meinung über die Antwort, die er vom I Ging erhalten hatte. Er hatte die Absicht, 100 000 Dollar in ein – wie es schien – lukratives Unternehmen zu investieren, aber das erhaltene Hexagramm war 33 = Rückzug. Ich wies ihn eindringlich darauf hin, daß sein Unterbewußtsein immer – ausnahmslos – bestrebt ist, ihn zu schützen, daß es daher bestimmt das Beste sei, von dem geplanten Vorhaben Abstand zu nehmen. So geschah es dann auch.

Gerade heute abend rief er mich wieder an und berichtete mir, daß sein Anwalt in letzter Minute einige Merkwürdigkeiten bei diesem Geschäft entdeckt hatte, die er als „etwas anrüchig" bezeichnete. Die Konsultation der *Geheimnisse des I Ging* hatte ihn vor dem Verlust von 100 000 Dollar bewahrt. Darüber hinaus hatte es noch eine weitere Frage beantwortet, die er nicht einmal gestellt hatte.

Wenn Sie die *I Ging* Übersetzung von Richard Wilhelm zu Hilfe nehmen oder mein Buch *Die Geheimnisse des I Ging*, das zugleich ein Kommentar zu diesem uralten Weisheitsbuch ist, dann werden Sie feststellen, daß das *I Ging* über die außergewöhnliche Gabe verfügt, auch nicht gestellte Fragen in Ihrem Unterbewußtsein aufzustöbern, während es zugleich die Antwort auf die gestellte Frage erteilt, zusammen mit spezifischen Lösungsmöglichkeiten.

Eine junge Dame, mit der ich *Die Geheimnisse des I Ging* diskutierte, berichtete mir, daß ein hartnäckiger junger Mann sie mit seinen Heiratsanträgen verfolge. Vom *I Ging* erhielt sie die Antwort Hexagramm 30 = das Anhaftende, Feuer. Gleichzeitig besagt dieses Hexagramm: Die Betreuung der Kuh bringt großes Glück. (Die Kuh steht im altertümlichen Symbolismus für das Unterbewußtsein.)

Soweit es das Anhaftende betrifft, so hielt sie in der Tat an tiefsitzenden Gefühlen des Grolls und der Feindseligkeit hartnäckig fest – Grollgefühle, die sie einem früheren Ehemann gegenüber hegte. Diese Feuer des Hasses und der Animosität schwärten in ihrem Unterbewußtsein. Der Mann, dessen Heiratsantrag sie in Erwägung gezogen hatte, war Alkoholiker und rauschgiftsüchtig.

Ich erklärte ihr, daß es für sie dringend erforderlich sei, die Kuh gut zu versorgen. Da sie die Mentalgifte in ihrem Unterbewußtsein hartnäckig festhielt, zog sie diesen kranken Mann zu sich heran – unbewußt hielt sie Ausschau nach Bestrafung. Sie entschloß sich, die Beziehung zu dem Alkoholiker abzubrechen, die Kuh (ihr Unterbewußtsein) zu betreuen, und alle Negation und Bitterkeit auszulöschen. Sie vergab sich selbst für ihre destruktiven Gedanken und gab ihren früheren Ehemann frei. Sie wünschte ihm aufrichtig alle Segnungen des Lebens, wissend, daß es unmöglich ist, einen Menschen zu segnen und gleichzeitig Grollgefühle zu unterhalten.

Ich machte ihr klar, daß sie es auf jeden Fall wissen würde, wenn sie ihren früheren Mann geistig freigesetzt hätte. Dann nämlich würde sie imstande sein, an ihn zu denken, ohne innerlich zu kochen; die Wurzeln von Groll und Haß würden restlos verdorrt sein – durch die Wirkung göttlicher Liebe.

Diese junge Frau ist jetzt befreit. Sie befolgte den Rat des *I Ging* und betreute ihre Kuh (das Unterbewußtsein). Inzwischen ist ein Monat vergangen, seit ich Las Vegas verlassen habe, und gerade habe ich einen Brief von ihr erhalten. Sie heiratet jetzt einen Professor.

Lassen Sie durch Tele-PSI in Ihrem Leben Wunder geschehen.

ZUSAMMENFASSUNG

1. Ihr Unterbewußtsein kann Ihnen wunderbare neue schöpferische Ideen vermitteln, wenn sie lernen, es richtig anzuzapfen. Ihr Unterbewußtsein ist eins mit dem universellen subjektiven Geist und damit eins mit aller Weisheit und Macht des Unendlichen.

2. Den Kontakt mit Ihrem Unterbewußtsein stellen Sie her, indem Sie Ihren wachbewußten Verstand zur Ruhe bringen, sich entspannen, entkrampfen und loslassen, um sodann Ihr Anliegen Ihrem tieferen Bewußtsein zu übergeben, in dem Wissen, daß die Antwort kommen wird, in göttlicher Ordnung.

3. Ein Mann, der an den Spieltischen von Las Vegas 50 000 Dollar gewonnen hatte, verfuhr nach der folgenden Technik, um Antworten aus seinem Unterbewußtsein zu erhalten: Er legte sich nieder, schloß die Augen, entspannte sich und begab sich in einen dämmrigen Halbschlaf-Zustand. Dann wirkte er auf sein Unterbewußtsein ein: „Enthülle mir die Nummern, die ich morgen spielen soll, um zu gewinnen." Er gewinnt auf diese Weise jedes Jahr im Urlaub beträchtliche Summen.

4. Eine Lehrerin war sich nicht schlüssig, ob sie eine ihr angebotene Position in einem anderen US-Staat annehmen sollte oder nicht. Deshalb ersuchte sie ihr Unterbewußtsein, ihr die Antwort zu enthüllen. Unmittelbar beim Erwachen am nächsten Morgen erhielt sie die Antwort als Stimme der Intuition: „Nein." Diese Antwort stimmte mit dem stillen inneren Wissen der Seele überein und war in jeder Hinsicht zufriedenstellend.

5. Wenn Sie eine Frage an Ihr Unterbewußtsein richten, dann muß das in absolutem Vertrauen geschehen – in der Überzeugung, daß die richtige Antwort mit unfehlbarer Sicherheit kommen wird. Auch wenn Sie tagsüber, inmitten beruflicher Pflichten Hilfe für eine wichtige Entscheidung benötigen, können Sie sich in die Stille begeben und Ihr ganzes Sein entspannen. Dabei ist es hilfreich, einen Psalm, wie z. B. den 23. zu lesen. Dann richten Sie Ihre ganze Aufmerksamkeit auf die Lösung oder Antwort. Wenn nach drei oder vier Minuten noch keine Antwort da ist, dann beenden Sie die Meditation und

widmen sich anderen Dingen. Die Antwort kommt dann mit Sicherheit zu einem Zeitpunkt, da Sie mit anderen Dingen beschäftigt sind und sie am allerwenigsten erwarten.

6. Von jeher haben Dichter, Komponisten, Maler, Wissenschaftler, Erfinder, Musiker, Weise und Seher ihre Inspirationen, Einfälle und Entdeckungen durch Anzapfen ihres Unterbewußtseins erhalten.

7. Der Tod eines amerikanischen Präsidenten alle zwanzig Jahre – wie er sich in der Überzeugung des Massen-Gemüts darstellt – geht mit aller Wahrscheinlichkeit auf einen „Fluch" zurück, den Präsident Van Buren ausgesandt haben soll. Letzterer könnte mit Leichtigkeit von jedem spirituell gesinnten Präsidenten zunichte gemacht werden. Er müßte dazu lediglich sein Unterbewußtsein mit den ewigen Wahrheiten Gottes durchdringen und damit alle abergläubischen Befürchtungen und negativen Prophezeiungen des Massen-Gemüts unwirksam machen. Ein Präsident, der beispielsweise sein Unterbewußtsein mit den lebengebenden Denkmustern des 91. Psalms (des großen Psalms des Schutzes) angefüllt hat, hat sich damit gegen jeden Falschglauben des Massengemüts immunisiert.

8. Eine wunderbare Möglichkeit, Immunität gegen Unheil jeder Art aufzubauen, ist die folgende Bejahung, wenn sie im Denken und Fühlen völlig aufgeht und als wahr empfunden wird: „Der heilige Kreis der ewigen Liebe Gottes schließt mich ein. Die ganze Rüstung Gottes umgibt und umhüllt mich, und ich führe ein wunderbares Leben. Die Liebe Gottes behütet und beschützt mich. Ich bin immun gegen alles Unheil durch den allmächtigen lebendigen Geist. Ich bin von Gott erfüllt."

9. Prof. C. G. Jung bekundete, daß auch er ein Vierteljahrhundert lang auf den Rat des *I Ging* gehört habe, und von dessen schier unheimlicher Akkuratesse immer wieder in Erstaunen versetzt worden sei. Ein gewisser Dr. X. berichtete mir einmal, daß er vom *I Ging* auf Befragen die Antwort „Rückzug" erhalten habe. Er war im Begriff, 100 000 Dollar in ein neues Unternehmen zu investieren; aufgrund der erhaltenen Antwort ließ er den Gedanken fallen. Wie sein Anwalt ihm kurz darauf mitteilte, hätte er das Geld anderenfalls mit Sicherheit verloren.

10. Beim Befragen des *I Ging* werden Sie feststellen, daß Sie zusätzlich Auskunft über nicht direkt gestellte Fragen erhalten können, die jedoch in einem ursächlichen Zusammenhang mit Ihrem Anliegen steht. In meinem Buch „*Die Geheimnisse des I Ging*, das Kommentierungen des *I Ging* in Zusammenhang mit biblischen und psychologischen Erläuterungen der Hexagramme enthält, habe ich auf dieses Phänomen hingewiesen.

11. Ein junger Mann (Alkoholiker) verfolgt eine junge Dame hartnäckig mit seinen Heiratsanträgen. *Die Geheimnisse des I Ging* enthüllten auf Befragen Hexagramm 30: Betreue „die Kuh". Die Kuh steht symbolisch für das Unterbewußtsein, die Quelle der (geistigen) Nahrung und des Schutzes. Es stellte sich heraus, daß sie voller Haßgefühle und Ressentiments einem früheren Ehemann gegenüber war und diese Mentalgifte in ihrem Unterbewußtsein Schaden anrichteten. Damit hatte sie diesen Alkoholiker und Rauschgiftsüchtigen zu sich herangezogen. Sie löste diese Verbindung auf der Stelle und übergab ihren früheren Mann der Liebe des Unendlichen und wünschte ihm alle Segnungen des Lebens. Inzwischen sind vier Wochen vergangen, seit ich sie zuletzt gesehen habe – sie ist jetzt im Begriff einen Professor zu heiraten. Tele-PSI hat Wunder für sie bewirkt.

KAPITEL 18

Tele-PSI und Ihre Verbindung mit unendlicher Weisheit

Ihr Gedanke ist das Bindeglied zum Unendlichen, und es heißt allgemein, daß der Gedanke die Welt regiert. Ralph Waldo Emerson sagte: „Der Gedanke ist das Eigentum nur derer, die ihn hegen können." Gedanken sind Dinge. Was Sie denken und fühlen, das ziehen Sie an; was Sie imaginieren (sich bildhaft vorstellen), zu dem werden Sie. Emerson sagte auch: „Der Mensch ist das, was er den ganzen Tag lang denkt."

Geist ist Gott und die Befähigung des Geistes ist es, zu denken. Deshalb hört man gelegentlich von denen, die mit den mentalen und spirituellen Gesetzen vertraut sind, den Ausspruch: „Wenn meine Gedanken die Gedanken Gottes sind, dann ist die ganze Macht Gottes mit meinen Gedanken des Guten." Bedenken Sie: Gott und das Gute sind synonym in allen der vielen heiligen Schriften der Welt.

Lernen Sie, Ihren Gedanken Achtung zu zollen. Machen Sie sich bewußt, daß Ihr Glück, Ihr Erfolg, Ihr Gemütsfrieden und Ihre Erfüllungen von Ihrem gewohnheitsmäßigen Denken abhängig sind. Gedanken tragen ihre Erfüllung in sich – sie führen sich gewissermaßen selbst aus. Ihr Gedanke ist eine mentale Schwingung und eine definitive Kraft, daher sind Ihre Handlungen, Ausdrucksformen und Erfahrungen das Resultat Ihrer üblichen Denkweise. Errichten Sie in Ihrem Gemüt Gedanken des Friedens, der Harmonie, des rechten Handelns, der Liebe und des guten Willens, und Ihre äußeren Handlungen und Erfahrungen werden Aufschluß über Ihre inneren Denkmuster geben.

Wenn Sie einen Gedanken festhalten und über ihn nachsinnen, dann entlassen Sie seine latente Kraft in die Aktion. William Shakespeare sagte:

„Unsere Gedanken sind unser; ihr Ende unser nicht." Alles, was Sie im Denken und Fühlen als wahr empfinden, das bringen Sie in Ihr Leben. Ihr Denken und Fühlen erschafft Ihr Schicksal.

Fühlen, soweit es die Sprache der Bibel betrifft, bedeutet ein tiefes *Interesse* an etwas. Wenn Sie in den Sprüchen lesen: ... *denn wie er in seinem Herzen denkt, so ist er*... (Spr. 23:7), dann bedeutet das: Wenn Sie an Musik, Wissenschaft, Kunst oder Ihrem Beruf ein vitales Interesse bekunden und ganz darin aufgehen, dann werden Sie außergewöhnlich erfolgreich sein, aus dem einfachen Grunde, weil Sie mit ganzem Herzen bei Ihrer Aufgabe sind. Sie denken dann „in der Tiefe" oder fühlen die Wirklichkeit Ihres Gedankens oder Ihrer Mentalvorstellung, und das ist „Denken im Herzen."

Er sagte: „Ich mache mir derartige Sorgen, daß ich weder arbeiten noch schlafen kann."

Kürzlich kam ein junger Mann in meine Sprechstunde und sagte: „Vorher, als ich noch nicht so ängstlich und verkrampft war, konnte ich den ganzen Tag arbeiten und fühlte mich trotzdem großartig. Jetzt bin ich dermaßen durcheinander, daß ich meinen Wagen an die Seite fahren und anhalten muß, damit ich mich ausruhen kann, damit ich die Kraft zum Weiterfahren habe."

Dieser junge Mann, etwa 28 Jahre alt, war ein Vertreter. Er hatte einen Arzt konsultiert, der gab ihm Beruhigungspillen, die sogenannten Tranquilizers, konnte aber sonst keine organische Erkrankung bei ihm feststellen. Wenn die Wirkung der Beruhigungstabletten nachließ, war er wieder am Ende – zittrig, nervös und schwach.

Ich befragte ihn über sein Liebesleben und konnte seinen Auskünften entnehmen, daß seine attraktive Verlobte mit einem anderen jungen Mann auszugehen pflegte, während er auf Geschäftsreisen war. Das also war die Ursache seiner Verkrampfungen und Besorgnisse: er fürchtete, sein Mädchen zu verlieren. Seine Schwäche und Ermüdung waren die Auswirkungen seiner Besorgnis, seine Verlobte verloren zu haben.

Medizinische Forschungsergebnisse haben – das erklärte ich ihm – die klare Erkenntnis erbracht, daß Stress, Verkrampfung und Besorgnis zu totaler Erschöpfung und völliger Schwächung des gesamten Organismus führen. Ich schlug ihm vor, dem Problem mutig ins Gesicht zu sehen. Er hatte eine Aussprache mit seiner Verlobten und sie konnten die Situation gemeinsam korrigieren. Wie sich herausstellte, hatte sie sich alleingelassen gefühlt und war während der Abwesenheit des jungen Mannes mit ihrem Vetter ins Kino gegangen.

Bald konnte er seine Kräfte zurückgewinnen und seine Erscheinung verbesserte sich um hundert Prozent. Wenige Wochen später heiratete er seine Verlobte. Göttliche Liebe hatte sie vereint.

Tele-PSI und ihre Asthmaanfälle

Vor kurzem war ich Gastredner in einem Frauenclub. Während des Frage-und-Antwort-Teils wurde ich von einer Frau aus Trinidad gefragt, wie es zu erklären sei, daß sie jedesmal, wenn sie an einem Gotteshaus vorbeigeht – sei es protestantisch, katholisch oder jüdisch – auf der Stelle einen Asthmaanfall erleidet. Ich erwiderte, daß es in ihrem Leben möglicherweise eine Episode gegeben hat, deren Trauma nach wie vor in ihrer Psyche (Unterbewußtsein) schwärt – eine vergrabene Erinnerung – und daß eine Kirche oder ein Tempel sie an diese psychische Wunde erinnert.

Es entstand eine nachdenkliche Pause. Dann berichtete sie stockend, daß sie vor einigen Jahren an ihrem Hochzeitstag zusammen mit ihrer Familie und den Hochzeitsgästen auf ihren Bräutigam gewartet hatte, als plötzlich ein Bote mit der Nachricht erschien, daß ihr Zukünftiger bei einem Verkehrsunfall umgekommen sei. Seither würde sie jedesmal Asthmaanfälle erleiden, wenn sie an einer Kirche vorbei käme. Ein paar Minuten später jedoch sei alles wieder in Ordnung.

Ich empfahl ihr eine recht einfache Verfahrensweise. Alles, was sie zu tun hatte, war, diesen Mann freizugeben und ihn dem Unendlichen zu überlassen. Sie hatte mit diesem Unglücksfall nichts zu tun, denn sie hatte keinerlei Kontrolle über sein Leben. Was auch immer in seinem Gemüt als verursachende Faktoren gewirkt haben mag, sie war auf gar keinen Fall dafür verantwortlich. Auf meinen Rat hin, bejahte sie jeden Abend:

Ich übergebe _____ voll und ganz Gott. Ich strahle Liebe, Frieden und Freude auf ihn aus, und ich weiß, daß sein Weg vorwärts, aufwärts und Gottwärts führt. Jedesmal, wenn ich an ihn denke, bejahe ich sofort: „Ich habe dich freigesetzt und Gott übergeben. Gott ist mit dir."

Gleichzeitig riet ich ihr, sofort am darauffolgenden Tag die nächste Kirche aufzusuchen und zu bejahen: „Göttliche Liebe geht vor mir her und ebnet mir einen frohen und glücklichen Weg. Ich gehe jetzt in diese Kirche, um in göttlicher Ordnung und Liebe zu beten."

Genau das tat sie und bereits einen Tag später war sie von ihrem Asthma völlig geheilt. Emerson sagte: „Tue das, wovor du dich fürchtest und der Tod der Furcht ist gewiß." Sie hatte sich überwunden und damit bewiesen, daß Liebe die Furcht austreibt.

Tele-PSI und objektives Denken

Sie denken im wahrsten Sinne des Wortes, wenn Sie von universellen Prinzipien und ewigen Wahrheiten ausgehend denken, die seit ewigen Zeiten die gleichen sind – gestern, heute und für immer. Ein Mathematiker denkt von den Prinzipien der Mathematik ausgehend, und nicht von den vergänglichen Ansichten der Menschen aus. Sie denken nicht wirklich, wenn Sie auf Schlagzeilen oder Rundfunkmeldungen reagieren, oder sich von Traditionen, Lehrmeinungen, Dogmen oder Umwelteinflüssen bestimmen lassen.

Solange Ihr Denken von Frucht, Besorgnis oder Anspannung erfüllt ist, solange kann von *wirklichem Denken* keine Rede sein. Wirkliches Denken ist frei von jeglicher Furcht oder Negation. Furchtgedanken sind jedesmal die Folge, wenn Sie rein äußere Dinge zur Ursache erheben, und das ist eine große Lüge. Äußerlichkeiten sind Wirkungen, keine Ursachen. Die Ursache liegt in Ihrem Denken und Fühlen, äußere Umstände oder Situationen unterliegen immer der Veränderung.

Wenn Ihnen Gedanken oder Suggestionen irgendwelcher Art in den Sinn kommen, dann erwägen Sie die Dinge aus der Sicht der ewigen Wahrheiten, die sich niemals verändern und ziehen Sie Ihre Schlüsse aus der Sicht spiritueller Prinzipien.

Das wahre Prinzip, zum Beispiel, ist das der Harmonie, nicht des Mißklangs; das Prinzip der Wahrheit, nicht des Irrtums; des Lebens und nicht des Todes; der Liebe, nicht des Hasses; der Freude, nicht der Traurigkeit; des Überflusses, nicht der Armut; der Gesundheit, nicht der Krankheit; der Schönheit, nicht der Häßlichkeit; des rechten Handelns, nicht des falschen Handelns; ein Prinzip des Lichtes, nicht der Dunkelheit.

Wenn es ein Prinzip der Krankheit gäbe, dann gäbe es auch keine Heilung – niemand könnte dann geheilt werden. Krankheit ist abnorm; Gesundheit ist normal. Es gibt nur ein Prinzip des Heilseins (Gesundheit). Da Sie aber über die Möglichkeit zur Wahl verfügen, liegt es ganz bei Ihnen, ob Sie Ihr Unterbewußtsein mit krankheits-durchtränkten Gedanken der Furcht, der Sorge, des Hasses, des Grolls etc. anfüllen und damit die Prinzipien des Heilseins, der Harmonie und der Liebe verletzen wollen. Dann müssen Sie allerdings auch die unausweichlichen Konsequenzen in Kauf nehmen.

Beginnen Sie damit, Ihr eigener Denker zu sein und legen Sie dabei diesen spirituellen Maßstab an:

allem, was wahr, was ehrbar, was gerecht, was rein, was
liebenswert, was wohllautend ist, wenn es irgendeine
Tugend und wenn es irgendein Lob gibt, dem denket nach.

(Philipper 4:8)

*Tele-PSI zeigt Ihnen, wie Sie sich aus dem Gesetz
des Durchschnitts erheben*

Vor einigen Wochen interviewte ich einen jungen Akademiker, der seit mehr als zehn Jahren für die gleiche Firma tätig war und in dieser Zeit weder eine Beförderung, noch die geringste Gehaltserhöhung erhalten hatte. Er hatte mit ansehen müssen, wie andere Mitarbeiter mit weniger Sachkenntnis und geringerer Bildung stetig auf der beruflichen Leiter nach oben stiegen und an Prestige gewannen, während er jedesmal übergangen wurde. Die Erfahrungen und Demonstrationen dieses Mannes unterlagen dem „Gesetz des Durchschnitts."

Das Gesetz des Durchschnitts ist einfach Bestandteil des Massengemüts der Menscheit, das nun einmal in der Hauptsache an Fehlschlag, Mangel, Begrenzung und alle Arten von Mißgeschick glaubt. Dieses Massengemüt wird zum größten Teil von traditionellen Glaubensüberlieferungen beherrscht; aus diesem Grunde ist es zumeist negativ.

Dieser junge Mann befand sich jetzt in einem seelischen Tief. Ich konnte ihn jedoch aufrütteln und ihm klarmachen, daß es für ihn unerläßlich sei, das Steuer selbst in die Hand zu nehmen. Wenn er nicht endlich anfangen würde, selbst zu denken – so erklärte ich ihm – dann würde er automatisch ein Opfer des Massengemüts werden, das auf sein empfängliches Gemüt einwirkt und das Denken für ihn besorgt. Das wiederum ruft Negationen, Mangel und alle möglichen Miseren hervor.

Nach meinen Anweisungen begann er seinen wachbewußten Verstand spirituell zu aktivieren und ihn damit zum Gesetz des Handelns auf der unterbewußten Ebene zu machen. Er hatte den grundlegenden Unterschied zwischen spirituellem und Durchschnitts-(Massen)-denken sehr schnell begriffen.

Die folgenden Wahrheiten bejahte er mehrmals am Tag, wobei er sehr genau darauf achtete, daß er das soeben bejahte nicht durch Achtlosigkeit später wieder verneinte:

Ich werde jetzt beruflich in jeder Weise gefördert. Erfolg ist jetzt mein. Rechtes Handeln ist jetzt mein. Wohlstand ist jetzt mein. Bei Tag und bei Nacht komme ich voran. Ich bewege mich vorwärts, ich wachse und gedeihe – spirituell, mental, materiell, gesellschaftlich und finanziell. Ich bin mir bewußt, daß ich zu dem werde, was ich kontempliere. Ich weiß, daß diese bejahten Wahrheiten tief in mein Unterbewußtsein sinken und wie eine Saat sich ihrer Art gemäß entwickeln. Ich wässere diese Saat (Ideen) regelmäßig tagsüber mit Vertrauen und Erwartung und sage Dank für die Freude des beantworteten Gebets.

Damit disziplinierte dieser junge Mann sein Gedankenleben. Jedesmal, wenn ihm Gedanken der Furcht, des Mangels, der Kritik oder der Selbstverurteilung in den Sinn kamen, ersetzte er diese destruktiven Gedanken auf der Stelle. Nach einer Weile verloren alle negativen Gedanken ihre Wirksamkeit. Heute (bereits drei Monate später) ist er Vizepräsident seiner Gesellschaft. Er ist sich bewußt, daß er sich im Grunde selbst befördert hatte und daß seine Bejahungen sein Schicksal formen.

214

Er wollte sich bestraft sehen

Eines Abends wurde ich von einem etwa sechzigjährigen Mann aufgesucht. Wie er mir sagte, litt er unter erheblichen Schlafstörungen, hervorgerufen durch unerträgliche Schuld- und Reuegefühle. Der Arzt hatte ihm bedeutet, daß sein Blutdruck gefährlich hoch und er außerdem von einem Nervenzusammenbruch nicht mehr weit entfernt sei. Die verschriebene Medizin konnte seinen Blutdruck zwar etwas senken und durch Beruhigungstabletten schlief er wieder etwas besser, was er jedoch wirklich brauchte, war, wie er sagte, Medizin für die Seele. „Für das, was ich getan habe, sollte ich eigentlich eingesperrt sein."

Dieser Mann hatte zuvor schon einen Lehrgang besucht, den ich über das Thema „Shakespeare im Lichte der mentalen und spirituellen Gesetze" gehalten hatte. Deshalb erinnerte ich ihn an die Krankheit der Lady Macbeth. Die tiefere Ursache dafür war ihr tiefsitzendes Schuldgefühl wegen des Mordes an Duncan. Als der behandelnde Arzt von Macbeth wegen ihrer Krankheit befragt wurde, antwortete er bekanntlich:
Nicht krank, my Lord, sowohl als durch gedrängte
Phantasiegebilde
gestört, der Ruh' beraubt.
Worauf Macbeth fragte
Kannst nichts ersinnen für ein krank Gemüt?
Tief wurzelnd Leid aus dem Gedächtnis reuten?
Die Qualen löschen, die ins Hirn geschrieben
und mit Vergessens süßem Gegengift
die Brust entled'gen jener gift'gen Last,
die schwer das Herz bedrückt?
und der Arzt antwortete
Hier muß der Kranke selbst das Mittel finden.

Shakespeare war ein profunder Kenner der Bibel und war mit den inneren psychologischen Bedeutungen der Allegorien, Parabeln und kryptischen Darlegungen wohl vertraut. Er wußte, daß dieses Schuldgefühl es war, das Lady Macbeth in den Wahnsinn trieb, und der behandelnde Arzt mit einem Fall konfrontiert war, jenseits der Heilwirkung aller Kräuter.

215

Ich erklärte diesem Mann, daß in seinem Fall ein gutes Geständnis eine Heilwirkung zeitigen würde, die mit dem Aufstechen einer schwärenden Wunde vergleichbar sei. Alle Unreinheiten könnten dann abfließen und dem Heilungsprozeß stünde dann nichts mehr im Wege. Daraufhin gestand er eine Reihe krimineller Handlungen – einfach und rundheraus – und entledigte sich damit, wie Shakespeare sagte „jener gift'gen Last, die schwer das Herz bedrückt". Die Schuld hatte an seinem Inneren gezehrt.

Ich stellte ihm eine einfache Frage: „Würden Sie diese Handlungen jetzt noch einmal begehen?" Seine Antwort: „Auf gar keinen Fall. Ich führe ein vollkommen neues Leben. Ich bin jetzt verheiratet und meine beiden Töchter studieren Medizin." Daraufhin machte ich ihn auf den Umstand aufmerksam, daß er physisch, mental, emotional und spirituell nicht mehr der gleiche Mensch sei – nicht mehr der Mensch, der sich dieser Handlungen schuldig gemacht habe, daß er daher mit seinen Selbstverurteilungen aufhören solle.

Der Prozeß der Selbsterneuerung von Körper und Seele

Wissenschaftler haben festgestellt, daß wir praktisch alle elf Monate über „einen neuen Körper" verfügen. Dieser Mann nun, begann seine Ansichten über das Leben radikal zu ändern. Er interessierte sich jetzt für die spirituellen Wahrheiten und war bemüht, ein anderes Leben zu führen. Daher war der Mann, der einmal kriminelle Handlungen begangen hatte, nicht länger existent. Es gab ihn nicht mehr.

Das Lebensprinzip (Gott) straft und verurteilt nicht; es ist vielmehr der Mensch selbst, der sich bestraft, durch falsche Anwendung der Gesetze des Geistes. Wenn er sich dagegen selbst vergibt und das Gesetz in rechter Weise anwendet, durch rechtes Denken, rechtes Fühlen und rechtes Handeln, erfolgt eine automatische Reaktion des Unterbewußtseins, dem neuen Denkmuster gemäß, und die Vergangenheit ist vergessen – „ihrer wird nicht mehr gedacht." Ein neuer Anfang ist ein neues Ende, denn Anfang und Ende sind gleich.

Gott ist Liebe und kann somit nichts Liebloses tun. Das Gefühl, vom unendlichen Leben nicht restlose Vergebung erfahren zu haben, offenbart

Aberglauben und ist ein entscheidender Fehler. Selbstverurteilung und Schuldgefühle war die Krankheit dieses Mannes – Selbstvergebung brachte die Heilung. Nur eine Stunde der Diskussion ewiger Wahrheiten veränderte sein Leben, und heute ist er glücklich und gesund.

... Weib, wo sind deine Ankläger? Hat dich niemand verurteilt? Sie aber sagte: Niemand, Herr! ... Auch ich verurteile dich nicht; geh, sündige von jetzt an nicht mehr! (Joh. 8:10,11)

ZUSAMMENFASSUNG

1. Ihr Gedanke ist Ihre Verbindung mit dem Unendlichen. Der Gedanke regiert die Welt. Gedanken sind Dinge; was Sie fühlen, ziehen Sie an, was Sie sich vorstellen, zu dem werden Sie. Emerson sagte: „Der Mensch ist, was er den ganzen Tag lang denkt." Ihr Denken ist schöpferisch. Hegen Sie Ihrem Denken gegenüber einen gesunden Respekt, denn Ihre Gedanken verwirklichen sich selbst.
2. Gefühl – soweit es Aussagen der Bibel betrifft – bedeutet ein tiefes, anhaltendes Interesse. Wenn Sie an Ihrer Arbeit oder einem bestimmten Vorhaben ein vitales Interesse beweisen, werden Sie auch erfolgreich sein.
3. Besorgnis und Anspannung schwächen den gesamten Organismus. Das Resultat ist Abgespanntheit, Erschöpfung und Depression. Ein Mann litt unter Anspannungsneurose (chronischer Sorgsucht) und Schlaflosigkeit, weil er fürchtete, seine Verlobte zu verlieren. Er besprach die Situation mit ihr, sie legten ihre Streitigkeiten bei und heirateten. Er war wieder glücklich wie eh und je. Göttliche Liebe hat sie vereint und die Erklärung brachte die Heilung.
4. Eine Frau bekam Asthmaanfälle, jedesmal, wenn sie an einer Kirche vorbeiging. Sie waren auf ein noch nicht bewältigtes psychisches Trauma zurückzuführen. An ihrem Hochzeitstag erhielt sie in der Kirche die Nachricht, daß ihr Bräutigam auf dem Weg zur Trauungszeremonie tödlich verunglückt war. Sie entließ ihren früheren Verlobten gedanklich und betete für seinen Seelenfrieden. Damit konnte sie sich

217

auch selbst freisetzen. Dann betrat sie mutig die nächste Kirche und bejahte dort: „Göttliche Liebe geht vor mir her und die Freude des Herrn ist meine Stärke." Daraufhin kehrte ihre Kraft zurück und die Asthmaanfälle hörten auf. Tun Sie genau das, wovor Sie sich fürchten und der Tod der Furcht ist sicher.

5. Wahres Denken geschieht aus der Sicht universeller Prinzipien und ewiger Wahrheiten heraus. Diese Prinzipien verändern sich nie – sie sind die gleichen gestern, heute und in Ewigkeit. Sie denken nicht wirklich, wenn in Ihren Gedanken Furcht, Zweifel und Sorge vorherrschen. Wenn Ihr Denken gottgleich ist, dann ist Gottes Macht mit Ihren Gedanken des Guten. Ein wissenschaftlicher Denker gesteht reinen Äußerlichkeiten niemals irgendwelche Macht zu. Anerkennung zollt er allein der Gottesgegenwart in seinem Innern, der höchsten Macht und Allkraft.

6. Es gibt nur ein Prinzip der Harmonie und nicht des Mißklangs; ein Prinzip der Liebe und nicht des Hasses; ein Prinzip der Freude und nicht der Traurigkeit; ein Prinzip der Wahrheit und nicht der Falschheit; ein Prinzip der Gesundheit und nicht der Krankheit.

7. Das Gesetz des Durchschnitts umfaßt das gewohnheitsmäßige Denken aller Menschen auf dieser Welt. Das meiste dieses Denkens ist negativ. Die Massen glauben an Krankheit, Tragödien, Mißgeschick, Kalamitäten etc. Außerdem unterliegen sie abergläubischen Vorstellungen jeder Art. Zum geringen Teil ist auch Gutes im Massengemüt enthalten, zurückgehend auf das konstruktive Denken unzähliger anderer – als Ganzes betrachtet jedoch, ist das Massengemüt sehr negativ. Wenn Sie nicht auf eigenem Denken bestehen, dann übernimmt das Massengemüt mit seinen Lawinen der Furcht, des Hasses, der Eifersucht und des morbiden Aberglaubens das Denken für Sie. Erheben Sie sich aus dem Massenbewußtsein (auch Gesetz des Durchschnitts genannt) und besorgen Sie Ihr eigenes Denken. Verweilen Sie bei Gedanken des Guten. Denken Sie Gutes, Liebliches, Nobles, Erhebendes und Gott-gleiches.

8. Ein junger Mann, der bislang im Leben nicht vorangekommen war, begann damit, sein Gemüt spirituell zu aktivieren. Damit machte er es zum Gesetz des Handelns auf der unterbewußten Ebene. Er erkannte den gewaltigen Unterschied zwischen spirituellem Denken und dem

durchschnittlichen des Massengemüts. Er bejahte folgende Wahrheiten: „Ich werde jetzt beruflich in jeder Weise gefördert. Erfolg ist jetzt mein. Rechtes Handeln ist jetzt mein. Wohlstand ist jetzt mein." Jedesmal, wenn ihm negative Gedanken in den Sinn kamen, ersetzte er sie durch konstruktive, wie Reichtum, Frieden, Harmonie, Beförderung, Sieg etc. Durch ständige Disziplinierung seiner Gedanken transformierte er sein Leben und gelangte zu Wohlstand und Ansehen.

9. Ein Mann, der voller Schuldgefühle und Selbstverurteilung war, konnte durch ein freimütiges Geständnis seiner kriminellen Handlungen sein Unterbewußtsein von diesen Mentalgiften befreien. Die vom Arzt verschriebene Medizin konnte ihm zwar körperliche Linderung bringen – was er jedoch in Wirklichkeit brauchte, war eine spirituelle Medizin. Im Fall der Lady Macbeth sagte Shakespeare: „Hier muß der Kranke selbst das Mittel finden, um das Gemüt zu reinigen und die Brust entled'gen jener gift'gen Last, die schwer das Herz bedrückt." Dieser Mann begann nun ein ehrliches Leben zu führen und ich erklärte ihm, daß er sich als gut und ehrlich fühlen könne, so als sei er niemals schlecht gewesen. Da er nicht mehr der gleiche Mensch sei, mental, physisch, emotional und spirituell, müsse er auch mit seinen Selbstverurteilungen aufhören. Er müsse damit aufhören, einen Unschuldigen – nämlich sich selbst – zu verdammen. Gott verurteilt niemanden, und da er jetzt ein ehrliches Leben führt, ist die Vergangenheit vergessen. „Ihrer wird nicht mehr gedacht." Dieser Mann war nicht mehr imstande, die alten Fehler erneut zu begehen, deshalb war er wirklich transformiert. Er vergab sich selbst und ging als seelisch befreiter Mann. Unser einstündiges Gespräch rettete sein Leben und brachte die völlige Veränderung.

. . . Auch ich verurteile dich nicht; geh, sündige von jetzt an nicht mehr! (Joh. 8:11)

KAPITEL 19

Wie Tele-PSI das Gesetz des Geistes in Aktion anregt

Kürzlich kam eine völlig verzweifelte Frau in meine Sprechstunde. Ihr fünfzigjähriger Ehemann hatte ganz plötzlich angefangen übermäßig zu trinken und schien auf dem besten Weg zum Alkoholiker zu sein. Wie sie sagte, hätten einige ihrer Glaubensgenossen ihr bedeutet, es sei grunfalsch, in dieser Situation für ihn zu beten, da er zunächst selbst den Wunsch haben müsse, dem Alkohol zu entsagen.

Ich erklärte ihr, daß eine solche Auffassung natürlich blanker Unsinn sei und fragte sie in diesem Zusammenhang, was ihrer Meinung nach Gebetstherapie überhaupt sei. Ich konnte ihr nachdrücklich klarmachen, daß Gebetstherapie auf gar keinen Fall mit irgendeinem mentalen Zwang zusammenhängt oder etwas mit einer Beeinflussung der anderen Person zu tun hat. Angenommen, Sie beobachten, wie auf der Straße eine Frau zusammenbricht – möglicherweise infolge eines Herzanfalls – dann ist es nur vernünftig, einen Notarztwagen zu rufen und auch sonst die bestmögliche Hilfe zu gewähren. Ebenso haben Sie das Recht, keinen Notarzt zu rufen, sondern andere Maßnahmen zu treffen, die Ihnen angemessen erscheinen.

Machen wir uns klar: Pathologische Krankheiten, mentale Verirrungen, Armut, Alkoholismus, Rauschgiftsucht oder Krankheiten jeglicher Art sind keine Merkmale der Göttlichkeit in uns. Diese ist immer heil, rein und vollkommen. Es ist völlig richtig und in göttlicher Ordnung, für einen anderen Menschen zu beten, ob der Betreffende nun davon weiß oder nicht, oder ob er darum ersucht hat oder nicht. Die Annahme, für einen anderen Menschen nicht beten zu dürfen, weil er uns nicht darum gebeten hat, ist purer Aberglaube.

Wenn Sie für einen anderen Menschen beten, dann bejahen Sie die Attribute Gottes in der anderen Person. Sie bejahen, daß alles, was über Gott wahr ist, auch die Wahrheit für diesen Menschen darstellt. Sie identifizieren sich einfach mit der Gottesgegenwart in dem anderen und errichten die Eigenschaften, Attribute und Aspekte Gottes in Ihrem Denken und Fühlen. Da es nur einen Geist gibt, sind diese dominierenden Eigenschaften zur gleichen Zeit in seinem Gemüt wiedererrichtet.

Wie Sie beten, wenn Sie krank sind

Wenden Sie sich dem innewohnenden Gott zu und denken Sie an seinen Frieden, seine Harmonie, Vollkommenheit, Schönheit, grenzenlose Liebe und unendliche Macht. Machen Sie sich bewußt: Gott liebt Sie und sorgt für Sie. Wenn Sie das tun, wird sich jegliches Furchtgefühl verflüchtigen.

Wenden Sie Ihr Denken Gott zu und seiner Liebe. Fühlen und wissen Sie, daß es nur eine heilende Gegenwart und Macht gibt und seine Folgeerscheinungen: Es gibt keine Macht, die Gott herausfordern könnte. Bejahen Sie ruhig und liebevoll, daß die erhebende, heilende, stärkende Kraft der Heilungsgegenwart Sie jetzt durchströmt und Sie in jeder Weise heilt. Wissen und fühlen Sie, daß die Harmonie, Schönheit und das Leben Gottes sich in Ihrem Innern manifestiert, als Kraft, Frieden, Vitalität, Schönheit Gesundheit und rechtes Handeln. Machen Sie sich davon ein klares Bild und jede Krankheit löst sich auf im Licht der Liebe Gottes.

Verherrlicht Gott mit eurem Leib. (1. Kor. 6:20)

Wenn Sie für einen anderen Menschen beten, dann nennen Sie ihn still beim Namen und bejahen Sie die gleichen Wahrheiten für ihn.

Er glaubte, von üblen Wesenheiten besessen zu sein

Im Verlauf vieler Jahre sind mir bei meinen Beratungen sowohl hier in den USA als auch in Großbritannien und Irland immer wieder Menschen begegnet, die behaupteten, von sogenannten bösen Geistern besessen zu sein. Viele dieser Menschen litten unter dem, was in der Fachwelt als multiple Obsession bezeichnet wird.

Das folgende ist ein sehr interessanter Fall eines etwa 60 jährigen Mannes, der mich kürzlich aufsuchte und behauptete, von verschiedenen Teufeln besessen zu sein, die ziemlich merkwürdige Dinge mit ihm anstellten. Drei Jahre zuvor hatte er sich dieserhalb bereits einer Schocktherapie unterzogen und auch für einige Monate etwas Erleichterung verspürt. Dann aber seien die Teufel zurückgekehrt, um ihn zu verfolgen. Sie hätten ihn mit Obszönitäten, Verwünschungen und Flüchen überhäuft und ihn zu Trunkenheit und Vergewaltigung verführt. Diese sogenannten bösen Geister plagten ihn insbesondere des Nachts und führten zu Schlaflosigkeit. Sie würden nicht müde, ihm zu sagen, wie sehr sie ihn verabscheuten.

Selbstverständlich gab es keine bösen Geister, die hier zu beseitigen waren, sondern es war einzig und allein sein Unterbewußtsein, das sich hier bemerkbar machte. Es stellte sich heraus, daß er seiner früheren Ehefrau gegenüber Haßgedanken und jede Art von Ressentiments hegte. Seine Frau war ihm seinerzeit davongelaufen und hatte einen anderen Mann geheiratet. Sein übles und destruktives Denken sank hinab in sein Unterbewußtsein und formte „üble" Komplexe. Bedingt durch seinen Haß entwickelte er Schuldgefühle, die sich zu handfester Straferwartung auswuchsen.

Ich gab ihm den 91. Psalm zu rezitieren – laut, dreimal täglich. Desgleichen den 27. Psalm für die Nacht. Letzterer ist der große „Furchtüberwinder." Wir vereinbarten, daß er mich einmal wöchentlich aufsuchen sollte. Durch das angewandte Gebetsverfahren war er nach und nach imstande, seine Exfrau freizugeben und ihr alle Segnungen des Lebens zu wünschen, so daß er seinem Gemüt erlauben konnte, ohne Ressentiments an sie zu denken.

Ich erläuterte ihm, daß andere Menschen in unseren Träumen zu uns sprechen und auch wir selbst manchmal dazu neigen, im Traum zu reden. Wenn wir Gefühle des Hasses und der Feindseligkeit an unser Unterbewußtsein weiterreichen, dann hat letzteres keine andere Alternative, als solche Gefühle auf seine eigene Weise zum Vorschein zu bringen.

Eines Abends, während einer Meditation, sagte ich zu mir selbst:

„Jetzt habe ich aber endgültig genug von diesem Gerede über böse Geister. Dieser Mann spricht nur zu sich selbst und ich weiß das. Es gibt nur einen Geist (Gott), der Ewige, der All-Weise, der Allwissende, der einzige göttliche Geist. Dieser Mann ist sich jetzt dessen bewußt, was auch ich weiß und er fühlt Gottes Liebe in seinem Herzen, jetzt, in diesem Augenblick."

Als er mich am nächsten Tag aufsuchte, sagte er: „Mir ist in der letzten Nacht etwas Seltsames passiert. Jesus war mir erschienen und hatte gesagt: ‚Diese bösen Geister sind nicht wirklich; sie sind lediglich Erscheinungen deines eigenen Gemüts und du bist jetzt befreit.'" Der Mann erfuhr eine vollkommene Heilung.

Nach so vielen Konsultationen mußte ich mich schließlich auch selbst zu dem Punkt der unterbewußten Überzeugung bringen, der seine Überzeugung aus meinem Gemüt entfernen würde. Es war also nicht nur der mental gestörte Mann, der von seinen falschen Annahmen befreit werden mußte; es war auch ich, der befreit und geheilt werden mußte. Meiner Ansicht nach ist das bei jeder Gebetstherapie der Fall, gleichgültig, ob sich der Berater dieses Umstandes bewußt ist oder nicht.

Als ich in meinem eigenen Gemüt zu einer glasklaren Entscheidung gekommen war über diese angeblichen bösen Wesenheiten in seinem Gemüt, wurde ihm diese Entscheidung auf der Stelle übermittelt. Da es nur ein Gemüt gibt, konnte Frieden und Vollkommenheit in ihm wieder auferstehen.

Ihr psychisches Erlebnis enthüllte versteckten Reichtum

Eine junge Sekretärin, die meine Vorträge im Wilshire Ebell Theatre an jedem Sonntagvormittag besucht, erzählte mir, daß sie etwa eine Woche lang jede Nacht einen sehr lebhaften Traum gehabt habe. Jedesmal habe sie einen Spaten zur Hand genommen und im Garten hinterm Haus gegraben. Nach jedem dieser Träume fühlte sie sich in gehobener Stimmung. Nun wollte sie meine Meinung zu der ganzen Sache hören.

Ich erklärte ihr, daß ein Traum immer eine sehr persönliche Sache sei und er in diesem Fall bedeuten könnte, daß sie irgendein verborgenes

Talent zum Vorschein bringen sollte. Sofern ihr das nichts sagte, wäre es vielleicht doch angebracht, ihren Bruder oder Vater zu veranlassen, hinter dem Haus zu graben. Sie bat also ihren Vater darum und er kam ihrem Wunsch mit einigem Widerstreben nach. Zu ihrem größten Erstaunen förderte er einen alten Tonkrug zutage, der bis zum Rand mit Goldmünzen aus dem Jahr 1898 angefüllt war.

Der Wert dieser Goldmünzen ging in die Tausende. Das ermöglichte ihr den Collegeabschluß und die Erfüllung eines langgehegten Wunsches: ein Rolls Royce. Darüber hinaus blieb noch genug übrig für die ganze Familie. Diese junge Frau, die für Wohlstand und eine Möglichkeit, ihre Collegeausbildung abzuschließen gebetet hatte, fand die Erfüllung ihres Wunsches in eine Traumhandlung eingebettet.

Tele-PSI vertrieb ihre Frustration

Eine Witwe mit zwei Söhnen hatte seit längerem um einen geeigneten Ehepartner gebetet – einen Partner, mit dem sie in jeder Hinsicht harmonierte und der ihren beiden Söhnen auch ein guter Vater sein würde. Daraufhin hatte sie in letzter Zeit immer wiederkehrende Träume, in denen sie jedesmal den Bus verpaßte und verspätet im Büro erschien. Das war, wie gesagt, die Traumhandlung. In Wirklichkeit erschien sie selbstverständlich pünktlich an ihrem Arbeitsplatz. Ich fragte sie, ob es in ihrer Firma jemanden gäbe, der ihr als zukünftiger Ehemann gefallen könnte. Sie erwiderte, der Assistent des Vizepräsidenten habe sie schon mehrmals zu einem Theaterbesuch mit anschließendem Essen eingeladen, aber sie habe jedesmal abgelehnt, weil sie finde, daß so etwas innerhalb der Firma nicht angemessen sei und von den Firmenoberen mit Argwohn betrachtet würde.

Ich sagte ihr, daß meinem Gefühl nach ihr Gebet bereits beantwortet sei und sie ganz offensichtlich eine wunderbare Gelegenheit zur Heirat vorübergehen ließe. Ihr Unterbewußtsein gab sich alle Mühe, sie auf diese Möglichkeit hinzuweisen. Der Bus ist ein Symbol für den Sex – ein wesentlicher Bestandteil des Ehelebens. Am nächsten Tag sagte sie dem Herrn, daß sie entzückt sei, seine Einladung anzunehmen, die sie ein paar

Tage zuvor infolge außergewöhnlicher Umstände hatte ablehnen müssen. Ein paar Wochen später waren sie glücklich verheiratet, und es stellte sich heraus, daß er auch der ideale Vater für die Jungen war.

Eigentlich hatte diese Witwe die Antwort auf ihr Gebet über einen gewissen Zeitraum hinweg zurückgewiesen, so daß ihr Unterbewußtsein keine andere Alternative hatte, als im Traum zu ihr zu sprechen.

... Ich der Herr (das Unterbewußtsein), offenbare mich ihm in Gesichten und rede in Träumen mit ihm. (Numeri 12:6)

Lassen Sie das Gesetz der Anziehung für sich arbeiten

Ihre Gedanken haben ihre Affinitäten. Wie Mark Aurelius, der große römische Kaiser und Philosoph so treffend sagte: „Unser Leben ist das, was unser Denken daraus macht." Ihr dominierender Gedanke macht sich alle anderen Gedanken untertan, so wie eine winzige Menge Indigo-Farbe einen 10-Liter-Eimer mit Wasser verfärben würde. William James, der Vater der amerikanischen Psychologie sagte: „Die größte Entdeckung meiner Generation ist die Tatsache, daß menschliche Wesen ihr Leben verändern können, indem sie ihre Gemütshaltung ändern."

Bei einem Gespräch mit einer hübschen jungen Frau – talentiert, charmant, voller Esprit und hochgebildet – mußte ich feststellen, daß sie auf dem besten Weg war, ihr Leben zu ruinieren, durch ihre destruktiven, haßerfüllten Denkmuster. Sie ließ eine Tirade gegen ihren verstorbenen Vater los und auch an ihrer Mutter ließ sie kein gutes Haar. Innerhalb eines Jahres hatte sie drei gute Positionen verloren – alles das Werk ihrer sarkastischen und bissigen Zunge. Diese emotionelle Vergiftung zog selbstverständlich entsprechende physische Leiden nach sich. So mußte sie sich zwei chirurgischen Eingriffen unterziehen, einer Gebärmutterentfernung und einer Operation von Magengeschwüren.

Ich erklärte dieser jungen Dame, daß sie noch ihr ganzes Leben vor sich habe, und daß sie noch heute mit einem neuen Leben beginnen könne, um den Beweis zu liefern, daß ihre ganze Welt, ihr Körper, ihre Umgebung, ihre Situation, ihr finanzieller Status, ihr gesellschaftliches Leben – kurz, alles, was ihr eigentliches Leben ausmacht, ihrem gewohnheitsmäßigen Denken entspricht.

Sie zeigte sich einverstanden, ihr Denken zu ändern und geändert zu halten. Jedesmal, wenn ihr ein negativer Gedanke in den Sinn kam, ersetzte sie ihn durch einen Gedanken der Liebe und des Wohlwollens. Sie hatte begriffen, daß sie durch ein systematisches Vorgehen in dieser Weise die Auswirkungen ihres bisherigen negativen Denkens durchbrechen und überwinden würde, die ihr Leben ruiniert hatten.

Eine wirksame Bejahung

Die folgende Bejahung gab ich ihr zur regelmäßigen Anwendung. Ich erklärte ihr, daß diese Wahrheiten, wenn sie mit Gefühl vorgebracht werden, Eingang in ihr Unterbewußtsein fänden, was wiederum dazu führen würde, daß sie automatisch auf Wege der Freude und des Friedens geführt würde. Ich war gewiß, daß von nun an ihre ganze Reise vorwärts, aufwärts und gottwärts führen würde:

Die Gaben Gottes sind jetzt mein. Ich lebe in der Gegenwart Gottes, von dem alle Segnungen kommen. Ich nutze jeden Augenblick dieses Tages, um Gott zu verherrlichen. Gottes Harmonie, Frieden und Überfluß sind jetzt mein. Göttliche Liebe geht von mir aus und segnet alle, die in meine Atmosphäre gelangen. Gottes Liebe ist für jeden hier spürbar. Sie heilt alle.

Ich fürchte kein Übel, denn Gott ist bei mir. Ich bin immer umgeben vom heiligen Kreis der Liebe und Macht Gottes. Ich fühle, ich weiß und ich glaube definitiv und positiv, daß der Strahl von Gottes Liebe und ewiger Fürsorge mich auf allen meinen Wegen begleitet. Er führt, heilt und behütet mich und alle Mitglieder meiner Familie.

Ich vergebe jedem Menschen und bin aufrichtig bemüht, Gottes Liebe, Frieden und Wohlwollen auf alle auszustrahlen. Im Zentrum meines Seins ist Frieden; es ist der Frieden Gottes. In dieser Stille spüre ich seine Kraft, Führung und die Liebe seiner heiligen Gegenwart. Auf allen meinen Wegen werde ich göttlich geführt. Ich bin ein reiner Kanal für Gottes Liebe, Licht, Wahrheit und Schönheit. Ich spüre, wie sein Fluß des Friedens mich jetzt durchströmt. Ich weiß, daß alle meine Probleme sich im Gemüt Gottes auflösen. Gottes Wege sind meine Wege. Die Worte, die ich gesprochen habe, kehren zurück, beladen mit dem, wozu sie ausgesandt worden sind. Ich freue mich und sage Dank im Wissen, daß meine Gebete beantwortet sind. So ist es.

Tele-PSI-Materialisationen sind reale Phänomene

Bei Diskussionen über Tele-PSI, das die wunderwirkenden Kräfte Ihres Unterbewußtseins darstellt, werde ich oftmals nach meiner Ansicht über Materialisationen bei Sèancen gefragt. Zunächst einmal bin ich überzeugt, daß die sogenannte Kontrolle über ein Medium einfach nur eine dominierende Idee des Unterbewußtseins ist. Es ist selbstverständlich eine Tatsache, daß psychische Phänomene existieren. Ihr Unterbewußtsein verfügt über die Kapazitäten des Hellsehens, Hellhörens und der Telekinese. Das alles sind Fähigkeiten, die wir alle latent in uns tragen.

Vor einigen Jahren wurde ich von Dr. Evelyn Fleet und einem pensionierten Obersten der Armee zu einer Sèance in London eingeladen, wo wir Zeugen von acht Materialisationen waren – so wirklich, wie unsere eigenen Körper. Der Oberst – pensionierter Truppenarzt – untersuchte die Materialisationen, prüfte Puls und Blutdruck, kontrollierte ihre Zähne und schnitt ein paar Strähnen ihrer Haare ab.

Auch das Gewicht jeder dieser Materialisationen war das eines normalen Menschen. Wir sprachen auch mit ihnen und Dr. Fleet hatte das Gefühl, daß die Frau, mit der sie gesprochen hatte, möglicherweis ihre Mutter war, aber so ganz sicher war sie da nicht. Wir erhielten auch recht intelligente Antworten von ihnen und eine von den Frauen hatte eine Ähnlichkeit mit der Schwester des Obersten, die einige Jahre zuvor verstorben war. Alles das spielte sich in einem hellerleuchteten Raum ab – keine Spur von Dämmerlicht oder ähnlichem. Das Medium befand sich im Trancezustand. Alle Männter trugen Anzüge, die Frauen Kleider. Irgendwelche Tricks schieden völlig aus. Diese Materialisationen waren keine Täuschung. Eine Illusion kann nicht demonstriert werden als Wesenheit von Fleisch und Blut, Haar, Kleidung, Stimmorganen und Puls. Eine Illusion ist etwas durch falschen Eindruck vorgetäuschtes: eine Situation oder ein Zustand des Getäuschtseins. Alle diese Materialisationen waren, wie gesagt, offensichtlich real, dennoch glaube ich nicht, daß eine der Frauen Dr. Fleet's Mutter oder die andere die Schwester des Obersten war.

Alle waren also wirklich als Phänomene, Manifestationen oder Projektionen der ektoplasmischen Substanz des Mediums. Das im Trance befindliche Medium hat die Befähigung, den Anwesenden Gedankenmuster von Angehörigen in das Unterbewußtsein zu projizieren, ihnen damit Fleisch und Blut zu geben und die Fähigkeit, zu sprechen, handeln und auf Befragen angemessen zu antworten. Ich bin überzeugt, daß alle diese Materialisationen nichts anderes als Dramatisationen des Unterbewußtseins des Mediums waren.

Dr. Fleet ließ die abgeschnittenen Haarteile labortechnisch untersuchen. Der Befund war: Keine Möglichkeit, analysiert zu werden, es war von „unbekannter Herkunft." Einige Tage später hatte sich das Haar völlig aufgelöst und nicht die geringste Spur hinterlassen.

Ich war mir mit Dr. Fleet einig, daß es doch recht naiv sei, einfach eine Sèance abzuhalten, in der Annahme, Freunde oder Angehörige aus der nächsten Dimension erscheinen zu lassen, um irgendwelche Fragen zu beantworten. Alle Ihre weitergegangenen Lieben wirken jetzt in vierdimensionalen Körpern – in „den vielen Wohnungen in unseres Vaters Haus." Sie bewegen sich vorwärts und aufwärts, von Herrlichkeit zu Herrlichkeit, auf der Reise, die kein Ende kennt.

ZUSAMMENFASSUNG

1. Es ist reiner Aberglaube, anzunehmen, für einen anderen zu beten – etwa einen Alkoholiker oder Krebskranken – sei unangemessen. Bei einem Unfall, dessen Zeuge Sie sind, würden Sie schließlich auch den Notarzt rufen oder sonstwie angemessene Hilfe leisten. Gebetstherapie ist keine Nötigung. Im Gebet machen Sie geltend, daß alles was über Gott wahr ist auch für diesen Menschen zutrifft. Die göttliche Natur wohnt jedem Menschen inne und es ist der göttliche Wille, daß dies in allen Menschen zum Ausdruck kommt.

2. Wenn Sie für einen kranken Menschen beten, dann dürfen Sie nicht über Symptome, Schmerzen oder Beschwerden nachsinnen. Bejahen Sie still, daß die heilende Gegenwart diesen Menschen durchströmt und ihn heil und vollkommen macht.

3. Die Teufel, die den Menschen plagen und eine multiple Besessenheit verursachen, sind Haß, Eifersucht, Neid, Bosheit, Schuldgefühle und Selbstverurteilung. Wenn diese mentalen Gangster in unserem Gemüt das Kommando übernommen haben, dann verlieren wir jegliche Verstandeskraft und werden zu Opfern unseres eigenen destruktiven Denkens. Wenn ein Mensch Stimmen zu hören glaubt, die ihn zu irgendwelchen destruktiven Handlungen auffordern, so handelt es sich hier um nichts anderes, als sein Unterbewußtsein, das zu ihm spricht. In anderen Worten: Er spricht zu sich selbst. Ein Mann vermochte schließlich einzusehen, daß es sein Unterbewußtsein war, das auf sein destruktives Denken reagierte. Als ich mein eigenes Gemüt von all diesem Unsinn reinigte und dabei beanspruchte, daß auch dieser Mann zu den gleichen Schlußfolgerungen kommen würde, erfuhr er eine spontane Heilung.

4. Oftmals enthüllen Ihnen Träume die Antworten auf Ihre verworrensten Probleme. Eine junge Frau hatte einen immer wiederkehrenden Traum, in dem sie im Garten hinter dem Haus nach einem Schatz grub. Sie hatte um Wohlstand gebetet und veranlaßte ihren Vater, auf meinen Rat im Garten tatsächlich nachzugraben, wo sie daraufhin einen Krug mit Goldmünzen fanden, der ein kleines Vermögen wert war.

5. Eine junge Witwe, die gern wieder heiraten wollte, berichtete von einem wiederkehrenden Traum, in dem sie ständig den Bus verpaßte. Sie kam dadurch jedesmal zu spät ins Büro, obgleich sie objektiv immer pünktlich war. Sie erkannte, daß sie sich hier eine gute Gelegenheit zur Wiederverheiratung entgehen ließ, indem sie die Einladung einer der Manager ausschlug. Nachdem sie diesen Fehler korrigiert und seine Einladung angenommen hatte, erlebte sie die Beantwortung ihres Gebets. Kurze Zeit darauf war sie verheiratet.

6. Mark Aurelius sagte: „Unser Leben ist das, was unser Denken aus ihm macht." Emerson sagte: „Der Mensch ist das, was er den ganzen Tag lang denkt." Der in Ihrem Gemüt vorherrschende Gedanke beherrscht

und färbt alle anderen Gedanken. Eine junge Frau zerstörte ihr Leben durch haßerfüllte Gedanken ihren Eltern und anderen gegenüber. Das Resultat war eine völlig ruinierte Gesundheit, die zwei Operationen erforderlich machte. Sie änderte ihre Denkweise und entschloß sich, jeden auftauchenden negativen Gedanken durch einen positiven zu ersetzen – durch einen Gott-gleichen, liebevollen Gedanken. Als sie sich das zur Gewohnheit machte, verschmolz ihre Welt auf magische Weise mit dem Image ihrer Kontemplation. Sie wurde zu dem, was sie kontempliert hatte.

7. Oftmals werde ich über Materialisationen bei Sèancen befragt, bei denen es Erscheinungen gibt, die sprechen, gehen und Fragen beantworten. Diese Phänomene sind zweifellos real und dennoch nur scheinbar real. Es handelt sich keineswegs um Ihre Angehörigen. Diese wirken in der nächsten Dimension des Lebens und bewegen sich vorwärts, aufwärts und gottwärts. Sie sind von Ihnen lediglich durch eine höhere Schwingungsfrequenz getrennt. Auch ein Haar von solchen Materialisationen kann nicht analysiert werden, da es aus einer unbekannten Substanz besteht. Ein im Trance befindliches Medium kann jedoch Images Ihrer Angehörigen anzapfen und ektoplasmische Projektionen von ihnen hervorbringen und somit scheinbar reale Formen.

KAPITEL 20

Wie Tele-PSI die Macht Ihres Bewußtseins schärft

Ihr Unterbewußtsein ist der Erbauer und Wiedererbauer Ihres Körpers, mit Kontrolle über alle seiner sogenannten unfreiwilligen Funktionen. Es beherrscht Atmung, Verdauung, Verwertung, Kreislauf, Ausscheidung und alle anderen automatischen Tätigkeiten. Das Unterbewußtsein ist zugleich ein großartiger Chemiker, der alle genossene Nahrung in Gewebe, Muskeln, Knochen, Blut und Haar verwandelt und ständig neue Zellstrukturen aufbaut.

Ihr Unterbewußtsein ist zugleich der Aufbewahrungsort Ihrer Erinnerungen. Alles, was von Ihrem wachbewußten Verstand als wahr akzeptiert wird, das wird von Ihrem Unterbewußtsein verwirklicht. Ihr tieferes Bewußtsein ist für Suggestionen empfänglich, es ist gleichzeitig der Sitz der Gewohnheiten.

Bei Hypnoseexperimenten werden Sie feststellen, daß Ihr Unterbewußtsein jede Suggestion akzeptiert, da es ausschließlich deduktiv wägt. Seine Deduktionen sind immer in Harmonie mit der Prämisse; deshalb sollten alle Suggestionen in ihrer Qualität lebengebend und konstruktiv sein.

Die Sprache Ihres Unterbewußtseins ist eine symbolische. Das kommt insbesondere in Ihren Träumen zum Ausdruck, die oftmals Ihre unerfüllten oder unterdrückten Wünsche dramatisieren. Ihr Unterbewußtsein ist ein wunderbarer Imitator; es wird alles personifizieren, was ihm lebhaft suggeriert wird. Als Sitz aller psychischen Erfahrungen empfängt es intuitiv und unabhängig von den Begrenzungen durch Zeit und Raum. Bedenken Sie auch, daß sich innerhalb Ihres Unterbewußtseins das Superbewußtsein befindet (von Emerson als die große Überseele bezeichnet), oder die Gegenwart Gottes oder der höchsten Intelligenz. In anderen Worten: das ICH BIN oder der lebendige allmächtige Geist, der alles weiß und alles sieht, befindet sich in Ihrem Innern. Ihr Unterbewußtsein beherbergt unendliche Weisheit, unendliche Liebe und alle Eigenschaften und Attribute des unendlichen Seins, Gott genannt.

Ihr wachbewußter Verstand nimmt die äußere Welt durch das Mittel der fünf Sinne wahr: Er wägt durch Induktion, Deduktion, Analyse und Analogie. Sie bestimmen, selektieren und planen mit Ihrem Verstand, dem Sitz der Willenskraft. Ihr Wille wiederum setzt sich zusammen aus Wunsch, Entscheidung und Entschluß.

Sie konzentrieren sich mit ihrem wachbewußten Verstand und prägen Ihrem Unterbewußtsein durch scharfgezogene Aufmerksamkeit Eindrücke auf. Da Sie Ihre Mentalbilder mit Ihrem Verstand imaginieren, können Sie Ihr Unterbewußtsein weitaus wirksamer imprägnieren, wenn Sie eine klarere Vision dessen erstellen, was Sie sein, tun oder haben wollen. Ihr Wachbewußtsein kann Erfolg und Wohlstand erklären und behaupten durch seine Macht der bewußten Kontrolle in konstruktivem Denken, Reden und Vorstellungen. Sie können Ihr Unterbewußtsein völlig durchtränken mit Gedanken des Wohlstands und Erfolgs.

Notfälle als Stimulatoren der mentalen Kräfte

Ihr wachbewußter Verstand wird in ausgesprochenen Notsituationen zu einem äußerst empfänglichen Organ für Eingebungen aus dem Unterbewußtsein. In solchen Augenblicken übernimmt die Weisheit und Intelligenz Ihres Unterbewußtseins die Kontrolle. Ihr Wachbewußtsein übernimmt dann eine rein rezeptive Rolle. Auf diese Weise verwirklichen sich psychische Phänomene. Ihr Verstand kann erleuchtet und inspiriert werden, durch Anrufen der Weisheit und Intelligenz Ihres tieferen Bewußtseins, das alles sieht und weiß.

Ich hatte die große Geraldine Cummins zu ihren Lebzeiten oftmals in ihren Häusern in London und Cork, Irland besucht. (Sie ist die Autorin von *Unsichtbare Abenteuer, Die Schriften der Cleophas* und vieler anderer Bücher.) Sie ist bei vielen Gelegenheiten von den hervorragendsten Wissenschaftlern Englands untersucht worden. Alle waren sie der einhelligen Meinung, es bei ihr mit ganz bemerkenswerten psychischen Kräften zu tun zu haben.

Ich habe an vielen Sitzungen mit ihr teilgenommen, da ich mich von jeher für außersinnliche Wahrnehmung und psychische Phänomene aller Art interessiere. Bei solchen Sitzungen wurde Miss Cummins sehr still und gelangte in einen passiven, empfänglichen Zustand. Ihr wachbewußter Verstand war teilweise untergetaucht, und plötzlich behauptete sie, daß ihr Kontrollgeist „Astor" übernommen habe und sie begann zu schreiben – Seite für Seite außergewöhnlicher Information.

In einem Fall sagte sie, daß meine Schwester Mary Agnes, die in die nächste Dimension übergewechselt war, sich gemeldet habe. Beim Überfliegen der Seiten machte ich die Entdeckung, daß viele Passagen in Gaelisch, Französisch und Latein abgefaßt waren – alles Sprachen, die Geraldine nicht beherrschte. Desgleichen hatte meine Schwester in das Geschriebene sechs besondere Merkmale eingeschlossen, an denen ich sie erkennen konnte, jedes von ihnen außerordentlich akkurat. Sie berichtete aus unserer Kindheit unter Berücksichtigung nur mir bekannter Details und machte außerdem einige bemerkenswerte Voraussagen, die alle inzwischen eingetroffen sind.

In dieser Hinsicht fungierte Geraldine lediglich als schreibendes Instrument, indem sie Dinge zu Papier brachte, von denen sie im Grunde nichts wußte. Als Geraldine mit dem Schreiben fertig war, hatte sie keine Ahnung von dem, was sie da eigentlich geschrieben hatte. In diesem Fall war die Beweislast überwältigend und ich bin selbstverständlich restlos überzeugt, daß es sich hier um meine Schwester gehandelt hatte, die sich aus der nächsten Dimension zu Wort gemeldet hatte.

Normale psychische Kraft

Es gibt viele psychisch begabte Menschen, die Ihr Unterbewußtsein anzuzapfen vermögen, während sie sich im Normalzustand befinden, d. h. völlig wachbewußt sind. Diese Befähigung ist latent in jedem Menschen angelegt, nur haben einige sie besser entwickelt als andere.

Abnorme psychische Kräfte

Bei anderer Gelegenheit hatte Geraldine Cummins mich zu einer Sèance eingeladen, die eine Freundin von ihr in Südirland leitete. Dieses irische Medium fiel in einen Volltrance und behauptete, von einem ägyptischen Priester kontrolliert zu werden. In diesem Zustand enthüllte sie wunderbare psychische Kräfte. Wir saßen zu sechs Personen um den Tisch herum, der mit einer erstaunlichen Leichtigkeit angehoben wurde, allein durch die Kraft des Unterbewußtseins dieses Mediums.

Ein anwesender Professor war überzeugt, mit seiner Mutter zu sprechen. Er machte geltend, daß es sich einwandfrei um ihre Stimme handelte, daß sie ihn mit seinem Kosenamen angeredet habe, und daß sie sich auf griechisch mit ihm unterhalten habe, ihrer Muttersprache, die das im Trance befindliche Medium ohnehin nicht verstehen könne.

Viele materialisierte Formen erschienen noch – einige von ihnen sprachen. Alle waren bekleidet und verfügten über Befähigungen, wie sie auch Menschen zu eigen sind. Eine Frau hielt einen Schwatz mit einem materialisierten jungen Mädchen, das sie für ihre Tochter hielt. Diese Materialisationen hielten noch etwa fünf oder sechs Minuten an und verschwanden dann völlig. Alles das spielte sich am Nachmittag ab – nicht bei gedämpftem Licht, sondern für alle Anwesenden deutlich sichtbar. Die Formen waren aller Wahrscheinlichkeit nach ektoplasmische Projektionen des Mediums.

Psychometrische Kontakte

Kürzlich machte Dr. David Howe aus Las Vegas mich mit einer psychometrisch begabten Frau bekannt, die über die außergewöhnliche Fähigkeit verfügte, die subjektive Seite der Dinge lesen zu können. Lediglich durch Berührung eines Gegenstandes, der mit einer bestimmten Person verbunden ist, wie ein Ring, ein handgeschriebener Brief etc. ist sie imstande, eine detaillierte Beschreibung dieser Person zu geben, mit allen Charakteristiken, Neigungen, Beruf, Alter, familiären Verhältnissen und Zukunftsaussichten. Wenn sie einen Ring berührt, den der betreffende Mensch getragen hat, dann spürt sie eine bestimmte Schwingung und begibt sich in die mentale Atmosphäre dieser Person. Der Grund dafür liegt in der Tatsache, daß das Unterbewußtsein alles durchdringt und der Ring mit der mentalen Atmosphäre des betreffenden Menschen imprägniert ist, und es dadurch dem Medium ermöglicht, in sein innerstes Gedankenleben einzudringen.

Tele-PSI und innere Stimmen

Bei einem Seminar an Bord eines Schiffes, im letzten Jahr, erzählte mir ein Offizier bei Tisch, daß er zeitweilig innere Stimmen höre, besonders, wenn mit dem Schiff irgend etwas nicht in Ordnung ist. Diese Stimmen sagten ihm dann genau, um welche Schwierigkeiten es sich handele und wie sie zu beheben seien. Er war sich bewußt, daß er damit über eine bemerkenswerte Fähigkeit verfügte, die andere Besatzungsmitglieder nicht hatten, und daß es sich in den meisten Fällen auch um Warnungen irgendwelcher Art gehandelt habe.

Einmal, vor der italienischen Küste hörte er die innere Stimme sagen, ein Mannschaftsangehöriger sei auf dem Weg zu seiner Kabine, um ihn zu erschießen. Dieser Mann lief Amok. „Ich verriegelte meine Kabinentür", sagte er mir, „rief den Kapitän und ließ den Mann einsperren. Als wir den Hafen erreichten, wurde er in eine Nervenheilanstalt geschafft." Die innere Stimme war hundertprozentig richtig: der Mann war mit einer Pistole bewaffnet und hatte die Absicht, den Offizier umzubringen.

237

Solche Warnungen können uns auch im Traum und in Nachtvisionen zuteil werden.

Die innere Stimme dieses Offiziers war eine Realität, denn er hatte es sich zur Gewohnheit gemacht, sein Unterbewußtsein zu instruieren, durch eine Stimme jederzeit beschützt, behütet und auf jede Weise gesegnet zu sein. Diese Stimme ist die Stimme seines höheren Selbstes. Er machte sich ständig bewußt, daß alle Warnungen, Eingebungen und Instruktionen von der unendlichen Gegenwart innerhalb seines Unterbewußtseins kommen.

Gespräche mit Stimmen in Sèance-Räumen

Während vieler Sèancen, die ich in London, Johannesburg, Kapstadt und New York City miterlebt habe, mit Medien im Tieftrance, hatte es den Anschein, daß die Luft mit den Stimmen körperloser Wesenheiten angefüllt sei. Ich habe mich des längeren mit einigen dieser Stimmen unterhalten und zum Teil erstaunlich intelligente Antworten erhalten. Oftmals waren andere Anwesende – Psychologen, Ärzte, Universitätsprofessoren – der Ansicht, es mit früheren Kollegen oder Angehörigen zu tun zu haben. Diese Annahme gründete sich auf die Sachkenntnis, Diktion, Charakteristiken, Umgangsformen und Besonderheiten derer, die in der vierten Dimension wirkten.

Was mich persönlich betrifft, so war ich keineswegs zufriedengestellt. Es blieben erhebliche Zweifel bezüglich derer, die sich als meine Angehörigen ausgaben. Ich war mir durchaus nicht im klaren, ob diese Stimmen auf das Unterbewußtsein des Mediums zurückzuführen waren, oder ob es sich in der Tat um die Stimmen meiner Verwandten in der nächsten Lebensdimension handelte.

Auf jeden Fall ist das Ganze ein spannendes, faszinierendes Erlebnis. Bei einer Gelegenheit glaubte ich die Stimme meines Vaters zu hören, der insgesamt vier Sprachen beherrschte: Gaelisch, Englisch, Französisch und Latein. Seine Stimme klang natürlich und vertraut – so, als ob er sich im Zimmer befände. Er sagte zu mir: „Joe, du wirst es jetzt wissen, daß es dein Vater ist, der zu dir spricht. Ich habe dir dieses Gebet beigebracht, als du fünf Jahre alt warst." Dann sprach er das Vaterunser auf Gaelisch, Französisch und Lateinisch. Er bat sodann, allen Anwesenden vorgestellt zu werden und meinte, er würde keinen von ihnen erkennen. Er brachte mir viele Begebenheiten aus meiner frühen Kindheit in Erinnerung, die ich inzwischen vergessen hatte. Diese Begebenheiten wurden später von meiner noch lebenden Schwester bestätigt.

Man könnte jetzt sagen, daß das Medium mein Unterbewußtsein angezapft habe und damit imstande gewesen sei, meinen Vater zu kopieren und seine Stimme nachzuahmen, aber das dürfte in diesem Fall zu weit hergeholt sein. Sie können einen Menschen hypnotisieren und ihm erzählen, er sei jetzt Ihr Bruder. Da er aber Ihrem Bruder noch niemals begegnet ist, kann er weder seine Stimme nachahmen, noch seine Gestik oder Persönlichkeit kopieren.

Sie sah ihre Mutter, bevor sie überwechselte

Eine junge Lehrerin, die meine Sonntagsvorträge besucht, erzählte mir, daß sie sich eines Tages während der Mittagspause in der Schule allein im Klassenzimmer befand, um die nächste Stunde vorzubereiten. Plötzlich sei ihre Mutter erschienen, hätte „Auf Wiedersehen" gesagt und sei verschwunden.

Diese Art der Erscheinung ist keineswegs ungewöhnlich. Ohne Zweifel hatte ihre Mutter in New York City unmittelbar vor ihrem Übergang in die nächste Lebensdimension an ihre Tochter gedacht und ihre Persönlichkeit zu ihr projektiert. Unter Berücksichtigung des Zeitunterschieds zwischen New York und Los Angeles, war die Mutter ihr zum genauen Zeitpunkt ihres Übergangs erschienen.

Der Geist gab ihm eine Nachricht und verschwand

Bei anderer Gelegenheit machte Geraldine Cummins mich mit einem Mann bekannt, der das Gefühl hatte, sein Haus werde von Spukgeistern heimgesucht, da er regelmäßig laute Schritte die Treppe hinaufpoltern höre. Einmal hatte das Hausmädchen eine Erscheinung zu Gesicht bekommen und war minutenlang vor Schreck gelähmt. Sie war danach nicht mehr zum Bleiben zu bewegen und verließ das Haus am nächsten Morgen.

Ich erklärte ihm, daß es sich bei dem sogenannten Geist sehr wohl um eine Gedankenform handeln könne, wahrscheinlich von jemandem ausgesandt, dem Böses widerfahren sei und der vor seinem Tod den intensiven Wunsch gehabt hatte, das Geschehene anderen mitzuteilen. Dieser intensive Wunsch als Gedankenform nimmt oftmals die Gestalt einer Person an. Nachdem die Botschaft jedoch übermittelt worden ist, löst die Gedankenform sich auf. Ich beschwor ihn, sich diesem Geist zu stellen, in dem Moment, da er die Schritte auf der Treppe wieder hört, nach seiner Botschaft zu fragen und auf das zu hören, was er ihm zu sagen hat. Genau das tat er. Eines Abends sah er die Erscheinung und er sagte: „Gib mir deine Nachricht." Darauf erfuhr er, daß dieser Geist von seinem Bruder ermordet worden war. Unmittelbar nach dieser Eröffnung verschwand die Form.

Eine Gedankenform ist nicht die Persönlichkeit des Menschen; sie ist ein ausgesandtes Wort oder eben die Gedankenform und kann unter Umständen hunderte von Jahren bestehen, bis jemand die Botschaft empfangen hat.

Die Bibel sagt:

So auch mein Wort, das aus meinem Munde kommt: es kehrt nicht leer zu mir zurück, sondern wirkt, was ich beschlossen, und führt durch, wozu ich es gesendet. (Jes. 55:11)

Im Falle dieser Erscheinung war das Wort der Gedanke und intensive Wunsch, jemandem mitzuteilen, daß er gewaltsam ums Leben gekommen sei. Dieses Wort (Gedankenform) hing dort in der Atmosphäre herum, bis jemand sich ihm stellte und zuhörte. Wie sich später herausstellte, war in dem Haus tatsächlich ein Mann ermordet worden, der Täter jedoch nie ermittelt.

Sie sagte: „Man praktiziert schwarze Magie gegen mich."

Schwarze Magie, Hexerei und Teufelsanbetung sind seit urdenklichen Zeiten gelehrt und praktiziert worden. Genau betrachtet basiert das, was sich da Hexerei nennt auf glatte Unwissenheit; sie bedeutet lediglich, über einen anderen Menschen negativ zu denken und ihm Übles zu wünschen. Einem anderen Übles zudenken heißt aber, das Gleiche für sich zu wünschen – was wir einem anderen wünschen, das wünschen wir im Grunde auch uns selbst.

Die Sekretärin, die den Terminus „Schwarze Magie" anwandte, sagte mir, daß eins der Mädchen im Büro ihr anvertraut habe, daß die anderen Voodoo-Zauber gegen sie praktizierten und mit ihren Gebeten sie zum Verlassen ihres Körpers bringen wollten. Das verängstigte sie natürlich ganz erheblich, sodaß sie mich schreckerfüllt um Rat ersuchte. Ich erklärte ihr, daß alle diese Gebete null und nichtig seien und daß alles, was sie zu tun hätte, sei, zu bejahen:

Ich bin lebendig im Leben Gottes. Gott ist Leben, und das ist jetzt mein Leben. Gottes Liebe erfüllt meine Seele. Seine Liebe umgibt mich, umhüllt mich und schließt mich ein. Ich führe ein wunderbares Leben. Der Strahl Gottes umhüllt mich jederzeit.

Ich wies sie an, dieses Gebet auswendig zu lernen und regelmäßig zu bejahen. Wenn diese Wahrheiten dem Gemüt regelmäßig unterbreitet würden, dann brächte das jedes Furchtgefühl zum Verschwinden. Jedesmal, wenn der Gedanke an Voodoo oder Schwarze Magie auftaucht, sollte sie bejahen: „Gott liebt mich und sorgt für mich." Ich hob hervor, daß Geist (Gott) Einer ist, und daher unteilbar, und daß ein Teil des Geistes nicht im Gegensatz zum anderen Teil stehen kann. In anderen Worten: Geist kann nicht gegen sich selbst geteilt werden. Die Wahrheit ist endgültig, absolut und ewig. Diese einfache universelle Wahrheit erledigt damit die Frage der schwarzen Magie, der Hexerei und sonstiger bösartiger Praktiken ein für allemal.

Ich konnte sie überzeugen und sie befolgte meine Instruktionen auf das genaueste. Dann geschah etwas seltsames: Die drei Mädchen, die ihr Unglück und Verletzungen gewünscht hatten, wurden auf dem Weg zur Arbeit bei einem Verkehrsunfall getötet. Das Böse, das sie diesem Mädchen zugedacht hatten, fiel mit verstärkter Wirkung auf sie selbst zurück, da es im Gemüt der Empfängerin keine Entsprechung finden konnte, also nicht wußte, wohin es gehen sollte. Somit hatten sie sich im Grunde selbst zerstört.

In vielen Teilen der Welt gibt es Menschen, die versuchen, ihre mentalen Kräfte zum Schaden anderer einzusetzen. Niemand, der seinen Gleichklang mit dem Unendlichen begriffen hat, kann jedoch von solchen Praktiken berührt werden. Im Grunde verfügen Menschen, die schwarzmagische Praktiken, Hexerei oder Voodoo-Zauber anwenden überkeinerlei Macht. Sie gebrauchen Suggestionen, die zwar *eine* Macht, aber nicht *die* Macht darstellen. *Die* Macht ist allmächtig und bewegt sich als Einheit, Harmonie, Schönheit, Liebe und Frieden.

Ganz gleich, mit welchem Namen Sie diese Dinge auch belegen – sei es Satan, Schwarze Magie, Hexerei, bösartige Praktiken – alle diese Dinge sind einfach nur negative Suggestionen. Weigern Sie sich, den Suggestionen anderer irgendwelche Macht zuzugestehen. Geben Sie diese Macht nur der einen Gegenwart und Kraft. Lesen Sie den 91. Psalm und glauben Sie ihm, und Sie werden ein wunderbares Leben führen.

Sie schrieb Antworten ohne Schreibstift

Kürzlich war ich zu Gast im Haus eines alten Freundes in Mexico City. Mit uns war eine sehr schöne Frau eingeladen, die automatisches Schreiben praktizierte. Sie hielt einen Schreibstift in der Hand, die ganz plötzlich von ihrem Unterbewußtsein kontrolliert wurde. Wie sie sagte, würde ihre Hand von einer „entkörperten Wesenheit" geführt, Dr. Latella mit Namen, vermutlich ein früherer Arzt aus Spanien.

Sie brachte wunderbare Botschaften hervor, für alle acht Anwesenden, und alle waren sich einig, daß alles Geschriebene der Wahrheit entsprach. Sie enthüllte zukünftige Begebenheiten mit erstaunlicher Akkuratesse; am meisten faszinierte jedoch ihre Demonstration, bei der sie Stift und Papier auf den Boden warf, und der Stift zu schreiben begann, ohne daß ihn jemand berührte.

Diese Botschaften hatten mit vergangenen Ereignissen in meinem Leben und im Leben anderer Anwesender zu tun. Eine Botschaft besagte, daß ein Mann aus Pennsylvania am nächsten Tag einen diplomatischen Posten bekleiden würde, was in der Tat zutraf. Man könnte jetzt Spekulationen anstellen und sagen, daß die unterbewußte Kraft der Anwesenden sich des Schreibstifts bemächtigt habe, oder daß es irgendwelche entkörperten Wesenheiten aus der nächsten Dimension waren, die den Stift führten. Hierbei müssen wir uns jedoch klarmachen, daß Wesenheiten aus der nächsten Dimension über einen weitaus verfeinerten Körper verfügen, als es unser dreidimensionaler Körper ist.

Psychische Phänomene werden von subjektiven Kräften verursacht und können unabhängig vom physischen Instrument durchgeführt werden. Menschen in der nächsten Dimension verfügen ebenfalls über ein subjektives Bewußtsein und befinden sich auch im Fleisch. („Fleisch" in der Bibel bedeutet „Verkörperung"). Das bezieht sich natürlich nicht auf Gewebe, Muskeln, Knochen und Blut als solches; wir werden bis in alle Ewigkeit über einen Körper verfügen. Sie können niemals ohne einen Körper sein.

Bei streng wissenschaftlichen Untersuchungen in Séance-Räumlichkeiten wurde einwandfrei erwiesen, daß hier Objekte völlig unabhängig von physischer Berührung bewegt und gehandhabt wurden. Tische und Möbel sind bewegt worden und bei einer Gelegenheit in London war ich Zeuge, wie Geschirr gespült wurde, ohne von Hand berührt zu werden. In ASW-Kreisen wird das als telekinetische Energie bezeichnet, d. h. die Fähigkeit, bewegliche Objekte ohne die übliche physische Anstrengung und ohne den üblichen Kontakt zu handhaben.

Wer öffnete die Weinflasche?

Vor einigen Jahren, als ich Dr. Evelyn Fleet wieder einmal in London besuchte, machte sie mich mit einem Psychokineten bekannt, der uns Wein servieren sollte, ohne ein Glas oder eine Flasche zu berühren. Direkt vor unseren Augen wurde eine Flasche geöffnet, ohne daß irgendjemand irgend etwas angefaßt hätte, und ein Glas bis zum Rand vollgeschenkt. Das Glas wurde mir vor den Mund gehalten, worauf ich bestätigen konnte, daß es in der Tat *richtiger* Wein in einem *richtigen* Glas war.

Wie Dr. Fleet erklärte, war es das Unterbewußtsein des Telekineten, das dieses Phänomen zustandegebracht hatte. Offensichtlich hatte er das schon des öfteren in Gegenwart von Dr. Fleet getan.

Wir haben wunderbare Kräfte in uns, von denen viele uns noch nicht einmal bewußt sind. Man könnte sagen, daß psychische Phänomene von vierdimensionalen Wesenheiten oder dem Unterbewußtsein verursacht werden. Das Wesentliche dabei ist, daß letztlich alle Phänomene durch Geisteskraft bewirkt werden, ob auf dieser Ebene oder der nächsten.

Ihr Unterbewußtsein ist imstande zu sehen, hören, fühlen, riechen, tasten und schmecken sowie reisen, ohne Zuhilfenahme des physischen Organismus. Sie können sich selbst in eine Entfernung von mehreren tausend Meilen projizieren – sehen, was sich tut und auch nach Wunsch gesehen werden. Vierdimensionales oder astrales Reisen ist wohlbekannt und findet auch allgemeine Anerkennung. Solche Phänomene zu verneinen und ihre von tausenden in aller Welt bewiesene Existenz abzustreiten, wäre glatte Ignoranz.

Weshalb viele Voraussagen zutreffen

Wenn Sie eine Eichel in den Boden senken, dann ist das vollkommene Muster der Eiche bereits darin enthalten. Die Idee der ausgewachsenen Eiche muß daher in der Saat vorhanden sein, anderenfalls könnte sie sich nicht verwirklichen. Die Saat macht in der Erde einen Zersetzungsprozeß durch und die subjektive Weisheit macht sich daran, eine mächtige Eiche zu bauen. Ihre Gedanken sind wie Samenkörner, und da Ihr Gemüt zeit- und raumlos ist, sind Ihre Gedanken und deren Manifestationen ein und dasselbe im Gemüt. In anderen Worten: Ihr Gemüt betrachtet Ihren Gedanken als vollendet. Gedanken sind Dinge. Ein gutes Medium, das Ihr Gemüt anzapft, sieht daher die vollzogene Manifestation Ihrer Gedanken, bevor sie sich auf dem Bildschirm des Raumes objektiviert haben.

Das Medium stimmt sich auf Ihre subjektiven Tendenzen ein – Ihre Überzeugungen, Pläne und Vorhaben und sieht sie als bereits verwirklicht an. Das Unterbewußtsein des Mediums – gleich dem Ihren – wägt

244

nur deduktiv. Selbstverständlich können Sie jede Voraussage unwirksam machen, durch Veränderung des Denkens, wenn Sie das wünschen, denn eine veränderte Einstellung verändert auch alles andere.

Sie können bewußtes Gewahrsein praktizieren

Dr. Phineas Parkhurst Quimby, der in der Mitte des 19. Jahrhunderts im US Staat Maine lebte, war imstande, seine Identität zu kondensieren und anderen Menschen hunderte von Meilen entfernt zu erscheinen. Dabei blieb er voll bewußt und verfiel auch niemals in Trance zu diesem Zweck oder um die Gedanken anderer zu lesen. Er konnte jede Krankheit auf das genaueste diagnostizieren und ihren Ursprung finden, und dadurch viele Heilungen bewirken. Er wurde hellsichtig, weil er jeden orthodoxen Falschglauben aus seinem Bewußtsein entfernt und sein Gemüt mit den Wahrheiten Gottes angefüllt hatte.

Alle seine wunderbaren Phänomene vollbrachte er in vollbewußtem Zustand. Quimby wußte, daß der Mensch unabhängig von seinem Körper wirken und sich dessen Gegenwart, d. h. seinen subtilen oder Astralkörper zunutze machen konnte. Sogar während eines Gesprächs mit einem Patienten konnte er die hellsichtige Vision eines anderen Patienten haben, der – hunderte von Meilen entfernt – sich aus seinem Bett erhob und vollkommen geheilt nach unten ging. Alles das konnte er wahrnehmen, ohne dabei die Augen schließen zu müssen.

Sie verfügen auch noch über einen anderen Körper, der unabhängig von Ihrem dreidimensionalen wirkt. Zudem ist Ihr Gemüt imstande, die Materie zu beherrschen und zu bewegen. Wenn sich daher psychische Phänomene ereignen, so kann das aufgrund der Einwirkung Ihres Unterbewußtseins oder des Unterbewußtseins eines anderen, in der nächsten Dimension befindlichen geschehen. Wichtig ist hierbei nur, zu bedenken, daß es nur einen Geist gibt, der allen Individuen gemeinsam ist.

ZUSAMMENFASSUNG

1. Ihr Unterbewußtsein ist der Erbauer und Erhalter Ihres Körpers. Es kontrolliert alle Lebensfunktionen Ihres Körpers. Es ist der Sitz der Erinnerung und Gewohnheiten. Es urteilt nicht, sondern wägt nur deduktiv – es nimmt also nur an. Füttern Sie Ihr Unterbewußtsein mit Prämissen, die wahr und gut sind, und es wird entsprechend reagieren. Ihr Unterbewußtsein kann ohne Augen sehen und ohne Ohren hören. In Ihrem Unterbewußtsein ist grenzenlose Weisheit und unendliche Intelligenz eingebettet. In anderen Worten: In Ihren subjektiven Tiefen sind alle Eigenschaften und Kräfte Gottes vorhanden.

2. Ihr Wachbewußtsein ist das abwägende analytische Gemüt. Sie wählen, sortieren und untersuchen induktiv, deduktiv und analog. Ihr wachbewußter Verstand kontrolliert Ihr Unterbewußtsein. Deshalb wird alles von Ihrem Wachbewußtsein akzeptierte von Ihrem Unterbewußtsein verwirklicht.

3. Geraldine Cummins, eine alte Freundin von mir, praktizierte automatisches Schreiben, indem sie sich in einen rezeptiven Zustand versetzte und ihren Kontrollgeist „Astor" übernehmen ließ. Dann konnte sie zuweilen in Fremdsprachen schreiben, die sie sonst nicht beherrschte. Sie war dann auch imstande, genaue Voraussagen zu machen, die alle eintrafen. Sie befand sich in Halb-Trance und hatte keine Ahnung, was sie da aufschrieb. Ich bin überzeugt, daß sie bei vielen Gelegenheiten das Diktat von Menschen aus der nächsten Lebensdimension entgegengenommen hatte.

4. Es gibt viele telekinetische Begabungen, die imstande sind, Ihr Unterbewußtsein anzuzapfen, während sie sich in normalem, wachbewußtem Zustand befinden.

5. Es gibt Medien, die imstande sind, im Trance schwere Möbelstücke zu bewegen. Ich habe solchen Demonstrationen mehrfach beigewohnt. Ein irisches Medium bedeutete einmal einem Professor, daß seine Mutter durch es zu ihm sprechen wolle. Die Mutter sprach zu ihrem Sohn in griechischer Sprache, etwa 15 Minuten lang. Er war überzeugt, es mit seiner Mutter zu tun gehabt zu haben. Bei dieser Sitzung

wurden vielerlei Formen materialisiert, von denen einige sprachen und für fünf oder sechs Minuten ihre Form behielten, bevor sie sich auflösten.

6. Psychometriker sind imstande, eine genaue Beschreibung einer Person zu geben, wenn sie dazu einen dieser Person gehörenden Gegenstand in die Hand nehmen – etwa einen Ring oder einen Brief etc. Die Persönlichkeitsmerkmale sind diesen Gegenständen aufgeprägt und haften ihnen an. Das gibt ihm die Möglichkeit, sich auf die innersten Gedanken des Betreffenden einzustimmen.

7. Viele Menschen hören eine innere Stimme, die sie vor möglichen Gefahren warnt und ihnen sagt, wie sie sich wirkungsvoll schützen können. Manchmal erfolgen diese Warnungen in Träumen oder Visionen der Nacht. Ein Schiffsoffizier hatte sich angewöhnt, sein Unterbewußtsein entsprechend zu instruieren. Auf diese Weise war er immer vor allen Gefahren geschützt. Es war in jedem dieser Fälle sein höheres Selbst, das zu ihm sprach.

8. Wenn auf manchen Séancen das Medium in Trance verfallen ist, ist die Luft dann von den Stimmen entkörperter Wesenheiten erfüllt. Ich habe mich des öfteren mit solchen Stimmen unterhalten und dabei zum Teil recht intelligente Antworten erhalten. Ich bin überzeugt, daß die meisten dieser Stimmen aus dem Unterbewußtsein des Mediums stammen, während andere aus der nächsten Lebensdimension kamen.

9. Es ist möglich, die Erscheinung eines nahen Angehörigen zu haben, wenn dieser unmittelbar vor dem Überwechseln in die nächste Dimension eine Mitteilung zu machen wünscht. Die wahrgenommene Erscheinung ist eine Projektion des vierdimensionalen Körpers und der Persönlichkeit des Angehörigen.

10. Eine Erscheinung in Form einer Stimme oder von Schritten kann unter Umständen eine Gedankenform sein, von einer Person, der in der Vergangenheit Schlimmes angetan worden war und die auf diese Weise der Nachwelt von der Tat berichten will. Nachdem das geschehen ist, löst sich die Gedankenform auf.

11. Schwarze Magie, Hexerei und bösartige Praktiken fallen alle in die gleiche Kategorie: Negatives, destruktives Denken und Mißbrauch

der Gesetze des Geistes. Dieses negative Denken geht auf grobe Unwissenheit zurück. Suggestion ist *eine* Kraft, aber sie ist nicht *die* Kraft. *Die* Kraft ist die höchste Intelligenz oder der lebendige Geist in Ihrem Innern – unteilbarer Einer, der sich als Liebe, Harmonie und Schönheit bewegt. Sie können negative Suggestionen und Gedanken anderer jederzeit zurückweisen. Die Suggestionen anderer haben keine Macht, solange Sie Ihnen keine Macht zugestehen. Einem Mädchen wurde gesagt, daß andere ihr Übles zudachten. Sie bejahte ihr Einssein mit dem Unendlichen und daß Gottes Liebe sie umgab und sättigte mit diesen Wahrheiten ihr Gemüt. Sie gestand diesen Suggestionen keine Macht zu und wandte ihre Aufmerksamkeit der einen Macht und Gegenwart zu. Die übelwollenden Mädchen wurden bei einem Verkehrsunfall getötet, d. h. sie töteten sich im Grunde selbst, denn ihre negativen Gedanken kehrten mit verstärkter Kraft zu ihnen zurück. Achten Sie darauf, anderen ausschließlich Gutes zuzudenken, denn was sie anderen zudenken, das erschaffen Sie für sich selbst.

12. Die meisten automatischen Schreiber begeben sich in einen Halbtrance und sind dann imstande, wunderbare Botschaften zu übermitteln und Antworten auf die verworrensten Probleme zu finden. Automatisten schreiben ohne bewußte Kenntnis dessen, was sie tun. Man kann zuweilen auch einen Schreibstift in Bewegung sehen, ohne daß eine Hand ihn berührt. Solche Dinge habe ich oftmals beobachtet.

13. Einem guten Medium ist ea auch möglich, Flaschen zu öffnen und Wein auszuschenken, ohne Glas oder Flasche zu berühren. Auch das gehört zu den Kräften Ihres Unterbewußtseins. Ihr Körper verfügt über keine dieser Kräfte – die Kraft liegt in Ihrem Geist und Gemüt.

14. Wenn sich eine sensitive Person auf Sie einstimmt, dann liest sie in Ihrem Gemüt. Ihre Gedanken und deren Manifestationen sind jedoch eins – so wie der Eichbaum in der Eichel enthalten ist. Daher sind Voraussagen solcher Personen erstaunlich genau.

Ein abschließendes Wort

Stimmen Sie sich ein auf die unendliche Gegenwart und Macht in Ihrem Innern und fühlen Sie, daß Sie von oben inspiriert werden und Gott durch Sie spricht und handelt. Erkennen Sie, daß Gott Sie liebt und für Sie sorgt und daß sein Frieden Ihr Herz erfüllt. Fühlen Sie sich eingetaucht in seine heilige Gegenwart, überflutet mit grenzenlosem Licht und berühren Sie den Einen, der ewig ist und erleben Sie den Moment, der ewig andauert.

Worterläuterungen*

Avatar: (buddhistisch „Boddisattwa", christlich „Heiland" = Heils-bringer, Erlöser) ist ein Vollendeter, in Gott Eingegangener, der sich freiwillig verkörpert, um als „Übermittler reinen Bewußtseins" den Men-schen beizustehen.

Bewußtsein: Alles ist Bewußtsein, d. h. bewußtes Sein in verschieden-sten Bewußtseinsgraden – vom absoluten, für uns unfaßbaren höchsten Bewußtsein und dem universellen, allumfassenden göttlichen Bewußtsein über das kosmische, astrale, planetarische und humane Menschheitsbe-wußtsein bis zum individuellen Persönlichkeitsbewußtsein des einzelnen Menschen und weiter zum tierischen, pflanzlichen und mineralischen Bewußtsein bis hinab zum molekularen und elementaren Bewußtsein (von Leibniz „Monade" genannt). Demnach ist alles, was in Erscheinung tritt, Bewußtsein in fortschreitender Offenbarung, so daß es sich bei geistiger Entwicklung eigentlich nicht um Bewußtseinserweiterung oder Bewußtseinssteigerung handelt, sondern um immer klareres Gewahrwer-den der Tatsache, daß „Höchstes Bewußtsein mein Wesen ist". Und je ungetrübter das gesamte Wollen, Denken, Fühlen und Wirken dieses Wesen widerspiegelt, desto vollkommener ist dessen irdische Erschei-nungsform.

Brainstorming: wörtliche Bedeutung „Gehirnsturm erzeugen". Man versucht dadurch der Trägheit oder gar Stagnation des gewöhnlichen Denkprozesses entgegenzuwirken, indem die Beteiligten zu irgendeinem

---

251

Problem oder „Reizwort" einfach alles spontan heraussprudeln, was ihnen dazu einfällt, ohne sich durch kritische Überlegung hemmen zu lassen. Sicherlich ist diese Methode in manchen Fällen ganz brauchbar, doch ist sie eben nur ein Ersatz, bestenfalls ein Vorläufer schöpferischer Imagination, denn wer gelernt hat, sich ständig für den Strom geistigen Bewußtseins offen zu halten, der braucht nicht mehr gewaltsam intellektuelle Barrieren zu durchbrechen.

Ego: das persönliche „Schein-Ich", das unser wahres Selbst verdeckt und so die Täuschung des Getrenntseins, des „Sonderscheins" (Ekkehard) verursacht.

Einweihung: „wird immer dann erfahren, wenn wir zu einem größeren Verständnis des Lebens erwachen" (so sagt man ja auch im gewöhnlichen Sprachgebrauch: man wird in eine Kunst oder in ein Geheimnis eingeweiht). Es gibt infolgedessen fortschreitende Stufen der Einweihung, bis das letzte Geheimnis offenbart wurde: „ich bin ein individualisierter Teil Gottes – ein verkörperter Gottesfunke".

emotional: gleichbedeutend mit affektiv oder irrational, d. h. gefühlsmäßig bzw. erlebnishaft.

Erweckung: gleichbedeutend mit Erleuchtung oder Befreiung (weil wir aus dem bewußtseinsverdunkelnden „Lebenstraum" zum „Licht der Erkenntnis" erwacht sind und dadurch von begrenzenden Irrtümern und Bindungen befreit wurden) ist das Ziel der menschlichen Entwicklung, gewissermaßen die „geistige Geburt", durch welche die mit der körperlichen Geburt eingeleitete Menschwerdung im Bewußtsein vollendet wird.

Evolution: wörtliche Bedeutung „Auswicklung". Der als fortschreitende Entwicklung in Erscheinung tretende Schöpfungsablauf.

Frustration, frustriert: seelische Verkümmerung auf Grund von Enttäuschung und Zurücksetzung, Freudlosigkeit und Unbefriedigtheit, Einengung und fehlender Entfaltungsmöglichkeit, also insgesamt durch eine menschenunwürdige Existenz. Eine solche kann gerade auch ein Leben in äußerem Luxus und Überfluß ohne inneren Sinn bedeuten, so daß heute mehr denn je das Paulus-Wort gilt. „Was nützte es dem Menschen, wenn er die ganze Welt gewänne und doch Schaden nähme an seiner Seele."

Geist, geistig: ist keinesfalls in dem bei uns üblichen Sinne von intellektuell, verstandesmäßig, gedanklich (Geisteswissenschaften, geistige Anstrengung usw.) zu verstehen, sondern bedeutet „Die *eine* Gegenwart, *eine* Macht und *eine* Substanz in diesem und als dieses manifestierte Universum" ebenso wie das wahre Selbst, denn „Ich bin ein Lebengebender Geist".

Gemüt: (englisch „mind" – also *nicht* mit „Geist" zu übersetzen) ist im Seelen-Organismus jener zentrale Zwischenbereich zwischen dem Überbewußten und Unbewußten, in dem sich die gesamte mental-emotionale Bewußtseinstätigkeit abspielt, d. h. sowohl die bewußten Gedankenformen als auch die unterbewußten Vorstellungsbilder entstehen. Zwar muß man Denken und Fühlen theoretisch unterscheiden, doch vollzieht sich im praktischen Leben bzw. Erleben beides immer gleichzeitig, so daß es sich eigentlich um „Denkendes Fühlen" oder „Fühlendes Denken" mit jeweils verlagertem Schwerpunkt handelt.

Gewahrsein: (englisch „awareness") ist der durch die Erweckung erlangte Dauerzustand eines Menschen, für den die geistige Wirklichkeit nicht mehr nur einen durch andere vermittelten theoretischen Glaubensinhalt bedeutet, sondern zur eigenen praktischen Erfahrung und selbst erlebten Gewißheit geworden ist.

Imagination, imaginativ: die bildhafte Vorstellungskraft, durch die Gedachtes erst mit seelischer Energie erfüllt und so in allen Bewußtseinsbereichen wirksam werden kann (das „innere Bild").

Initiative: innerer Beweggrund oder auslösende Kraft, die sofortiges Handeln bewirkt („Willens-Zündung").

Inkarnation: Verkörperung (Reinkarnation = Wiederverkörperung) der Seele in einem lebendigen Organismus.

Inspiration, inspirativ: einer geistigen Offenbarung entspringende und das Denken mit höherem Bewußtsein erfüllende Eingebung (das „innere Wort").

Intuition, intuitiv: höchste Erkenntnis durch „liebende Vereinigung" von Erkennendem und Erkanntem, unmittelbare Erfahrung der Wahrheit (die „innere Führung").

Involution: wörtliche Bedeutung „Einwicklung". Der ursächliche Schöpfungsimpuls, aus dem die ganze Evolution hervorgeht.

Karma: gleichbedeutend mit Schicksal im Sinne der Gesetzmäßigkeit von Ursache und Wirkung, Saat und Ernte. Der zwingende Ablauf von Kausalreihen in der Naturgesetzlichkeit hat sich jedoch im menschlichen Bewußtsein in das geistige Gesetz der Wechselwirkung von Notwendigkeit und Freiheit gewandelt: so wie wir die Notwendigkeit vergangenen Karmas erkennen und erfüllen, gewinnen wir dadurch zugleich die Freiheit zum Schaffen künftigen Karmas. Vom Karma selbst können wir befreit werden, wenn unser Eigenwille aufgeht in Gottes Wille, weil wir auf dem Wege des Gehorsams („nicht mein, sondern Dein Wille geschehe") zur erlösenden Erkenntnis gelangt sind: Der *eine* Wille geschieht in allem.

Kontemplation: wörtliche Bedeutung „innere Betrachtung". Sich immer intensiver mit etwas verbinden, sich immer tiefer hineinversenken und schließlich ganz darin aufgehen („Identifikation").

Konzentration: wörtliche Bedeutung „auf einen Punkt gerichtetes Bewußtsein". Die Kraft der gesammelten Aufmerksamkeit wirkt psychisch ebenso stark wie physikalisch die Kraft der in einem Brennpunkt gebündelten Lichtstrahlen.

Manifestation: wörtliche Bedeutung „faßbare Offenbarung, endgültige Festlegung". Die Welt als greifbarer und sichtbarer Ausdruck des schöpferischen Bewußtseins.

materiell: gleichbedeutend mit mechanisch oder anorganisch, d. h. körperlich bzw. stofflich.

Meditation: wörtliche Bedeutung „von der Wesens-Mitte aus den Umkreis (des Bewußtseins) ermessen". Die gezielte Lenkung unserer Aufmerksamkeit auf den reinen Aspekt (Spiegelung) unseres Seins („Grals-Schale").

mental: gleichbedeutend mit intellektuell oder rational, d. h. gedanklich bzw. begrifflich.

Metaphysik, metaphysisch: wörtliche Bedeutung „hinter bzw. über dem Körperlichen", also die Lehre von den wirklichen Ursachen und bewirkenden Energien in allen materiellen Vorgängen und Erscheinungen.

Modelle: prägende Prinzipien oder Vorbilder, die den Ablauf von Geschehnissen oder Entwicklungen bestimmen. Es gibt *Denkmodelle*, auch „Ideen" genannt, die Grundlage aller bewußten Denkprozesse sind, und

Erfahrungsmodelle, auch „Engramme" genannt, die sich in allen unterbewußten Reaktionen auswirken.

okkult: wörtliche Bedeutung „verborgen, geheim", so daß also auch Atomphysik oder Medizin für jeden Nichtakademiker, aber ebenso technische oder handwerkliche Praktiken für jeden Laien „okkult" sind. Die übliche eingeengte Wortbedeutung in bezug auf unerklärliche Vorgänge und ungewöhnliches Verhalten resultiert daher nur aus einem einseitig materialistisch eingestellten Bildungssystem, weshalb dem solchermaßen eingeengten Bewußtsein vieles als „okkult" erscheint, was z. B. für Ostasien völlig klar und selbstverständlich ist.

psycho-somatisch: hauptsächlich im medizinischen und psychologischen Bereich gebrauchter Ausdruck für die körperlichen Erscheinungsformen seelischer Vorgänge aufgrund der *psycho-physischen Identität,* d. h. einfach ausgedrückt „der Körper ist die Haut der Seele".

Samadhi: (im Zen „Satori", im Christlichen „Glückseligkeit") ist die höchstmögliche Steigerung des menschlichen Bewußtseins zum reinen Gott-Bewußtsein, indem ich erkenne, daß „Gott durch mich und als ich wirkt", und diese Erkenntnis mein ganzes Wesen restlos erfüllt.

Seele, seelisch: Die Schöpfungs-Ideen des „väterlichen" Geistes werden von der „mütterlichen" Weltseele empfangen und als konkrete Schöpfung „geboren" (in der göttlichen Gesamtschöpfung ebenso wie in jedem menschlichen Schöpfungsprozeß). Alles in Erscheinung Tretende existiert also zuerst als Seele bzw. ist ein Teil der Weltseele in verschiedenartigsten Formen der Verkörperung. Ein lebender Mensch *hat* demnach nicht eine Seele, sondern er *ist* eine verkörperte Seele, die beim „Sterben" ihre körperliche Hülle wieder ablegt. Und wie ein körperlicher Organismus aus den verschiedensten Organen besteht, so besteht auch der seelische Organismus aus den verschiedensten unterbewußten, oberbewußten und überbewußten Bereichen.

spirituell: gleichbedeutend mit geistig (hat also nichts mit „Spiritismus" zu tun, der sich mit „Geistern" und nicht mit „Geist" befaßt).

Substanz: Das eigentliche Wesen, der beständige Urgrund, das in allem Wandel der Erscheinungsformen stets sich selbst gleich Bleibende.

Transformation, transformieren: analog zur Umwandlung elektrischer Energie im Transformator kann und soll auch geistig-seelische

Energie umgewandelt werden. Es ist daher die doppelte Aufgabe des Menschen, durch den „Transformator" seines Bewußtseins einerseits den „Starkstrom" des reinen Geistes in den „Schwachstrom" allgemeinverständlicher Denkformen und Vorstellungsbilder umzuwandeln, andererseits aber auch umgekehrt ständig Materie niederer Schwingung in höherschwingende Materie zu transformieren, bis schließlich im verklärten Leib des Vollendeten die totale Vergeistigung der Materie erreicht ist.

Visualisierung, visualisieren: wörtliche Bedeutung „sichtbar machen", ist das Vermögen, reine Gedankenformen in möglichst plastische Vorstellungsbilder zu übertragen, also innerlich zu schauen (Goethe nannte dies „Anschauung"). Je besser dies gelingt, desto wirksamer ist die Praxis schöpferischer Imagination.

vital: gleichbedeutend mit reaktiv oder organisch, d. h. leiblich bzw. triebhaft.

Wahrheit: das höchste Bewußtsein, das in seiner Absolutheit dem begrenzten Denkvermögen unfaßbar bleibt, wohl aber für die unbegrenzte Seele unmittelbar erfahrbar ist (siehe Samadhi).

Wahrheitslehre(r): erhebt, richtig verstanden, nicht den Anspruch, die absolute Wahrheit lehren zu können, sondern zeigt jedem Menschen die Mittel und Wege, wie er zu seinem ureigensten „Gewahrsein" der Wahrheit gelangen kann (siehe Erweckung oder Erleuchtung).

UNSERE BESTEN ERFOLGSBÜCHER

Dr. Joseph Murphy

DAS GOLDENE BUCH VON DR. JOSEPH MURPHY
Zwei Bestseller über außersinnliche Kräfte und die Macht Ihrer Gedanken in einem Sonderband

Mehr als dreiviertel der gesamten Bevölkerung glauben an außersinnliche Kräfte wie Telepathie, Hellsehen, Kontakte mit Verstorbenen. Denn es ist inzwischen bewiesen, daß es diese Kräfte tatsächlich gibt, und daß wir von diesen unsichtbaren Kräften in vielen Entscheidungen gelenkt und geleitet werden. Ob wir dies nun wollen oder nicht! Dr. Joseph Murphy zeigt Ihnen in diesem Buch, wie Sie sich diese Kräfte zunutzen machen können, um Ihr Leben erfolgreich zu gestalten. (ASW und TELE-PSI in einem Band). 500 Seiten.

MEHR GLÜCK UND ERFOLG DURCH DIE RICHTIGE ANWENDUNG DER GEISTIGEN GESETZE

Dieses Buch zeigt Ihnen, wie wichtig es ist, die geistigen Gesetze im Leben zu beachten und danach zu handeln. Denn diese Gesetze sind ebenso gültig wie die aus Mathematik und Physik. Dieses Buch bietet eine Vielzahl von Suggestionshilfen und Techniken, die von jedermann anwendbar sind, um unser Leben bewußt durch konstruktives Denken positiv zu verändern. 255 Seiten.

ASW
IHRE AUSSERSINNLICHE KRAFT

Jeder Mensch besitzt übersinnliche Kräfte und kann diese Tatsache jederzeit an sich erfahren. Sie können ohne Schwierigkeiten lernen, diese außerordentlichen Kräfte, wie Hellsichtigkeit, Telepathie, Präkognition und Retrokognition im täglichen Leben sinnvoll einzusetzen und das mit Ergebnissen, die Sie nicht für möglich gehalten haben. 244 Seiten.

DAS SUPERBEWUSSTSEIN
WIE SIE UNMÖGLICHES MÖGLICH MACHEN

Jeder Mensch kann sich erheben, wachsen und sich entfalten, unabhängig von Geburt und Herkunft, wenn er es versteht, das SUPERBEWUSSTSEIN im Innern zu berühren. Ihre Aktionen gehen vom wachbewußten Verstand aus, Ihre Reaktionen sind Sache des Superbewußtseins. 252 Seiten.

GROSSE BIBELWAHRHEITEN
FÜR EIN PERFEKTES LEBEN

Der weltberühmte Autor hat eine Vielzahl von interessanten Bibelstellen auf ihre wahre, innere Bedeutung hin untersucht. Seine Interpretationen und Erkenntnisse weichen absolut von der »Buchstäblichkeit« der Gleichnisse und Allegorien ab. Er zeigt Ihnen, daß diese Bibelwahrheiten der Schlüssel für ein perfektes Leben in Glück und Freiheit sind. 242 Seiten.

MEDITATIONEN I + II

Diese Meditationen sind Musterprogrammierungen, die schon Zigtausenden von Menschen geholfen haben ihr Leben zu ihren Gunsten zu verändern. Sie sind absolut gezielt und sicher anwendbar. 54 Seiten, 70 Seiten.

Dr. Emmet Fox

MACHT DURCH POSITIVES DENKEN

Dieses Buch gehört zu den Klassikern, die konstruktives Denken lehren. Es lehrt Sie die Prinzipien für einen erfolgreichen Lebensaufbau und es verweist auf die einzig mögliche Methode, um Furcht, die Ursache und Wurzel allen Versagens ist, zu überwinden. 256 Seiten.

Verlangen Sie das Gesamtprogramm beim
Verlag DAS BESONDERE Peter Erd, Kirchweg 4, D-8137 Berg am Starnberger See

UNSERE BESTEN ERFOLGSBÜCHER

Catherine Ponder

DIE DYNAMISCHEN GESETZE DES REICHTUMS

Sie können durch DIE DYNAMISCHEN GESETZE DES REICHTUMS einen goldenen Strom von Reichtümern in Ihr Leben leiten. Dieses Buch enthüllt Ihnen, wie bestimmte geistige Einstellungen in Ihrem Leben Wohlstand hervorrufen, warum die stärkste Kraft der Welt zu Ihren Gunsten wirkt und wie man die geheimen »Gesetze für Wohlbefinden« zur Erlangung des eigenen Glücks anwendet. 349 Seiten.

DIE HEILUNGSGEHEIMNISSE DER JAHRHUNDERTE

Die Heilungsgeheimnisse der Jahrhunderte bestehen darin, daß jeder Mensch zwölf dynamische Geisteskräfte besitzt, die in zwölf beherrschenden Nervenzentren im Gehirn und mitten im Körper liegen. Das Buch zeigt Ihnen weiterhin, wie dieses Wissen angewendet werden muß, um jedes Leiden Ihres Körpers zu heilen. 282 Seiten.

DAS WOHLSTANDSGEHEIMNIS ALLER ZEITEN

Sie können alles haben, sobald Sie das Wohlstandsgeheimnis aller Zeiten kennen- und anzuwenden gelernt haben. Dieses Buch zeigt Ihnen Seite für Seite, was es mit diesem verblüffenden Geheimnis auf sich hat, wie es angewendet wird und wie es den Weg in Ihr Leben finden kann. 265 Seiten.

BETE UND WERDE REICH

Dieses Buch möchte Sie mit vielen faszinierenden Arten bekanntmachen, auf die man beten kann: durch Entspannung, Verneinung, Bejahung, Konzentration, Meditation, in der Stille, durch Erkenntnis, durch Danksagung. Sie werden sehen, es gibt für jede Lebenslage einen Weg, zu beten – der zu Stimmung und Umständen paßt – eine Methode, die unweigerlich funktioniert! Auf keine bessere Weise können Sie sich die Lebensqualität sichern, die Sie sich so sehnlich wünschen. 272 Seiten.

Sidney Petrie und Dr. Robert Stone

SELBSTHILFE DURCH AUTOGENIC

Die Autoren, die bereits über 67 erfolgreiche Selbsthilfebücher geschrieben haben, haben auf dem Gebiet der Selbsthypnose eine eigene Methode – Autogenic – entwickelt. Diese **spezielle Autogenic-Methode** – die für jeden Laien ohne besondere Vorkenntnisse leicht erlernbar und anwendbar ist – hilft mit einem täglichen Aufwand von nur wenigen Minuten gegen: Depressionen, Nervosität, Übergewicht, Trinken, Rauchen, Arthritis, Darmträgheit, Angstzustände, Zahnprobleme, Kopfweh, Sorgen, beruflichen Stress, u. v. a. m. 256 Seiten.

David B. Goodstein

SCHICKSAL ALS WEG

David B. Goodstein, Self-made Multimillionär, Anwalt, Sportsmann und weltberühmter Menschenrechtsaktivist lehrt in diesem Buch, wie jeder Mann und jede Frau ihr bisheriges Schicksal ändern können. Er beschreibt die von ihm entwickelten Methoden und wie er damit Erfolg gehabt hat im Beruf, im Ansammeln von Wohlstand, im Zurückgewinnen und Aufrechterhalten persönlicher Gesundheit, in den Beziehungen zu anderen Menschen und im Selbstvertrauen zu sich. 284 Seiten.

Verlangen Sie das Gesamtprogramm beim
Verlag DAS BESONDERE Peter Erd, Kirchweg 4, D-8137 Berg am Starnberger See

UNSERE BESTEN ERFOLGSBÜCHER

Dr. Masaharu Taniguchi **365 SCHLÜSSEL UM OHNE ANGST ZU LEBEN**

Dr. Masaharu Taniguchi ist einer der größten weisen Männer unserer Zeit und hat schon Millionen von Menschen durch seine Bücher und Vorträge vor weiterem Elend, Krankheit und Armut bewahrt. Er gibt Ihnen in diesem Buch 365 Schlüssel an die Hand, wie Sie frei von Angst und Furchtgefühlen werden. Er liefert Ihnen konkrete Anweisungen für Ihr tägliches Leben, so z. B. auf Fragen, woher wahre Freude kommt, wie Wohlstand erworben werden kann, das Geheimnis, wie man sich eine unbegrenzt gute Gesundheit erhält, u. v. a. m. 272 Seiten.

Anthony Norvell **WIE MAN SEINE WÜNSCHE UND TRÄUME ERFOLGREICH VERWIRKLICHT**

Es gibt sechsundzwanzig Gründe, warum dieses Buch Ihr Leben verändern kann. Sie lernen z. B. John D. Rockefeller Senior's »Randvoll-mit-Geld-gestopfte-Taschen-Theorie« kennen, Sie lernen Ihren Schlaf besser zu nutzen, Ihr Gedächtnis zu stärken, Fremdsprachen zu lernen, Ihre Träume zu steuern, eine außerordentliche Persönlichkeit zu entwickeln, u. v. a. m. 332 Seiten.

SEI ERFOLGREICH UND WOHLHABEND

Dieses Buch zeigt Ihnen, wie Sie ein »Erfolgsmagnet« werden können, wie Sie dem kosmischen Überfluß befehlen, in Ihr Leben zu strömen, wie Sie ein magnetisches Glücksrad für sich erschaffen und Erfolg und Reichtum unwiderstehlich zu sich heranziehen, u. v. a. m. 282 Seiten.

Dr. Maxwell Maltz **ZAUBERKRAFT SELBSTBEWUSSTSEIN**

Dieses Buch verrät Ihnen Übungen, mit denen Sie die Kluft zwischen dem, was Sie heute sind und haben und Ihren Wunschzielen überbrücken können. Z. B.: Schaffung eines neuen Selbstbildes – Warum kein Sieger sein – Sieben Regeln für ein glückliches Leben – Wenn der Vorhang aufgeht, brauchen Sie keine Maske – Sex und das Selbstbild – Wie Sie heute noch ein Individualist sein können – Wie man unter Druck erfolgreich ist – Wie man leicht Freunde gewinnt – In jedem Alter ein erfülltes Leben – Mehr leben: ein Rezept für Sie – u. v. a. m. 264 Seiten.

Dr. Donald Curtis **DIE MAGISCHEN KRÄFTE DEINES UNTERBEWUSSTSEINS**

Der Autor zeigt hier auf, wie Sie das destruktive, negative Denkmuster aus Ihrem Bewußtsein entfernen. Sie lernen, wie Sie die fünf schwierigkeitsverursachenden Gemütshaltungen eliminieren und durch andere glückbringende Einstellungen ersetzten. 287 Seiten.

Dr. Frank S. Caprio und Joseph R. Berger **SELBSTHILFE DURCH SELBSTHYPNOSE**

Selbsthypnose ist überraschend einfach und von jedem zu erlernen. Sie ist absolut ungefährlich, umfassend erprobt und von durchschlagender Wirksamkeit. Mit einem Zeitaufwand von nur 30 Sekunden pro Tag können Sie Ihr Leben jetzt selbst bestimmen. Sie lernen: 4-Stufen-Methode der Selbsthypnose, Verbindung mit dem Unterbewußtsein, Gewichtskontrolle, Kontrolle über Rauchen und Alkohol, erfrischender Schlaf, Erweiterung Ihres Sexuallebens, Abbau nervöser Spannungen, Schmerzen, Müdigkeit; Macht, Kontrolle und Einfluß über andere, u. v. a. m. 264 Seiten.

Verlangen Sie das Gesamtprogramm beim
Verlag DAS BESONDERE Peter Erd, Kirchweg 4, D-8137 Berg am Starnberger See

UNSERE BESTEN ERFOLGSBÜCHER

Dr. Jack Addington **VOLLKOMMENE GESUNDHEIT AN KÖRPER GEIST UND SEELE**

Warum ist Heilung so wichtig? Irgendwann braucht jeder Heilung. Niemand ist völlig immun gegen Krankheit oder Verwundungen. Warum werden einige Leute rasch gesund, während andere unheilbar zu sein scheinen? Gibt es Spontanheilung? Geschehen heutzutage noch Wunder? Dieses Buch zeigt uns, daß heute tatsächlich Wunder geschehen und daß sie alle einen gemeinsamen Nenner aufweisen. Jeder der diesen gemeinsamen Nenner anzuwenden versteht, hat das Geheimnis der vollkommenen Gesundheit entdeckt. 206 Seiten.

Helyn Hitchcook **SELBSTHILFE DURCH NUMERLOGIE**

Dieses Buch enthüllt eine geheime Methode der Zukunftsdeutung durch Numerologie. Es ist ein leicht verständlicher, praktischer Führer zum täglichen Gebrauch. In nur wenigen Minuten können Sie Ihr eigenes Numeroskop erstellen und damit feststellen: Wann sollen Sie Anschaffungen machen oder finanzielle Investitionen vornehmen – welche Hindernisse Sie überwinden müssen – bei welchen Bestrebungen oder Tätigkeiten Sie den größten Erfolg haben können – die Bedeutung Ihres Namens – wie Sie die richtigen Partner für Ehe, Geschäft und Umgang finden – u. v. a. m. 280 Seiten.

Joseph J. Weed **LEBEN, TOD UND WIEDERGEBURT – EIN EWIGES KARMA?**

In diesem Buch erfahren Sie alles über Karma, Geburt, Tod und Reinkarnation. Sie erfahren, wie Sie mit dem Prinzip des Karma Ihre Zukunft schaffen und auch ändern können. Oder was ist nach dem Tod? Wie wird die Entwicklung zwischen den Inkarnationen weitergehen? Was geschieht vor der Wiedergeburt und warum? Dieses Buch schildert Tatsachenberichte, keine romantischen Phantasien. Es zeigt Ihnen Beispiele und Wege zum neuen Leben. 272 Seiten.

PSYCHOENERGIE – DIE URKRAFT DES LEBENS

Dieses Buch ist ein Lehrbuch, wie Sie parapsychologische Fähigkeiten entwickeln und für Ihren Erfolg einsetzen. Z. B. finden Sie: die Gabe der Prophetie – Entwicklung der Telepathie – das Geheimnis der Radiästhesie – Sich selbst und andere in früheren Leben zu sehen mit Psychoenergie – wie Psychoenergie Ihnen Vorahnungen bringen und Sie hellsichtig machen kann – entwickeln Sie die Fähigkeiten des Hellhörens und der Psychometrie – Projektionen des Ätherkörpers und des Mentalkörpers – Methoden zum Erlernen der Astralprojektion – u. v. a. m. 256 Seiten.

LEXIKON DER TRAUMDEUTUNG

Wir alle träumen pro Nacht eineinhalb Stunden. Durch die Träume versucht unser Unterbewußtsein Kontakt mit unserem Verstand herzustellen und ihm eine Botschaft zu übermitteln. Doch meistens können wir die vielen Symbole und okkulten Sinnbilder, die es dabei anwendet, nicht entschlüsseln. Wir können die Botschaft nicht aufnehmen. Dieses Lexikon lüftet den Schleier der Geheimnisse. Es deutet 2500 Träume. Es enthüllt Ihnen, was die seltsamen Begebenheiten, Gegenstände, Menschen, Orte und Gefühle Ihrer Traumwelt in Wirklichkeit für Sie bedeuten. 432 Seiten, kart.

Verlangen Sie das Gesamtprogramm beim
Verlag DAS BESONDERE Peter Erd, Kirchweg 4, D-8137 Berg am Starnberger See